**felicidade
em ação**

felicidade em ação

adam adatto sandel

Tradução
Luis Gonzaga Fragoso

1ª edição

Rio de Janeiro | 2025

TÍTULO ORIGINAL
Happinness in Action: A Philosophers Guide to the Good Life

TRADUÇÃO
Luis Gonzaga Fragoso

CIP-BRASIL. CATALOGAÇÃO NA PUBLICAÇÃO
SINDICATO NACIONAL DOS EDITORES DE LIVROS, RJ

S198f

Sandel, Adam Adatto
    Felicidade em ação : um guia filosófico para a vida plena / Adam Adatto Sandel; tradução Luis Gonzaga Fragoso. - 1. ed. - Rio de Janeiro : BestSeller, 2025.

    Tradução de: Happiness in Action: A Philosophers Guide to the Good Life
    ISBN 978-65-5712-459-8

    1. Autorrealização (Psicologia). 2. Bem-estar. 3. Desenvolvimento pessoal. I. Fragoso, Luis Gonzaga. II. Título.

24-95372
    CDD: 158.1
    CDU: 159.923.2

Gabriela Faray Ferreira Lopes - Bibliotecária - CRB-7/6643

Texto revisado segundo o novo Acordo Ortográfico da Língua Portuguesa.

Copyright © 2022 by the President and Fellows of Harvard College
Este livro foi publicado mediante acordo com a Harvard University Press.
Copyright da tradução © 2025 by Editora Best Seller Ltda.

Imagens de capa:
The Channel Tunnel, a 50.5 km-long rail tunnel beneath the English Channel at the Straits of Dover. Original from NASA. Digitally enhanced by rawpixel.
Seagull and Waves (ca.1884) by Winslow Homer. Original from The Smithsonian.

Todos os direitos reservados. Proibida a reprodução,
no todo ou em parte, sem autorização prévia por escrito da editora,
sejam quais forem os meios empregados.

Direitos exclusivos de publicação em língua portuguesa para o Brasil
adquiridos pela
Editora Best Seller Ltda.
Rua Argentina, 171, parte, São Cristóvão
Rio de Janeiro, RJ — 20921-380
que se reserva a propriedade literária desta tradução.
Impresso no Brasil

ISBN 978-65-5712-459-8

Seja um leitor preferencial Record.
Cadastre-se e receba informações sobre nossos lançamentos e nossas promoções.

Atendimento e venda direta ao leitor:
sac@record.com.br

Para Helena, com amor

Sumário

Introdução

1. Domínio de si mesmo I:
   Transitando pela vida moderna com a ajuda de Aristóteles 43
2. Domínio de si mesmo II:
   A vida e a morte de Sócrates 97
3. Amizade 127
4. Conexão com a natureza 168
5. Lutando contra o tempo 207
6. O que significa ser livre 262

AGRADECIMENTOS 283
NOTAS 287

Introdução

Todos nós já passamos por isto alguma vez: na manhã seguinte ao dia de ter encontrado um novo emprego, sido promovido no trabalho, ganhado uma corrida, sido aprovado em um teste, conseguido eleger um candidato que apoiamos ou então testemunhado uma mudança no mundo, pela qual batalhamos com afinco e por muito tempo, acordamos ainda inebriados com as sensações da comemoração da noite anterior, aliviados em saber que hoje, pelo menos, não haverá entrevistas para a qual teremos que nos preparar; nenhum teste, nenhum discurso a aprimorar. Finalmente conseguimos uma pausa e temos agora o mundo inteiro à disposição para fazer o que quisermos; pelo menos agora, pelo menos neste instante. Então, decidimos fazer o que nos agrada: tiramos férias (se o tempo e o dinheiro nos permitirem) ou nos damos ao luxo de assistir a séries e filmes da Netflix que queríamos ver há tempos. Vez ou outra, pensamos no que já conquistamos e ficamos orgulhosos. Ao mesmo tempo, contudo, percebemos que somos incapazes de lidar com a incômoda sensação de que esta felicidade recém-encontrada nos escapa por entre os dedos, quase tão rápido quanto se instalou em nós. Cedo ou tarde, nos perguntamos: "E agora, o que virá a seguir?"

Então, entendemos que o ponto de virada que supostamente traria a felicidade e que, em tese, justificaria nosso árduo processo de autossacrifício, nos deixou com uma sensação de vazio. Aprendemos de novo — como se fosse a primeira vez — que, no fim das contas, ainda somos os mesmos, só que com mais uma conquista em meio à série das que estão por vir, sem estarmos mais próximos de ter uma vida plena e já em busca da próxima montanha a ser escalada. A sensação de comemoração chega ao fim, e voltamos a buscar um novo objetivo, com todas as inquietações que o original já trazia consigo.

Bem no fundo, temos a sensação de que deve haver mais coisas na vida do que o ciclo que inclui a busca, o alcance de um propósito e o vazio que então se instala. Só que expressar com clareza este "algo a mais" não é fácil. Querermos conquistar nossos objetivos é uma coisa boa, certo? Não é isso que nos torna responsáveis e dedicados, em vez de sedentários viciados em TV ou pessoas que são levadas pela enxurrada de distrações que a vida contemporânea coloca no caminho? Parece que, não importa para que lado olhemos, do mais recente livro de autoajuda sobre como ser mais produtivo ao slogan publicitário do aplicativo de monitoramento fitness da empresa Fitbit — "Dobre suas metas!" —, somos incentivados a termos mais metas. Pensamos: "Talvez eu esteja precisando de um *novo* objetivo — algo com um significado maior ou coletivo que possa substituir ou complementar as coisas que venho buscando." Logo nos damos conta de que, tenhamos uma ou duas metas, de natureza pessoal ou coletiva, o problema continua o mesmo. Centrar a nossa vida nas conquistas nos deixa, de alguma maneira, eternamente insatisfeitos. O que está faltando?

Percebemos isso quando somos tomados por um sentimento unidimensional, como se nosso corpo inteiro estivesse sendo contorcido e enfiado dentro de uma caixinha, ou então picotado e espalhado em inúmeros baldes, dependendo da quantidade de objetivos com os quais estamos lidando ao mesmo tempo. Parece que estamos em toda parte e em parte nenhuma. As manifestações desse estado são variadas: passar horas no escritório diante de uma tela, sem contato com o mundo exterior; martirizar-nos em relação ao tempo de que ainda dispomos para concluir um projeto, nos desconectando da alegria intrínseca que nos atraiu a princípio; perder nossa noção de identidade por nos preocuparmos em ajudar nossos filhos a conquistar os próprios objetivos; sacrificar a nossa dignidade para causar uma boa impressão e progredir na vida. "Isso é por uma boa causa", dizemos a nós mesmos, enquanto tentamos abafar a vergonha pelo elogio insincero que fizemos a alguém ou por atender às necessidades de uma pessoa que nos despreza.

Ao refletir sobre tal dilema, começamos a reparar em certos atributos da nossa personalidade ou nos estilos de vida que gostaríamos de ter, mas que sacrificamos em razão de uma visão limitada, voltada à realização de tarefas. O objetivo deste livro é identificar e permitir a expressão desses estilos de vida e, com isso, apresentar um conceito de uma vida que possa ir além da busca voltada à conquista de objetivos.

A atividade com valor intrínseco: três virtudes

Eu diria que a raiz da infelicidade está contida na renúncia a três virtudes que tendem a ser deslocadas e distorcidas quando o foco passa a ser a busca voltada à conquista de objetivos: o domínio de si mesmo, amizades e a conexão com a natureza. Por mais distintas que possam parecer, elas consistem em modos de conceber aquilo que podemos denominar de "atividade com valor intrínseco" — a atividade que por si mesma é significativa e que não depende de uma conquista futura ou da obtenção de algo para que se justifique. Eu diria que uma atividade como esta é a chave para uma felicidade duradoura. Diferentemente da procura voltada à concretização de objetivos, que sempre culmina em uma conquista, mas cujo processo implica uma nova busca, o compromisso em ser você mesmo, em mostrar-se amigo de alguém, bem como a conexão com a natureza, surgem a cada momento, trazendo desafios inspiradores e recompensas.

Também é possível compreender estas virtudes como meios pelos quais podemos atingir o ideal de viver o momento e de estarmos presentes naquilo que fazemos. Sabemos que a adesão ao aqui e agora é justamente o que falta quando vivemos ansiosos atrás de uma da próxima vitória em potencial, ou então olhando desalentados em retrospecto para o que consideramos um fracasso. Entretanto, as situações em que nos percebemos em um "estado de presença" tendem a ocorrer somente em intervalos momentâneos. Participamos de uma aula de yoga, meditamos, tentamos bloquear os ruídos externos da vida cotidiana ao focar os sons simples ao redor, mas retomamos o mesmo estilo de vida dominado pelo estresse e voltado às metas. Nossa prática de "viver o momento presente" se torna tão passageira quanto as nossas conquistas.

O que precisamos é de um "viver o momento presente" que seja mais do que transitório, algo que permeie tudo o que fazemos, e que não represente uma simples fuga das demais atividades cotidianas. Isso exige uma transformação completa do nosso estilo de vida, uma revisão no conceito do que significa "ser ativo". O que precisamos é de uma atenção renovada a eles e às formas de exercitar a virtude cujo valor lhes seja intrínseco.

A abordagem que estou propondo não exige nem recomenda que abandonemos os objetivos. Seria difícil imaginar, e talvez impossível, uma vida sem metas. Precisamos adquirir coisas, concluir projetos e alcançar certo status social no mundo, mesmo que apenas para colocarmos comida na mesa e termos um teto sobre nossas cabeças. A busca por objetivos que vão além das nossas necessidades essenciais pode ser inspiradora e emocionante. O problema surge quando tais metas se transformam na fonte principal de sentido da nossa vida, ou quando transformamos atividades com valor intrínseco em tarefas que podem resultar em êxito ou fracasso.

Considere a situação em que a paixão pela criação artística expressada por cada um dos movimentos do pincel pode degenerar na pressão para produzir algo que será bem aceito pela comunidade artística e completado a tempo de ser exibido em uma exposição prestes a acontecer em uma galeria de arte. Ou então uma trilha, que promete a experiência pedagógica de superar os percalços do terreno a cada passo, além da oportunidade de ter encontros inesperados e de descobrir paisagens, pode se transformar em uma marcha cercada de preocupações para chegar ao cume — percorrer o trajeto com uma boa marca de tempo, contemplar a paisagem que consta nos guias de viagem, ou adicionar uma foto aos stories no Instagram. Considere as preocupações habituais das pessoas, por exemplo: se você não se casar ou não encontrar um bom emprego, se não tiver filhos ou se não puder comprar um imóvel, de alguma maneira, terá fracassado. Já estamos adestrados para enfrentar tais preocupações com críticas a objetivos convencionais e ao conceito de sucesso. Por mais autênticas que tais críticas possam ser, o problema maior está em definir, acima de tudo, o que representa uma vida significativa no que diz respeito a nossos objetivos.

Proponho uma reinterpretação do próprio sentido da palavra "objetivo" à luz destas três virtudes: domínio de si mesmo, amizades e conexão com a natureza. O propósito de um objetivo — grande ou pequeno, pessoal ou coletivo — não está nele em si, mas na trajetória percorrida por quem o busca. O caminho deve ser encarado não como uma mera rota que nos conduz ao destino, mas uma oportunidade de cultivar e de expressar virtudes com valor intrínseco.

A vida como uma jornada aberta

Muitas vezes, lembramos a nós mesmos que a vida "não consiste no fim, mas no caminho". Dizemos que devemos "aproveitar a jornada" em vez de nos mantermos fixos ao destino ao qual queremos chegar. Volta e meia o paraninfo de uma turma de graduação cita o famoso poema "Ítaca", de Konstantínos Kaváfis, do início do século XX. Este poema relembra o lendário retorno para casa de Ulisses, que, após sua impressionante vitória sobre Troia, vê-se diante de desafios ainda maiores no oceano. Kaváfis escreve:

> Mas não te apresses em tua viagem / Será melhor que ela dure por muitos anos... / Ítaca deu-te a tua bela viagem / Sem ela não terias sequer partido / Mas ela não tem mais nada a lhe dar / Se a encontrares um tanto pobre, Ítaca não te enganou / E, sábio como te terás tornado, tão cheio de sabedoria e de experiência / terás percebido, à chegada, o que Ítaca realmente significa.[1]

A lição que Kaváfis aprende com Homero, cuja ressonância é digna de marcar um rito de passagem, é que o que mais importa na vida não são as conquistas (mesmo que representem um grande objetivo coletivo) ou o que buscamos alcançar (mesmo que seja o seu adorado lar), mas o que descobrimos sobre nós mesmos e sobre o mundo durante o trajeto. Em uma inversão do tradicional conceito da relação entre os meios e o fim, Kaváfis insinua que o destino existe por causa da jornada, e não o contrário. Em outras palavras, podemos dizer que o próprio significado de destino, de lar, é determinado pelo caminho percorrido para alcançá-lo. Em última análise, a vida é uma oportunidade ilimitada para a formação do caráter e para a autodescoberta, na qual cada objetivo e cada destino não passam de um episódio na constante busca por autoconhecimento.

Contudo, raramente levamos tais sentimentos a sério, tampouco compreendemos suas implicações. No mesmo discurso em que cita Kaváfis, louvando o ideal de uma jornada que jamais termina, o paraninfo enfatiza para seus ouvintes que o verdadeiro sentido da formação educacional de um indivíduo consiste em estar capacitado a resolver os maiores problemas da sociedade, ou então fazer do mundo um lugar melhor. Com isso, ressurge a perspectiva voltada à conquista de objetivos, só que com uma aparência altruísta e no contexto de um cerimonial aparentemente preocupado com o bem-estar social.

Até nossa mais sincera disposição de dar boas-vindas a este processo muitas vezes é acompanhada de um lembrete: "Antes que você se dê conta, terá atingido seu objetivo." Muitas vezes, o estímulo de aproveitar algum aspecto da jornada surge na forma de consolação para quem não alcançou aquilo que desejava. "O que importa não é se você venceu ou perdeu, mas como jogou o jogo." Pressupomos que essa frase se aplica aos perdedores, não aos vencedores.

O predomínio da perspectiva voltada à conquista de objetivos se mostra nitidamente visível nos onipresentes slogans publicitários de modernos aparelhos de automonitoramento, como o Apple Watch e o Fitbits, que acompanham, quantificam e registram praticamente todas as atividades cotidianas imagináveis, ao mesmo tempo que prometem "conduzi-lo virtualmente a lugares que, não fosse assim, você não teria como visitar — como trilhas espetaculares no Parque Nacional Yosemite, na Califórnia". A sutil tensão entre o desejo de fazer uma descoberta inesperada e a segurança de um percurso confiável é capturada pelo marketing do aplicativo "fitness" Fitbit: "A cada passo, você avança em uma rota pré-estabelecida e descobre locais históricos, além de tesouros ao longo do caminho. O objetivo é terminar o percurso." É claro que uma autêntica aventura não tem uma rota pré-estabelecida, sobretudo uma virtual, com a garantia de que não nos perderemos. Assim, seguimos presos a uma estrutura voltada à conquista de objetivos, mesmo que, de vez em quando, possamos recorrer à metáfora da vida como uma jornada.

O motivo que nos leva a uma equivocada compreensão dos ideais de conquista de objetivos e da atividade com valor intrínseco é, a meu ver, nossa carência de uma base que nos permita compreender dois aspectos aparentemente paradoxais de uma vida plena: viver como se esta fosse uma jornada sem um destino fixo e, ao mesmo tempo, reconhecer que *o caminho* rumo a um objetivo pode ter um significado intrínseco. Começaremos a construir esse alicerce à medida que compreendermos com mais profundidade a atividade com valor intrínseco em suas manifestações concretas, por meio das virtudes às quais me referi acima: o domínio de si mesmo, as amizades e a conexão com a natureza.

Espero que essas três virtudes possam dar a você, leitor, uma sensação de familiaridade e também ser relevantes para uma vida bem vivida. Todos conhecemos a inebriante sensação de conseguir nos defender das pressões de conformidade social, o empoderamento advindo da comemoração de bons momentos junto aos amigos e de podermos nos consolar com eles em situações ruins, além da emoção de nos envolvermos com a natureza quando fazemos uma trilha, mergulhamos no mar ou contemplamos um pôr do sol. Livros de autoajuda nos incentivam a passar mais tempo com as pessoas que se importam conosco e a apreciar as pequenas coisas da vida. Essas virtudes, porém, contêm muito mais do que imaginamos.

Em primeiro lugar, é difícil viver assim de maneira constante, diante da pressão para conquistarmos coisas. Em segundo lugar — e mais essencial —, o próprio significado dessas virtudes acaba distorcido de maneira sutil pela mesma tendência à conquista de objetivos da qual tais virtudes pretendem nos livrar. Por exemplo, é comum associarmos o domínio de si à noção de "seguir em frente, apesar dos riscos e das dificuldades" — uma espécie de autoassertividade no ambiente de trabalho que nos leva ao desejo de causar um impacto e de ascensão profissional. Perdemos de vista as formas pelas quais podemos nos defender e nos manter firmes, que nada têm a ver com conquistas ou respeito e que podem até colocar em risco a nossa carreira ou os nossos mais estimados objetivos em nome da nossa dignidade.

Da mesma forma, tendemos a confundir amizade com várias formas de alianças que estão a serviço de metas compartilhadas, ou com relacionamentos prazerosos aos quais dedicamos atenção fora do ambiente profissional. Subestimamos o tipo de amizade que consiste em histórias compartilhadas e envolvem a busca de uma renovada sabedoria e da autocompreensão quando estamos em companhia dos outros. A facilidade com que usamos a palavra "amigo" com referência àqueles que nos seguem nas redes sociais, e com que contabilizamos e exibimos a quantidade de amigos, é a comprovação do esvaziamento do significado de uma autêntica amizade. É claro que sabemos que a maioria das pessoas nas redes sociais não são verdadeiros amigos. Porém, o fato de termos nos habituado a usar essa palavra é a prova de uma tendência involuntária a relacionamentos instrumentalizados e voltados à conquista de objetivos.

No que diz respeito à conexão com a natureza, temos uma imensa dificuldade de conciliar uma apreciação momentânea de belezas naturais e do mundo exterior com as variadas formas pelas quais tentamos nos proteger contra a natureza, explorando a terra e o céu para atingir nossos objetivos. Examinada mais de perto, nossa postura em relação à natureza se revela ambígua: obtemos prazer com certos aspectos da natureza que se encaixam na rotina, ou que nos parecem novidades exóticas e, logo na sequência, voltamos as costas para paisagens, florestas, lagos e oceanos que exploramos em benefício de nossas indústrias.

Até o cuidado que dedicamos à natureza é motivado por uma busca voltada aos objetivos, sob a denominação de "conservação". Tratamos a natureza como um recurso escasso que deve ser preservado em nome da saúde do planeta e da segurança de futuras gerações. Entretanto, raramente tentamos apreciá-la e protegê-la para o benefício dela própria, motivados pelo deslumbramento e pela reverência, com os quais adquirimos uma nova perspectiva sobre nós mesmos e nossas metas. Quando instados a opinar sobre a importância da biodiversidade, por exemplo, recorremos quase que automaticamente a alguma explicação das razões pelas quais, quando uma espécie é extinta, as demais também são atingidas, incluindo a própria humanidade, no fim das contas. Carecemos do vocabulário que nos permite compreender a diversidade da natureza como intrinsecamente significativa e digna de preocupação e comprometimento.

No caso de aspectos da natureza que são mais assustadores — ciclones, terremotos, enchentes e doenças —, tendemos a abandonar a postura de gratidão e a considerá-los como ameaças a serem erradicadas de nossas vidas. Nós nos preparamos para uma guerra contra a natureza em incontáveis iniciativas para prever e controlar eventos naturais, como se pudéssemos, em algum momento do futuro, desfrutar de todos os recursos que nos é disponibilizado, e até evitar a morte. Raramente paramos para refletir que a natureza, mesmo em suas manifestações mais frustrantes e, ao que parece, hostis, talvez tenha algo a nos ensinar sobre o significado da existência e da nossa própria humanidade.

A filosofia como um guia para viver uma vida plena

Para desenvolver a descrição de uma vida plena em termos de uma atividade com valor intrínseco e examiná-la de maneira concreta à luz das virtudes do domínio de si mesmo, das amizades e da conexão com a natureza, quero revisitar uma fonte que, à primeira vista, poderá parecer inacessível, mas que considero indispensável para uma reflexão mais ampla sobre o sentido da vida contemporânea: a tradição da filosofia, tanto a antiga quanto a moderna.

Para muitos leitores, a filosofia poderá evocar a imagem de uma disciplina acadêmica que talvez nos traga algumas reflexões interessantes e abstratas sobre o mundo, mas com pequena relevância para a vida cotidiana. Ela, porém, tal qual foi originalmente concebida na Grécia Antiga, não era, em sua essência, um assunto acadêmico e consistia em aprender a viver bem. Nunca houve uma correlação mais clara entre a filosofia e a vida cotidiana do que o exemplo pessoal de Sócrates, que jamais ensinou em um ambiente formal e sequer escreveu qualquer texto. Seus ensinamentos chegaram até nós, sobretudo, por meio dos diálogos de Platão, seu discípulo, nos quais Sócrates é retratado como o principal personagem. Por intermédio de Platão, ficamos sabendo que Sócrates se dedicava ao assunto de uma maneira bastante prática, passava o tempo se misturando com as pessoas nas ruas ou em suas casas, conversando sobre o significado da felicidade e de uma vida plena. O que o motivava não era uma curiosidade fútil, ou o simples prazer de argumentar, mas uma firme crença de que, por meio de diálogos e reflexões constantes, era possível chegar a uma maior clareza sobre como viver melhor.

Sócrates usava como lema uma frase inscrita no Oráculo de Delfos, o mensageiro do deus Apolo: "Conhece a ti mesmo", e tinha com ela um compromisso. Ao ser indagado, certa vez, se por acaso acreditava nos eventos da tradição religiosa e em ferozes monstros da mitologia, como os centauros e a Quimera, entre outros, Sócrates teria respondido que não os conhecia e que tampouco tinha tempo para pensar neles. Seu foco estava no desenvolvimento das virtudes em sua própria alma. Em vez de se perguntar se aqueles eventos aconteciam ou se as criaturas existiam, ele preferia interpretar a tradição mítica relacionando-a à própria conduta, perguntando a si mesmo se não estaria cultivando tendências monstruosas ou se era uma pessoa de natureza mais branda. Seu foco constante estava em descobrir como ter uma vida melhor.[2]

Para Sócrates, um aspecto essencial na interrogação sobre como viver era a relação entre a felicidade e as conquistas. Ele viveu em uma época em que a maior aspiração de cidadãos ambiciosos era deixar uma marca na vida pública e ser lembrado pelas pessoas à maneira de Aquiles, o herói mítico da Guerra de Troia. Ele, no entanto, lançava dúvidas sobre a preocupação com a fama, o destino e o sucesso mundano. Não o fazia com base em uma reflexão introspectiva ou a partir de uma contemplação abstrata, mas com base nas próprias percepções sobre a conduta rigorosa. Em contraste com as categóricas afirmações de famosos oradores e luminares de sua época, que buscavam o êxito nas cortes de justiça e o aplauso das plateias das assembleias públicas, o filósofo afirmava que a verdadeira felicidade consiste na busca apaixonada pelo autoconhecimento com valor intrínseco. Portanto, em seus ensinamentos, encontramos um minucioso exame das próprias tensões que hoje enfrentamos entre a busca voltada à conquista de objetivos e uma postura de aceitar a vida como uma jornada ilimitada.

Em Sócrates, também encontramos sugestões profundas e nada evidentes ou imediatas sobre como apreender os conceitos de domínio de si mesmo, amizade e conexão com a natureza. Como veremos mais adiante, ele nos ajuda a distinguir entre o genuíno domínio de si mesmo e o tipo de individualismo arrogante que logo nos vem à mente quando pensamos em virtudes. A notável capacidade do filósofo de suportar as pressões sociais e se manter firme em situações que ameaçavam sua integridade, e até sua vida, estava relacionada à sua dedicação à filosofia, sendo concebida como uma busca compartilhada de sabedoria entre as pessoas comprometidas com o autoconhecimento. Portanto, para Sócrates, o domínio de si era ao mesmo tempo uma forma de amizade. Ele se manifestava em uma empreitada comum que ocorria por meio do diálogo, uma forma de comunidade que tinha como alicerce uma preocupação compartilhada pelo objeto de estudo. A filosofia socrática é descrita como uma espécie de diálogo "amistoso", no qual cada participante tenta fortalecer o ponto de vista do outro, esclarecendo-o e desenvolvendo-o, em oposição à apresentação contestatória de argumentos e de refutações que predominava nos tribunais de justiça de Atenas. Desse modo, ele enfatiza uma profunda conexão entre o autocontrole e a amizade, que geralmente ignoramos. Tal conexão, como veremos mais adiante, será aprofundada por Aristóteles — sucessor filosófico de Sócrates e de Platão —, que desenvolverá um conceito do *self*, ou em suas palavras, da alma, como um *locus* de atividade compartilhada que alcança a sua realização em uma relação de amizade.

Em meio às descrições da alma e da virtude feitas por Platão e Aristóteles também encontramos uma compreensão sobre a natureza. Embora a concepção de Aristóteles sobre a física, segundo a qual as coisas se movem em busca do lugar que consideram adequado, seja descartada em nossos tempos, considerada ingênua e nada científica, eu diria que ela nos proporciona um contraste esclarecedor sobre as explicações mecanicistas da natureza, que muitas vezes nos passam despercebidas. Quando reavaliamos a compreensão de Aristóteles sobre o movimento, fazendo-o sob a perspectiva da alma, e ao considerarmos a interpretação de Sócrates sobre a natureza no contexto de uma tentativa de compreender o significado de uma vida plena, encontramos um meio de nos conectarmos com ela como uma espécie de amiga em vez de adversária. Em contraste com nossa postura contemporânea de oposição à natureza, que situa os valores humanos de um lado e as forças intrínsecas do outro, examinaremos aquela que pode ser chamada de postura socrática, segundo a qual aprendemos com a natureza considerando-a uma parceira de diálogos em nosso processo de autoconhecimento.

Nosso problema com o progresso

Há, ainda, um motivo adicional que nos leva a recorrer à filosofia, e particularmente à filosofia antiga, e que vai além da reflexão profunda sobre a vida plena que encontramos em Platão e em Aristóteles. A dificuldade que enfrentamos para expressar uma concepção de uma vida plena que transcenda a conquista de objetivos, e a razão pela qual, quando nos pedem para identificar uma fonte de significado que vá além de nossa carreira e aspirações pessoas, tendemos a fazer referências a objetivos ainda mais elevados e significativos (jamais sendo capazes, portanto, de escapar de uma estrutura voltada à conquista de propósitos), é que continuamos comprometidos com filosofias subliminares que adquiriram importância no início da Modernidade e que permeiam nosso pensamento e estilo de vida atuais. A principal delas é o conceito de exercício das capacidades humanas [*human agency*], que passou a definir o Iluminismo: a ideia de que nos mostramos à altura da nossa vocação no momento em que nos tornamos agentes do *progresso*.

De acordo com essa perspectiva, o significado de uma vida plena é participar da criação de um mundo mais livre, mais pacífico, mais justo, mais produtivo, mais próspero ou mais avançado em algum sentido. Embora os padrões de qualidade possam variar sob diferentes aspectos, compreender o exercício das capacidades humanas em termos de progresso implica admitir que tal exercício consiste em lutar pela conquista de um ideal que ainda não foi alcançado. Em razão das contingências dos assuntos humanos e da obstinada resistência da natureza, talvez precisemos de um longo tempo até que possamos desfrutar desse ideal. Portanto, faz sentido questionarmos a viabilidade do progresso em relação a qualquer cronograma estabelecido e até reservarmos períodos de retrocesso, ao mesmo tempo que mantemos a fé no próprio progresso. De acordo com essa crença, a força motivadora essencial para a atividade humana, na prática, se encontra fora do aqui e agora, mas, na teoria, já está aqui (ou pelo menos em nosso pensamento). Sabemos a direção que nossa vida está prestes a tomar, e tudo o que temos que fazer é seguir este caminho, que se torna o meio pelo qual as coisas acontecem enquanto aquilo que chamamos de *ideal* se torna o destino da jornada. O entusiasmo para chegar ao destino o mais rápido possível leva à busca de quaisquer meios que possam acelerar o processo, mesmo que demandem o sacrifício de nossa dignidade ou da alheia. A partir dessa perspectiva, ser você mesmo, no sentido mais autêntico e mais elevado, significa ser um agente a serviço de um objetivo. A amizade cede espaço a uma aliança em prol da realização eficiente desse objetivo. E, com isso, a conexão com a natureza se transforma no projeto de submetê-la às nossas vontades.

Esse pensamento progressista impulsiona a vida contemporânea de uma maneira que não podemos subestimar. Ele predomina, obviamente, entre os indivíduos que defendem algumas modalidades de avanço, como é o caso de um acadêmico de grande popularidade, cujo argumento é o de que, apesar das aparências, os índices de violência estão em declínio, graças ao contínuo desenvolvimento da razão e da ciência. O autor também define a própria razão, de modo revelador, como "o uso da sabedoria para atingir um objetivo".[3] De um modo mais sutil, esse modelo está presente em nosso discurso social e político do dia a dia, por exemplo, no imperativo de estarmos "do lado certo da história", ou na afirmação tranquilizadora de que "o arco do universo se curva na direção da justiça".

De um modo talvez ainda mais disseminado, esse modelo está presente até nas situações em que negamos grandiosas narrativas sobre o progresso ou mudanças históricas e, no entanto, relacionamos o significado de nossas vidas individuais à necessidade de fazer deste mundo um lugar melhor, ou então quando colocamos em ação um planejamento de vida que consiste em certas conquistas pessoais. Discursos que incentivam ações como construir, planejar e "render frutos" se tornam coisas semelhantes. O que acaba se perdendo em meio a essa perspectiva voltada às conquistas é um apreço pela vida no modo como ela flui. Em vez de encararmos a existência de uma pessoa como um plano a ser executado, nosso ideal de uma vida plena deveria corresponder a uma que alcança clareza de expressão por meio de encontros com o inesperado.

Podemos também apontar a desvantagem do ideal progressista no sentido contrário: uma vida que associa significado à conquista de um objetivo, seja esta uma tecnológica sobre a natureza, seja a erradicação da injustiça no mundo (ou outro qualquer), tenderá a sempre se confrontar com uma limitação insuperável, por meio de imprevistos, de um sofrimento imerecido e de incompreensíveis reviravoltas do destino. Quando isso acontece, a pessoa tende a lidar com essa resistência de maneiras autodestrutivas: interpretando o sofrimento como um castigo pelos pecados cometidos ou como um mal necessário em prol de uma maior saúde do universo, ou, ainda, como uma nuvem, insistente e inexplicável, que paira sobre todos os inícios auspiciosos e que arruína todas as conquistas.

Algo que precisamos é de um modelo que nos permita encarar o sofrimento como uma parte integrante da vida, e não como sua negação. Nesse aspecto, a filosofia pode ser um guia indispensável. Ela pode ser útil para encontrarmos um meio de explicar virtudes que envolvem a redenção do sofrimento e nos mostram o caminho para uma vida que vale a pena ser vivida, a cada momento.

Se levarmos a sério as formas pré-modernas de pensamento, poderemos reavaliar o conceito de progresso que hoje predomina em nosso cotidiano. Em contraste com o modo progressista de pensar, é possível constatar o surpreendente espírito de equanimidade, objetividade e serenidade com os quais Platão e Aristóteles escreveram sobre a transição de um regime político para outro — da democracia à tirania, da tirania à oligarquia e o retorno à tirania, como se a instabilidade das reformas políticas e todas as conquistas humanas não representassem um grande choque e tampouco ameaças à vida, mas sim um estímulo para que mantenhamos o controle sobre nossas aspirações utópicas e redirecionemos nossa vida para os caminhos da virtude, do caráter e para nossa capacidade de interpretar o mundo e as coisas.

A filosofia e a vida cotidiana

Inspirado pela afirmação de Sócrates, de que a filosofia é útil — e até indispensável — para atribuirmos sentido ao cotidiano, e visando demonstrar como podemos recorrer a ela na tentativa de recolocar a busca pelas conquistas em seu devido lugar, a narrativa deste livro está permeada de aspectos de minha vida pessoal, e a disciplina me ajudou a compreendê-los de modo mais claro. Também cito personagens e referências extraídas da literatura, de filmes e de séries de TV, mostrando como é possível encontrar uma nova profundidade nas coisas que apreciamos como entretenimento, e de que forma essas coisas, por sua vez, podem se tornar uma manifestação concreta de perspectivas filosóficas mais amplas sobre como viver melhor.

O ponto central de meus relatos é uma paixão sem qualquer relação com a filosofia e, em certo sentido, representa a mais limitada busca pela conquista de objetivos que poderíamos imaginar: o treinamento para alcançar o melhor desempenho em um exercício simples que passa despercebido no universo das atividades esportivas convencionais — a flexão de braço em barra fixa [*pull-up*]. No momento que escrevo este livro, estou treinando para recuperar o recorde que estabeleci e que consta no *Guinness World Records*, pelo Maior

Número de Flexão de Braço em Barra Fixa por Minuto, marca que mantive entre 2018 e 2020, e que foi superada. Esse recorde, contudo, representou para mim um contínuo desafio pessoal durante anos, já que foi superado três vezes desde 2014.

O caminho que percorri até chegar a esse exercício remonta à época em que tive uma série de descobertas casuais, mas nasce de uma longa paixão por esportes — joguei beisebol e tênis desde meus 8 anos até me graduar na universidade, e fui para o levantamento de pesos, que comecei a praticar visando a fortalecer os músculos para o beisebol e que continuei no Powerlifting Club da Universidade de Oxford, por interesse genuíno, na mesma época que cursei meu doutorado em filosofia. Acreditem ou não, o que me manteve praticando a flexão de braço em barra fixa tem a ver com um elemento da filosofia. Por mais estranho que pareça, o que pode ser visto como a absurda tarefa de se pendurar em uma barra e erguer o corpo até o queixo chegar acima dela, repetidas vezes, é o modo pelo qual cheguei à compreensão do sentido de uma atividade com valor intrínseco, sem visar a conquista de um objetivo.

Ao longo dos meses de treinamento que me conduziam à tentativa de quebra do recorde, aprendi a lidar com as lesões e a aceitar o fracasso como partes da satisfação que obtenho por meio de um grande esforço e da superação. Quando grito palavras de encorajamento a colegas de treinamento em meio a uma série difícil de exercícios; quando estou prestes a desistir em um treino mais extenuante e me sinto motivado pelo apoio que recebo; ou quando me vejo estatelado no chão da academia, depois de um esforço exaustivo que se revelou inútil, fortaleço laços de amizade e me sinto livre para me expressar como quero — o que dificilmente acontece em outros ambientes. Cruzo com pessoas que em outras circunstâncias eu não conheceria, encontro treinadores improváveis e compreendo a vida por meio de perspectivas novas e esclarecedoras. Enquanto desço da barra e me recupero para uma nova série, aprendo a lidar com a força da gravidade não como um obstáculo que dificulta meu esforço, tampouco como uma característica externa do mundo, mas como uma parceira em uma atividade compartilhada. Nesse sentido, fazer UMA flexão de braço em barra fixa é mais do que um meio para atingir um fim. Trata-se de uma jornada contínua de formação de caráter e de autodescoberta.

Um motivo óbvio que talvez dê a essa busca a aparência de uma improvável atividade praticada pelo seu valor intrínseco é que, em grande medida, ela ainda tem como objetivo a quebra de recordes — o que, à primeira vista, aparenta ser a justificativa para longas horas de exercício diário a que poucas pessoas estariam dispostas a se dedicar. Entretanto, a tensão entre esse aspecto do exercício — voltado à conquista de objetivos — e seu significado intrínseco, dificílimo de reconhecer logo de cara, é justamente o que a transforma em um terreno fértil para a filosofia.

Na verdade, foi o contexto que envolvia a resistência às pressões da competição, o medo do fracasso, a efêmera natureza do sucesso e a busca por perspectivas mais amplas que me permitiu compreender o sentido das coisas que eu fazia, além do contraste entre a atividade voltada à conquista de objetivos e a atividade com valor intrínseco. É claro que a filosofia que estudei teve uma profunda influência em meu modo de ver as coisas. Porém, foi ao longo do treinamento — primeiro como aluno de pós-graduação nas competições de levantamento de peso, e depois na condição de professor de filosofia em busca de bater um recorde no exercício — que cheguei a uma compreensão mais profunda dos próprios textos filosóficos que eu lia, apresentava e interpretava. Minha expectativa é que, com base em minhas experiências pessoais e em como cheguei a valorizar o significado da filosofia para a busca da felicidade, eu possa tornar a prática filosófica acessível a leituras que, de infinitas maneiras, lidam com esta mesma tensão fundamental entre a atividade voltada à conquista de um objetivo e a atividade com valor intrínseco.

Os equívocos do estoicismo

Nesta introdução à nossa investigação sobre uma vida plena que transcende a busca pela conquista de um objetivo, devo acrescentar, em contraste com a minha abordagem, uma diferente tentativa de ressaltar a importância da filosofia antiga para a vida contemporânea que se tornou muito popular, e que neste livro me servirá de contraponto ao conceito da atividade com um valor intrínseco: o ressurgimento da filosofia estoica.

Não restam dúvidas de que a atração exercida pelos estoicos está relacionada ao estímulo desses filósofos à equanimidade diante dos desafios da vida, e com o fato de eles oferecerem um modelo para recuperarmos o autodomínio sobre as pressões do trabalho, da vida familiar e de inesperadas aflições. Pelo menos na superfície, o ressurgimento estoico contemporâneo parece oferecer uma alternativa renovada à busca de objetivos: de acordo com os estoicos, o que importa não é a conquista, mas a virtude. Viver plenamente significa resistir a reveses e a adversidades com serenidade e domínio de si mesmo, permanecer virtuoso em um mundo onde os justos muitas vezes sofrem, e os injustos se sobressaem. O estoicismo ensina que a virtude é um fim em si mesma, uma fonte de satisfação que as conquistas, os elogios e os aplausos jamais serão capazes de proporcionar.

Eu diria que a interpretação de virtude feita pelos estoicos é passiva e modesta em excesso para que promova uma verdadeira felicidade. Como veremos mais adiante, a origem do domínio estoico de si mesmo se revela como a percepção iluminada de que nossas palavras, atitudes e os assuntos humanos são gestos cosmicamente insignificantes, encenados dentro de um minúsculo intervalo de tempo, em um pequenino canto do universo. "Veja como todos nós somos esquecidos bem rápido... o abismo de um tempo infinito que tudo engole", escreve Marco Aurélio, estoico e imperador romano, ao desaconselhar a obsessão pela reputação.[4] Até nossos relacionamentos mais íntimos, segundo o estoicismo, pouco significam diante do plano maior das coisas. Epicteto, filósofo da Antiguidade estoica, ensina que, ao dar um beijo de boa-noite no filho, um pai deve se lembrar que este menino não é nada além de um simples mortal, que pode ser retirado do mundo a qualquer momento. A lição a ser aprendida é de que devemos nos alegrar com a companhia dos entes queridos sem nos apegarmos demais a eles. De acordo com um autor estoico contemporâneo, é necessário aprender a considerar a amizade como um "indiferente preferido", algo a que daríamos preferência, mas que não é essencial para uma vida bem vivida.[5]

Embora a virtude estoica possa parecer um estímulo à atividade, nas formas de um trabalho diligente e de liderança política, por exemplo, a fonte de seu comprometimento mundano está em aceitar de forma passiva "as coisas como elas são". Com base nessa aceitação fundamental, o estoico é capaz de seguir adiante com as responsabilidades que assumiu na vida, imperturbado pelo medo do fracasso. No entanto, os motivos que o levam adiante, ou para que ele siga obstinadamente comprometido a alguma atividade qualquer, não são óbvios.

Em última análise, o rebaixamento da atividade humana promovido pelos estoicos deixa evidente uma frustrada tentativa de ir além da perspectiva voltada à conquista de objetivos. Apesar de toda a sua crítica ao sucesso mundano, o estoicismo se revela incapaz de imaginar uma concepção alternativa aos assuntos humanos que estejam além do ciclo de sucessos e de derrotas. Trata-se de uma filosofia desmoralizada pela fragilidade das conquistas, que interpreta de modo equivocado e subestima o domínio de si mesmo, as amizades e a conexão com a natureza, além de não valorizar a natureza duradoura da atividade com valor intrínseco.

Ao predicar a impermanência dos assuntos humanos, o estoicismo desconsidera o fato de que as vidas dos povos e culturas da Antiguidade não eram apenas voltadas a erguer construções, à criação de impérios e ao alcance de marcos históricos importantes, mas tentativas de compreender a virtude e o bem que, em princípio, possam ser válidas para todas as épocas. Embora a Atenas antiga seja concebida como uma democracia em pequena escala que rivalizava com Esparta, a pólis foi um mero e breve momento na história do mundo. Seu majestoso Partenon, hoje reduzido a uma atração turística, e os conceitos de virtude e de heroísmo elaborados por grandes pensadores, como Sócrates, Platão e Aristóteles, continuam à disposição ainda na atualidade. Tais pensadores, cuja presença ficou durante um longo tempo restrita a debates e a interpretações acadêmicas, continuam vivos para qualquer pessoa comprometida em busca de autoconhecimento. Podemos recorrer a eles para obter aconselhamentos. Podemos tentar levar adiante os projetos morais e espirituais que conceberam.

Na versão de autoajuda que adquiriu nos dias de hoje, o estoicismo enfatiza a distinção entre aquilo que podemos ou não controlar. O que podemos controlar, pelo menos em um nível significativo, são nossos pensamentos e nossas emoções. O que somos incapazes de controlar é o mundo externo — como doenças, desastres naturais e as reações alheias ao que fazemos. Embora tal distinção possa ser útil como contraposição às arrogantes ilusões de autocontrole que sempre nos frustram e nos distraem, ela também nos distancia do comprometimento com as coisas, o que nos permite alcançar o autodomínio e a construir um mundo que nos proporcione a sensação de estarmos em casa.

O equívoco essencial do estoicismo está em sua incapacidade de transcender os dualismos do que pertence ao que há no interior ou exterior, do sujeito e do objeto, do *self* e do mundo. Em vez de nos fortalecer para lidar com novas e inusitadas circunstâncias, permitindo que nos apoderemos delas, o estoicismo apenas alimenta a nossa tendência a um escapismo solipsista e, a meu ver, atrai muita gente pelo fato de ser crucial e familiar o bastante para satisfazer nossa busca de sentido sem nos desafiar muito. Precisamos ir além: precisamos recriar os próprios significados do *self* e do mundo, e conceber uma vida na qual aquilo que aparenta ser externo a nós, ou mesmo inusitado, pode ser encarado como uma oportunidade para uma redenção criativa.

Recriando os sentidos do *self* e do mundo

Conforme veremos ao longo de nossa investigação sobre o domínio de si mesmo, a amizade e a conexão com a natureza, encontramos o sentido da vida sempre que estamos imersos em uma atividade com valor intrínseco, quando nosso olhar não está voltado para dentro, esquadrinhando pensamentos e emoções, ou para fora, preocupado com a conclusão de algum projeto. Estar imerso com essa intensidade significa superar a distinção entre estar "na minha mente" e "no mundo lá fora", pois aquilo que estou olhando, por assim dizer, quando estou mergulhado em uma atividade, não é nada além de meu próprio *self* — um *self* que, ao mesmo tempo, é um mundo.

Por mais difícil que seja mantermos a uniformidade dessa integração entre o *self* e o mundo, ela está longe de ser um ideal distante. Tudo o que precisamos é buscar um estado de comprometimento com as coisas, no qual uma autoinvestigação inibida possa dar lugar à atitude de "seguir o fluxo" de uma atividade. Quando, por exemplo, estou imerso na prática da flexão de braço em barra fixa, o "eu" que poderá sair vitorioso ou derrotado na competição que ocorrerá daqui a dois meses desaparece em meio à luta contra a gravidade e ao período de treinamento que o movimento envolve. Até a barra fixa, um objeto exterior a mim, ameaçadora em sua gritante presença material quando entro na academia e a olho antes de começar a me aquecer, se retira da percepção de meus sentidos quando me conecto a ela em uma série de exercícios a que dedico meu máximo empenho. Em tais momentos de imersão, que incluem um amplo leque de atividades humanas, do esporte a uma performance musical, passando pelo artesanato e por um diálogo em que ambas as partes estão totalmente absortas, o indivíduo sente que seu *self* está em casa naquilo que, às vezes, parece ser o mundo exterior.

Quando nos envolvemos com uma atividade com valor intrínseco, compreendemos que o *self* e o mundo não são duas entidades separadas — como se o *self* fosse uma esfera individual de consciência confrontada com um mundo que existe lá fora. As coisas que podemos ver e tocar, e que tendemos a atribuir ao mundo exterior não são, acima de tudo, uma vã combinação de elementos materiais aos quais, com o passar do tempo, serão atribuídos valores subjetivos. Pelo contrário, elas são, desde o início, extensões do *self* — definidas em sua essência por significados previamente constituídos por uma história que é encenada. Por mais estranha que pareça, essa ideia ficará mais clara quando abordarmos o tema da conexão com a natureza e o da luta contra o tempo. Meu objetivo é mostrar que o verdadeiro domínio de si mesmo envolve o reconhecimento de que a própria vida de um indivíduo, com intensidade e comprometimento particulares, faz parte da constituição do mundo — de que *não existe* um mundo que seja externo à nossa consciência, tampouco uma consciência que não esteja ativa no mundo.

Outra maneira de expressar essa ideia é que o *self* não é uma esfera individual de consciência que, de tempos em tempos, fica imersa no fluxo de atividades e, portanto, "integra-se" com o mundo por um breve instante. Tão logo o indivíduo adquire consciência de si e é capaz de dizer "eu" em contraste com "isto" ou com "você", ele já está pensando no *self* em termos de uma relação com algo, ou com alguém, que é parte de uma atividade compartilhada. Dizer "Estou de saco cheio desta barra fixa, minhas mãos ficam escorregando" não faz referência a um sujeito, um "eu" em contraste com um objeto, a barra fixa. Tendemos a pensar dessa maneira apenas porque somos influenciados por uma longa tradição do pensamento moderno que define a pessoa como uma mente que é separada do mundo, e pressupõe a existência de uma espécie de mundo — matéria, coisas "no mundo lá fora" — separada da existência humana. Contudo, a manifestação de frustração com a barra fixa, na qual eu aparentemente faço a distinção entre sujeito e objeto, pode ser interpretada de um modo diferente: a distinção entre mim e a barra fixa é, na verdade, a modificação de uma relação de conexão na qual nós dois somos inseparáveis. O "eu" a quem eu me refiro é um *self* ativo, voltado à retomada da série de exercícios. A barra fixa é uma parceira necessária nessa atividade; ela se tornou relutante, em vez de cooperativa.

Em razão da constante relutância da barra fixa, posso me distanciar ainda mais dela, avaliando-a no que diz respeito à sua composição material e comparando-a com outras barras que tenham uma qualidade maior. Esse tipo de exame minucioso, que talvez julguemos capaz de embrenhar-se na matéria das coisas, representa uma espécie de *distanciamento* no interior de um modelo que é possibilitado por uma parceria ativa e comprometida. Quando me entrego a essa reflexão aparentemente desapegada, não estou de modo algum rompendo minha conexão com a barra fixa e me familiarizo com suas características objetivas. Continuo envolvido com ela, só que agora lido com a frustração e com a solução de um problema, mais do com que uma parceria em que as partes estão absortas.

No entanto, é esse tipo de parceria que serve de base para uma solução de problemas autoconsciente. Embora consideremos a absorção como a exceção, e a reflexão autoconsciente como regra, devemos lembrar que as coisas funcionam no sentido contrário: somos, em essência, seres ativos, absortos em nossas atividades, nas coisas que usamos e nas pessoas com as quais agimos coletivamente. Apenas de um modo indireto e secundário é que agimos como planejadores inibidos que se distanciam do que fazem e olham para o mundo a partir de certa distância. Aquilo que julgamos ser o ego, ou a consciência subjetiva, que tantas vezes se intromete em nossa vida cotidiana, fazendo comparações em relação aos outros, separando a si mesmo das coisas que faz e das coisas que usa, preocupado com a possibilidade de que tudo desmorone, revela-se como uma realidade indireta e secundária, subordinada à história que está sendo encenada e manifestada em meio ao fluxo de atividades.

Como afirma Aristóteles, somos menos autênticos nas situações em que estamos parados, em repouso, passivamente desfrutando de uma situação agradável, ou refletindo sobre alguma conquista realizada, do que quando estamos *en energeia*, "em ação". Estar em ação significa exercer a capacidade de deliberar e de julgar possibilidades conflitantes nas inúmeras situações que a vida coloca no nosso caminho. O propósito desse julgamento, sugere Aristóteles, não se resume simplesmente a tomar a decisão "correta", no sentido de conquistar um objetivo ou de aproveitar ao máximo a utilidade de algo, mas tomar uma posição sobre *quem* somos; declarar, por assim dizer, que "considerando a situação como um todo, mantenho meu apoio a esta decisão; seguirei vivendo e aprendendo com ela".

Sob essa perspectiva, as tentativas contemporâneas realizadas pelas políticas sociais no sentido de nos "incentivar" a fazer julgamentos "melhores" por meio de pesquisas e análises de certas tendências psicológicas, ou então a substituir o julgamento humano pela tomada de decisões baseada nos algoritmos, fazem com que percamos o próprio significado do julgamento, que passa a ser concebido como um meio para atingir um fim, em vez de uma manifestação do domínio de si mesmo. Embora a tecnologia baseada na teoria das escolhas racionais nos prometa que nossas prioridades serão mais bem satisfeitas com ela do que se não tivéssemos essa tecnologia, ela nos priva do exercício das capacidades humanas, com o qual formamos o caráter, aprendemos habilidades e estabelecemos objetivos.

Domínio de si mesmo

Nos Capítulos 1 e 2, analisaremos o domínio de si, tanto em sua condição de virtude conhecida quanto a de uma que é compreendida de modo superficial. A virtude evoca a imagem de uma pessoa inabalável e que reage aos antagonismos de maneira equilibrada. Esse conceito, no entanto, é muito mais profundo do que a manifestação exterior de um indivíduo inabalável. Quando consideramos as primeiras pessoas que nos vêm à mente ao pensarmos no autodomínio, as aparências enganam. Tomemos o exemplo de um estiloso executivo publicitário que faz uma apresentação bajuladora e de alto risco em uma sala repleta de clientes, como faz Don Draper na série de TV *Mad Men*. Quando Draper deixa o iluminado escritório na Madison Avenue, sua vida entra em uma espiral descendente de casos amorosos extraconjugais, envolvimento com o álcool e tentativas fracassadas de reabilitação pessoal. A impecável camisa branca que ele veste a cada manhã, muitas vezes depois de uma noite de libertinagem, é um claro sinal da confusão de sua vida interior.

Amparados pela filosofia antiga, veremos que o domínio de si, quando compreendido de forma correta, não implica ter confiança nesta ou naquela tarefa ou área de atuação. Ele se relaciona com o fato de você estar integrado ao seu próprio *self* no amplo espectro dos seus compromissos, chegar à compreensão dos diferentes aspectos e momentos de sua vida, e constituir um "todo" que está em permanente construção, lhe aponta a direção e lhe oferece a coragem para enfrentar o desconhecido.

A fim de compreendermos de maneira concreta esse conceito em seus vários aspectos, vamos considerar duas principais perspectivas filosóficas: a explicação de Aristóteles sobre a virtude, particularmente o que ele chama de "grandiosidade da alma", que será o tema do Capítulo 1, e a descrição feita por Platão da vida e da morte de Sócrates, tema do Capítulo 2. Embora alguns acadêmicos estabeleçam um contraste entre a descrição de virtude feita por Aristóteles e a de Platão, proponho que as encaremos como visões que se reforçam de modo mútuo. O que encontramos na descrição aristotélica da grandiosidade da alma, segundo a tese que aqui apresento, é uma explicação notavelmente minuciosa da virtude que Sócrates mostra em suas atitudes ao longo dos diálogos de Platão. Nosso estudo sobre o domínio de si mesmo culminará no julgamento e na execução de Sócrates e em uma análise de seu misterioso — e quase super-humano — equilíbrio diante de sua condenação por supostamente ter "corrompido os jovens de Atenas" ao levá-los a questionar a autoridade convencional. Ao longo do caminho, analisaremos o autodomínio em seus inúmeros aspectos, tendo como guias a filosofia antiga e um amplo leque de referências do universo de filmes, televisão, cultura popular e vida cotidiana.

Alguns dos aspectos centrais desse assunto que examinaremos serão a atitude de defender a nós mesmos, sem, contudo, insistir em exigir reconhecimento ou honra quando isso nos for injustamente negado; exercitar nossa capacidade de julgamento diante das inúmeras formas pelas quais a tecnologia e o assim chamado conhecimento especializado ameaçam uma intromissão, nos desobrigando de exercer nossas capacidades humanas; empenharmo-nos para compreender as pessoas que discordam de nós — não apenas encontrando uma explicação psicológica para seus pontos de vista, como se estivéssemos dando o diagnóstico de uma doença, mas tentando encontrar nessas pessoas alguns insights que possamos compreender; reconhecer que aqueles que nos cercam, mesmo em sua ignorância e hostilidade, não são aberrações inexplicáveis nem mistérios ameaçadores, e sim, em certa medida, semelhantes a nós; compreender nossa responsabilidade para com os outros como, acima de tudo, uma para com nós mesmos; sermos capazes de recriar a moralidade como uma forma de autoafirmação com uma finalidade intrínseca, e não uma maneira de autossacrifício que visa a uma recompensa externa; evitar o escapismo moralizante que nos leva a qualificar nossas próprias fraquezas como virtudes; e cultivar a capacidade de nos recompormos e redimirmos às fatalidades e às adversidades no momento em que as coisas desmoronam.

O verdadeiro significado da amizade

A partir da investigação sobre o domínio de si mesmo, o tema do Capítulo 3 já começará a ficar evidente: a amizade. Embora o autodomínio e a amizade possam à primeira vista parecer virtudes distintas, cada qual sendo um elemento diferente para uma vida plena, veremos que elas são interconectadas, a ponto de até nos impossibilitar de conceber uma sem a existência da outra. Tendo em vista que um dos exemplos mais significativos de autodomínio é nossa dedicação a amigos e entes queridos, examinaremos a amizade como uma modalidade de autodomínio, e vice-versa.

Nosso tema principal será a amizade com valor intrínseco, em contraste com a amizade que visa a um objetivo. Para compreender essa distinção, analisaremos o famoso contraste que Aristóteles estabelece entre a amizade baseada na utilidade e a amizade baseada na virtude. Também veremos que a definição aristotélica de amizade baseada na virtude só pode ser compreendida à luz do autodomínio, ou, para usar suas palavras, da grandiosidade da alma.

A autêntica amizade, segundo essa tese, consiste em se elevar a um estado de autocontrole quando se está na companhia de alguém. Na direção contrária, e considerando o autocontrole como uma forma de amizade, Aristóteles faz a provocativa insinuação de que somente o indivíduo com um autodomínio e, portanto, amigo de si mesmo, está preparado para ser amigo dos outros. Ao analisarmos o significado disso, passaremos a entender o autodomínio como uma virtude que tem as características de uma amizade, ou uma virtude que contém certa harmonia, e emerge a partir divergências que cada pessoa carrega dentro de si.

Se perdermos de vista a associação entre a amizade e o domínio de si, correremos o risco de confundir a audaciosa afirmação de Aristóteles, de que a verdadeira amizade só pode existir entre pessoas virtuosas, com o ponto de vista simplista — e, contudo, amplamente aceito — de que apenas os que detêm virtude, no sentido de serem indivíduos justos, podem ser verdadeiros no quesito da amizade. Como veremos adiante, talvez seja exigido de nós a atitude de favorecer um amigo, ou até que ocultemos um erro cometido por ele. Para examinar as tensões entre amizade e justiça, recorreremos a exemplos extraídos da literatura, de filmes e da vida cotidiana.

Outro tema desse capítulo será a nossa tendência de darmos menos atenção aos amigos do que a uma associação com as pessoas por meio de alianças; essa tendência tem profundas raízes filosóficas no conceito iluminista de progresso e em perspectivas históricas baseadas na divina providência, que ainda exercem grande influência sobre nós. Sob essa perspectiva, a mais elevada vocação humana passa a ser a tentativa de criar um estado de coisas ideal, para o qual são necessários aliados, em vez de amigos. O que outrora era considerado pela filosofia antiga como a virtude mais elevada — a amizade com valor intrínseco — acaba sendo rebaixado como algo provinciano e que tende a provocar discórdias. As relações passam a ser entendidas como algo que se encontra a um curto passo do egoísmo, uma espécie de amor tribal sentido pelo indivíduo, em descompasso com a justiça desinteressada e com grandiosas visões de reformas. Cabe observar que, com pouquíssimas exceções, filósofos modernos sempre têm muito a dizer sobre temas como justiça, solidariedade de classe e outras formas de alianças, mas muito pouco sobre a amizade. A depreciação desse laço nos tempos modernos, no entanto, é um enorme equívoco.

O que os filósofos da Antiguidade e os poetas trágicos compreenderam, e que foi ignorado pelo pensamento iluminista, é que as reviravoltas inesperadas e as injustiças não são crias da estupidez humana e, portanto, passíveis de reformas sociais. Esse é um aspecto essencial da existência com o qual temos que lidar constantemente. Sem amigos, nos veríamos incapazes de estar à altura desse chamado fundamental. Somente por meio da amizade adquirimos a força para redimir as adversidades e as fatalidades, alcançar um estado de autodomínio e a nossa condição humana. A ideia difundida de que a amizade rivaliza com as preocupações universais, um pensamento que predomina em diferentes escolas filosóficas, dos estoicos a Adam Smith, revela-se um equívoco. É impossível valorizarmos a humanidade como um todo sem levarmos em conta que as pessoas que estão "longe" de nós podem ser nossos amigos em potencial. A necessidade de buscarmos por essas relações em tais moldes, em vez no de aliados, continua sendo essencial para vivermos uma vida plena.

A conexão com a natureza

Assim como a amizade e o controle de si mesmo formam um par, a conexão com a natureza, aliada a esses dois elementos, compõem uma unidade, que examinaremos no Capítulo 4. Nele, veremos que uma das fontes predominantes da nossa infelicidade e falta de autodomínio é uma espécie de rompimento de vínculos com a natureza, que nos leva à perda de contato com os estímulos e potenciais insights que podemos obter a partir de coisas que não criamos ou produzimos, mas que aparecem em nosso caminho. Em vez de prestarmos atenção à natureza como uma fonte de significados e de autoconhecimento — o que aconteceria em um momento de admiração reverencial diante de uma paisagem natural que traz à tona nossa capacidade de expressar a beleza e a sublimidade do ambiente que nos cerca —, muitas vezes encaramos a natureza com um simples contexto externo ou um ambiente do qual podemos tomar posse para atingir objetivos.

Essa atitude encontra sua expressão mais gritante em nossa obscena negligência em relação à beleza e aos mistérios naturais, quando, de modo irracional, desmatamos florestas tropicais para dar espaço a terras cultiváveis, ou quando deliberadamente ignoramos paisagens, lagos e estrelas, ao mesmo tempo que promovemos as indústrias, construímos fábricas e poluímos o ar que nos permite contemplar o céu. Essa atitude, no entanto, se manifesta de modo semelhante no atual movimento ambientalista, que encara a natureza como recursos escassos que deveriam ser preservados, ou que compreende o problema da poluição associado às mudanças climáticas e a seus efeitos destrutivos para a saúde e o bem-estar dos seres humanos e do planeta.

De modo ainda mais sutil, essa atitude permeia as formas mais aceitas de estudar e compreender a natureza — as teorias que tendemos a aceitar acriticamente em sua condição de progresso ineficiente conquistado pela ciência moderna, tais como a compreensão darwiniana do comportamento animal em termos de características propícias à sobrevivência, ou então explicações modernas sobre o movimento em termos de leis da gravidade. Nessas hipóteses, compreendemos as coisas apenas quando podemos torná-las previsíveis e controláveis. Entretanto, tal objetificação, assim como todas as demais formas de busca voltada à conquista de um fim, envolve uma visão estreita da realidade, uma profunda negligência, um olhar que se *distancia* das coisas, o que, ao perder a consciência de sua própria condição, transforma-se em um tipo de ignorância que é, ao mesmo tempo, um meio de perder a própria identidade. Baseados em concepções abstratas sobre o mundo material, tais como a de "corpos em movimento", que nos permite calcular, por exemplo, a velocidade necessária para lançar um foguete no espaço sideral, ou com a atenção direcionada a nosso cego instinto de sobrevivência, que nos permite prever os possíveis fenótipos que predominarão em meio a uma espécie de organismos vivos em um tempo futuro, perdemos contato com o mundo visível e tangível tal qual ele se revela para nós, na sua infinita riqueza, seus mistérios e sua imensa variedade de estímulos.

O mundo tal como se apresenta para nós, à primeira vista — como uma fonte de resistências e de inspiração —, só pode ser corretamente compreendido quando tentamos fazer com que a natureza se expresse de maneira que possamos compreender a nós mesmos. A modalidade de discurso adequada para essa empreitada pode ser concebida como uma espécie de linguagem poética ou literária semelhante a antigos relatos sobre uma natureza personificada, de uma maneira que nos incentiva a alcançar o autodomínio. Tal comprometimento hermenêutico com a natureza também pode ser entendido de forma semelhante a um diálogo socrático. É claro que, diferente de um parceiro humano no diálogo, o sol, a lua e as estrelas não nos respondem diretamente quando lhes perguntamos algo (embora, como Sócrates observa, isso tampouco aconteça com um texto escrito). Como ocorre com qualquer parceiro, esses aspectos da natureza podem nos oferecer alguns significados e sugestões ao ser o que são, e a partir disso podemos dar continuidade a um diálogo interior e também com nossos amigos. O modo como Sócrates evoca a imagem do sol para explicar seu conceito sobre o bem é um exemplo que examinaremos mais adiante. À medida que tentamos interpretar os significados que encontram sua expressão na natureza, a própria se revela de maneiras diferentes.

Modernas correntes de pensamento tendem a desprezar tal compreensão sobre a natureza, encarando-a como uma projeção humana e desordenada de sentidos em um universo que é moralmente indiferente. Como veremos a seguir, o próprio antropocentrismo pressupõe uma concepção bastante questionável do "antropos", ou humano, em termos de uma consciência subjetiva que está separada dos objetos que observa. Tal distinção entre sujeito e objeto, que situa os valores e as aspirações humanas de um lado e a natureza, de outro, ignora a imersão comprometida com as coisas, que constitui nossa essencial maneira de ser e de perceber o mundo. Examinados de perto, os modos de observar e de explicar que tendemos a considerar não subjetivos e livres de valores antropocêntricos, tais como nossas concepções de natureza em termos de "corpo", "massa", "quantidade" e "causas", são um exemplo sutil dessas nossas concepções discutíveis, que facilmente se disfarçam sob o manto de uma linguagem óbvia e meramente descritiva.

A fim de recuperar e explicar melhor a virtude do comprometimento com a natureza, vamos examiná-la em contraste com duas posturas opostas. A primeira delas é o que poderíamos chamar de uma postura antagônica em relação à natureza, muito típica da perspectiva baseada na tecnologia. Trata-se da ideia de que a natureza diante de nós é infinitamente maleável, sejam quais forem os propósitos aos quais tivermos de submetê-la. Por mais resistente que a natureza possa nos parecer, em última análise ela pode ser subjugada e adaptada de acordo com nossos objetivos. A afirmação radical da perspectiva tecnológica é que, na verdade, não existe uma coisa chamada natureza, no sentido de uma limitação externa à nossa capacidade produtiva. Aquilo que parece ser uma força à qual estamos submetidos — uma simples obviedade — na verdade *nos é dado* para ser subjugado na mesma proporção dos avanços do nosso domínio tecnológico. O movimento em prol do prolongamento da vida humana — que tem sido aceito por um público cada vez mais amplo — é o exemplo perfeito desse tipo de postura de antagonismo em relação à natureza. Trata-se de um indício da crença de que até mesmo a morte, o limite natural supostamente insuperável, pode ser derrotada. Como veremos adiante, tal crença não apenas representa uma aspiração irrealista e prometeica; a própria aspiração depende da redução da morte a algo passível de ser observado e estudado, previsto e adiado. Essa crença desconsidera o ponto de vista segundo o qual a morte está relacionada ao sentido da vida que vivemos, o ato radical de submeter nossa existência a uma interrupção que pode ocorrer a qualquer momento.

A segunda postura em contraste com um comprometimento hermenêutico com a natureza é, em certo sentido, o contrário da perspectiva tecnológica. Trata-se da postura resignada e típica de uma mentalidade pré-moderna que em nossos dias se expressa na visão de que a natureza "simplesmente é": a ideia de que ela impõe certos limites insuperáveis aos nossos empreendimentos, e que devemos aceitar tais limites como parte da vida. Esse ponto de vista é essencial no ressurgimento contemporâneo da filosofia estoica, que predica a equanimidade diante dos eventos que não podemos controlar, e que direciona nossa atenção ao infinito poder da natureza, segundo o qual todas as coisas se dispersam e voltam a ser reunidas novamente, em um ciclo infinito.

Em contraste com a postura resignada e também com a postura antagonista está a conexão com a natureza que examinaremos na sequência: uma compreensão socrática que nos leva a compreendê-la — até em suas formas antagônicas, como os desastres, os prejuízos, as doenças e a morte — como algo que nos oferece lições e insights que nos permitem reinterpretar nossas vidas e os objetivos que buscamos alcançar.

Lutando contra o tempo e o que significa ser livre

Por fim, examinaremos duas implicações de uma vida direcionada ao domínio de si, à amizade e à conexão com a natureza: a nossa forma de compreender e de nos relacionar com o tempo, e o que significa, para nós, sermos livres.

No Capítulo 5, analisaremos o contraste entre a busca voltada à conquista de objetivos e a atividade com valor intrínseco em termos da compreensão do tempo que cada uma delas nos oferece. Examinaremos a maneira pela qual nossas habituais inquietações relativas ao tempo — de que os dias parecem correr cada vez mais rápido, de que sempre temos pouco tempo, de que ele nos distancia daquilo que estamos fazendo e de que, em última análise, somos conduzidos inexoravelmente à velhice e à morte — pode ser associada a uma distorção do tempo característica de uma vida em constante estado de antecipação de um objetivo que se encontra fora de si mesmo.

Nossa concepção de tempo mais evidente, em termos de passagem e de sequência de eventos, está diretamente associada à busca por atingir determinados objetivos, na qual um evento deve vir antes ou depois de outro. Somente sob a influência desse tipo de busca é que o tempo pode ser considerado como algo que passa, e que tal passagem pode se tornar o objeto de mensuração em termos de segundos, minutos, horas, dias e anos. Aquilo que parece ser um tempo "real" ou "objetivo", em contraste com nossa percepção subjetiva, revela-se, portanto, um sintoma de nossa desconexão com uma atividade com valor intrínseco.

Considerado sob a perspectiva de uma vida como uma jornada contínua, caracterizada pelo domínio de si mesmo, pela amizade e pela conexão com a natureza, o tempo nunca é algo que simplesmente passa. Cada novo momento pode ser compreendido com uma redenção e uma reintegração daquilo que já passou. O passado e o futuro, como veremos, não são pontos de uma linha temporal, um vindo após o outro, mas aspectos constitutivos de um único instante — o passado significando o encerramento e a integração do presente; o futuro, a abertura e o mistério. Compreendida dessa maneira, a vida não se desenrola em uma sequência de momentos que se estende do nascimento até a morte. Ao contrário, seu movimento deve ser compreendido em termos de abertura e de encerramento de um único momento que atravessa "todas as eras e todos os tempos".

Compreender o tempo dessa maneira significa recriar o próprio sentido da vida e da morte. Nossa habitual compreensão do perecer como a negação da vida, ou como o ponto em que ela chega ao fim, tem origem em nossa atitude de reduzir a vida à "presença" de uma consciência que chega ao mundo em determinado ponto do tempo, permanece nele durante um período e então, um dia, é extinta ou removida. Conceber a vida dessa maneira significa colocar a si mesmo dentro da sequência de momentos que aparentemente constituem o tempo do ponto de vista de uma busca voltada à conquista de objetivos; isso implica ignorar que o domínio de si, a amizade e a conexão com a natureza representam estilos de vida que transcendem os limites da consciência individual e que contribuem para constituir um mundo possível ao qual o indivíduo chega e do qual se despede.

Vista sob a perspectiva do mundo, a vida de um indivíduo, ou sua identidade pessoal, nunca poderá ser reduzida à esfera da consciência pela simples razão de que ela não pode ser separada do mundo que demanda a energia hermenêutica dele — uma energia com a qual o indivíduo participa da criação e expressão do mundo. Ao criar o mundo por meio de ações próprias, e ao ser criado por aquele no qual está agindo, o indivíduo está sempre conduzindo a vida a um encerramento, a partir do qual um horizonte aberto pode surgir. A morte, se é que ela tem algum sentido, não pode ser nada menos e nada mais do que a incomensurável dimensão do inesperado e do incognoscível que envolve e permeia a própria condição e origem de nossos comprometimentos mais profundos e nossa busca de autoconhecimento. Vista sob essa perspectiva, a pergunta sobre o que poderá existir "depois da morte" — o destino da consciência do indivíduo, as recompensas ou punições que poderão estar à espera — perde o senso de urgência. O mistério e as possibilidades envolvidas em cada momento futuro não têm uma profundidade maior do que o momento em que estamos vivendo agora.

No Capítulo 6, examinaremos a concepção de liberdade que emerge da atividade com valor intrínseco. A partir da análise sobre o domínio de si, o tema da liberdade já terá surgido quando fizermos menção à capacidade de discernimento, à independência do espírito e à criativa superação das dificuldades. Porém, tais capacidades, bem como a própria noção de autodomínio, são incompreendidas em termos de uma concepção habitual e equivocada de liberdade como a possibilidade do indivíduo de *escolher*, ou *forjar* uma vida para si mesmo, sem ser influenciado pelo ambiente em que se vive. É muito comum que essa compreensão adquira a forma de oposição entre livre-arbítrio e determinismo. Em um extremo se encontra a ilimitada capacidade de viver de acordo com as escolhas e decisões individuais; no outro, as limitações impostas pelas necessidades externas, na forma de uma tendência natural e de pressões sociais. Tal contraste, porém, nasce de uma equivocada tradição de pensamento que concebe o *self* como um sujeito inserido em um mundo de objetos do qual ele está sempre tentando se preservar. Essa distinção entre sujeito e objeto ignora por completo o fato de o *self* e o mundo serem constituídos de uma maneira compartilhada.

Como veremos adiante, a compreensão de liberdade em termos de escolha ou de decisão ignora a percepção de que os atos que nos caracterizam têm uma orientação baseada no próprio mundo em que nos encontramos. Trata-se de atos de intervenção e que envolvem atenção, mais do que de força de vontade e de escolha. Ao examinarmos o exercício das capacidades humanas como uma modalidade de atenção e de reação, veremos que a habilidade de criar uma vida sensata é sempre orientada por uma prévia compreensão da vida que o indivíduo já está vivendo. É apenas pelo fato de nos situarmos em uma vida que já foi integrada e delimitada de uma maneira provisória que somos capazes de forjar outra, a partir de novas empreitadas e de novos encontros.

Até mesmo as situações de conflito moral e pessoal, nas quais as circunstâncias externas parecem nos conduzir por direções diferentes, uma das quais temos que escolher, são uma prova sutil do *self*, uma "totalidade" predeterminada de comprometimentos, vividos uns em relação aos outros, o que nos coloca em um dilema, servindo como preparação a uma de nossas possíveis escolhas. O resultado dessa percepção é que o número de coisas que dependem das escolhas que fazemos é muito menor do que costumamos imaginar. O que mais importa, e que constitui a nossa liberdade, não é a escolha em si, mas a maneira como vivemos o caminho que escolhemos, como uma possibilidade constante dentro de um círculo de vida já em movimento.

O significado do ideal de uma vida melhor

Pode ser tentador encarar o contraste entre a busca voltada à conquista de objetivos e a atividade com valor intrínseco como a contraposição de duas alternativas rivais, uma das quais teremos de escolher, se quisermos alcançar um estado de verdadeira e duradoura satisfação. Porém, a concepção de atividade com valor intrínseco, da maneira como pretendo abordar, não consiste apenas em um ideal que contrasta com a vida que estamos vivendo. Trata-se, na mesma medida, de uma explicação de nossas trajetórias; uma interpretação daquilo que nos motiva profundamente e que encontra expressão, de um modo sutil e implícito, até naqueles estilos de vida que contrariam o que se esperaria de uma compreensão coerente e perspicaz sobre a atividade com valor intrínseco.

O que pretendo demonstrar é que essa atividade não é apenas o contrário da busca voltada à conquista de objetivos; paradoxalmente, ela nos possibilita encarar tal movimento como uma maneira pelo qual nós *nos perdemos*. Considerando que nossas vidas já são integradas e orientadas por uma jornada com final aberto que envolve, no mínimo, atitudes relacionadas ao autodomínio, à amizade e à conexão com a natureza, podemos nos perder a certa altura e ficarmos limitados a uma visão estreita e a determinadas obsessões. Isso significa que, se examinarmos de perto até o foco mais estreito ao buscarmos atingir uma meta, um foco que parece ignorar tudo o que o cerca, encontraremos pistas sobre um modo alternativo de viver. Para que um objetivo se apresente diante de nós como tal, como algo a ser visualizado, desejado e capaz de fazer com que nos percamos em meio à busca, é preciso que ele esteja inserido em um estilo de vida que represente mais do que alcançar finalidade, mesmo que esse "mais" não tenha sido formulado de forma consciente, ou buscado de um modo mais constante. Os vícios autodestrutivos que nos consomem — que são o oposto do domínio de si mesmo, da amizade e da conexão com a natureza — não resultam de tentações ou de forças incompatíveis com a atividade com valor intrínseco; são, na verdade, maneiras pelas quais tal atividade é distorcida e desviada de curso.

Tendo em vista que o ideal, por assim dizer, já existe dentro de nós, ou já está sendo expressado — por mais inadequada que essa expressão possa ser —, o projeto de recuperar e de justificar esse ideal implica mostrar de que maneira ele já caracteriza as nossas vidas, mesmo que não consigamos percebê-lo ou que não sejamos capazes de viver coerentemente de acordo com seus princípios. Portanto, ao examinarmos os caminhos que nos mantêm aquém das virtudes do autodomínio, da amizade e da conexão com a natureza, mesmo quando eles parecem se desviar da rota que seria exigida por uma autêntica virtude, veremos que, no mínimo, uma aspiração à coisa real está em funcionamento. Dito de outra maneira, em nossas variadas formas de agir e de buscar que, segundo nossas crenças equivocadas, nos conduzirão à felicidade — incluindo atitudes insensíveis e até hostis em relação às pessoas, ou atitudes de antagonismo em relação à natureza —, nunca estamos satisfeitos. Quando examinadas de perto, nossas ações revelam uma decepção ressentida que só pode ser superada por meio do exercício da autêntica virtude.

Nesse sentido, o "ideal" que ora proponho em relação a como viver é também uma explicação do significado de uma vida plena, uma maneira de compreender a vida tal como nós a vivemos no momento, incluindo os erros que cometemos. Os equívocos não devem ser compreendidos apenas como formas negativas de existir, ou como posturas alternativas em conflito com um ideal, mas como exemplos de confusão e de incoerência que apontam o caminho rumo a uma verdade que foi mantida oculta. Essas ideias talvez soem um pouco abstratas, mas creio que elas serão mais bem explicadas à medida que examinarmos uma série de situações concretas que ilustram a busca pela conquista de objetivos — com base nos modos como manipulamos os outros, usando-os como um meio para atingirmos nosso objetivo, ou então nos apoderando da natureza enquanto desconsideramos o seu significado —, mostrando que tais modos implicitamente dependem — ou são sinais — de um autêntico autodomínio, da amizade e da conexão com a natureza.

1

Domínio de si mesmo I:

Transitando pela vida moderna com a ajuda de Aristóteles

Não é fácil evocar imagens de autodomínio no sentido desafiador e abrangente que encontramos nos ensinamentos da filosofia clássica. Se olharmos para Hollywood, para a política de nossos respectivos países ou para o mundo dos grandes negócios, encontraremos inúmeros exemplos de autoconfiança, mas poucos de autodomínio. A diferença entre ambos está em sintonia com a distinção entre a exibição de um autocontrole (voltada à conquista de objetivos) ou de assertividade em uma área de atividade particular, e uma integridade que se manifesta a cada momento da vida do indivíduo. Ter autoconfiança significa saber e sentir que se é capaz de cumprir um papel ou de desempenhar um — arremessar uma bola de beisebol, concluir uma transação financeira, dar uma palestra ou uma aula, construir uma casa ou curar um paciente. O indivíduo com domínio de si mesmo compreende que, para além de sua competência e capacidade de ser bem-sucedido em uma determinada área profissional, ele pode discernir e determinar o arco narrativo da própria vida, no qual sucessos e fracassos merecem a mesma dignidade, ao constituírem episódios que definem quem ele é.

Quanto mais buscamos pessoas que possam servir de modelos para a virtude do autodomínio, ainda mais quando isso se refere a colocar os objetivos individuais em perspectiva, a evitar certas obsessões e uma visão estreita, ou a confrontar a resistência de modo equilibrado e com um espírito de redenção, mais percebemos que nos vemos diante de amigos, professores, mentores e membros da família que evitam estar no centro das atenções.

Por um lado, todos buscamos o autodomínio e admiramos tal virtude quando a identificamos em alguém. Não precisamos da filosofia para nos mostrar que é algo significativo. Por outro, constatamos nossa dificuldade em mantê-lo e muitas vezes o interpretamos de modo equivocado. Examinemos os vários motivos por que isso acontece.

As pressões para produzir e conquistar objetivos

É fácil perder o domínio de si em meio ao atropelo de um dia de trabalho, ficarmos obcecados com o planejamento e com riscar da nossa lista tarefas que foram realizadas no caminho rumo a conquistas importantes — como promoções e a conclusão de projetos. Mesmo quando alcançamos nossos objetivos, continuamos em busca de uma felicidade duradoura, encontrando uma maneira de reprimir a insatisfação e retomando o padrão de tentativa de conquista de uma meta.

A tensão entre a busca voltada à conquista de um objetivo e à atividade com valor intrínseco é uma experiência que eu vivo de modo intenso em minha prática de exercícios. A maneira como adoro praticar uma série de flexões de braço em barra fixa, independentemente dos resultados que poderei alcançar, envolve vários aspectos. Um deles tem a ver com uma alegria que, a meu ver, é encontrada em um amplo leque de atividades físicas, mas que muitas vezes é desprezada pela compreensão simplista que se tem do exercício, em termos de saúde, perda de peso, ganho de força muscular ou algum outro objetivo pretendido. Trata-se do sentimento exuberante diante da compreensão da potência individual como uma força, que é exercida no mundo e reage às próprias resistências desse. Tal compreensão tem a ver com uma liberdade de movimentos — a negociação combinada com o entorno, como por exemplo a barra fixa, as forças da gravidade, ou, quando se está correndo ou caminhando, o sol, o vento, a chuva e a paisagem que vai se modificando no trajeto — o que, em seu ponto mais elevado, consiste em uma apropriação amigável estabelecida com aquilo que, à primeira vista, parece alheio e externo. Pode-se imaginar a atenção que um marinheiro dedica ao vento, que de início é uma força própria, mas que se torna, gradualmente, um parceiro para impulsionar o barco pelo oceano. Tal liberdade representa um oásis em meio à vã resignação diante dos movimentos que caracterizam grande parte de nossas vidas cotidianas, visto que nos encontramos confinados e contorcidos, de inúmeras maneiras, por dispositivos e invenções criados para facilitar nossa vida (pense nos elevadores, nos vagões de metrô, nos cubículos dos escritórios, nas escrivaninhas e cadeiras, e outras "conveniências" ou "eficientes configurações de ambientes" que nos fazem nos movimentar e nos posicionam de maneiras que raramente questionamos).

A alegria intrínseca à prática de exercícios, porém, não é uma experiência que obtive sem esforços. Muitas vezes me pego julgando o valor de uma série de exercícios segundo o critério de ter ou não alcançado a marca a que me impus, ou então quanto me falta para conseguir bater um recorde. É muito fácil recair nessa mentalidade voltada à conquista de objetivos quando estamos cercados pela tecnologia e pela publicidade que nos encorajam a focar o progresso e a quantificar nossos ganhos de modo obsessivo, de acordo com os passos dados e os segundos medidos pelo Fitbit e outras engenhocas do tipo. Essa abordagem direcionada às conquistas me faz esquecer que, a cada vez que bati um recorde — em 2016 (a primeira vez), em 2017, e então, por duas vezes, em 2018 —, a alegria da conquista se esvaneceu rapidamente, me obrigando a repensar o estilo de vida que eu havia adotado durante o meu treinamento visando a alcançar tais metas. Também perco de vista o simples fato de que os recordes sempre serão superados, ou, pior que isso (da perspectiva da fama): perdidos em um mundo que um dia talvez deixe de valorizar, seja de que modo for, a prática de fazer uma flexão de braço em barra fixa. O que perdura e continua vivendo e se desenvolvendo é a narrativa da qual as vitórias e as derrotas servem de testemunho. Portanto, digo a mim mesmo que devo encarar cada uma das repetições como um desafio em si, como parte de uma jornada com um final aberto — uma que eu *não quero* que termine.

Digo a mim mesmo tais palavras quando me sento à minha escrivaninha e escrevo: "Terminar um livro não é o mais importante." Uma parte de mim quer que eu termine este manuscrito o quanto antes, ainda mais quando percebo que o semestre de outono está prestes a acabar. Porém, mais significativa do que a conclusão é a atividade em si, que inclui a ampliação da clareza das minhas ideias, e os novos horizontes que eu talvez descortine mediante a tentativa de expressá-las na página em branco.

Quando eu me percebo pensando no produto final que em breve terei em mãos, me lembro do que Friedrich Nietzsche, filósofo do século XIX, diz de maneira tão evocativa no final de *Além do bem e do mal*, no trecho em que menciona que suas ideias escritas e recém-estabelecidas perderam o charme inicial: "Oh, que são vocês, afinal, meus pensamentos escritos e pintados! Há pouco tempo ainda eram tão irisados, tão jovens e maldosos, com espinhos e temperos secretos, que me faziam espirrar e rir — e agora? Já se despojaram de sua novidade [...] mas com isso ninguém adivinhará como eram vocês em sua manhã."[1]

As palavras de Nietzsche nos remetem à crítica que Sócrates faz à escrita: tão logo o indivíduo começa a colocar palavras no papel, ele já está correndo o risco de reduzir o trajeto percorrido pelo pensamento à produção de conhecimento. É fácil perder a capacidade de apreciar a estimulante receptividade da filosofia a novas ideias, uma na qual até o insight mais bem formulado, e alcançado com o maior esforço, não passa de uma sugestão, de um convite, uma centelha que serve de estímulo à continuação da jornada. Refletir sobre o meu projeto com a ajuda de Nietzsche e de Sócrates contribui para que eu coloque o fim da jornada em perspectiva. Percebo que, no mínimo, devo dar boas-vindas à simples oportunidade de me sentar à escrivaninha, em um escritório com ar-condicionado depois de uma corrida extenuante em uma pista quente, e tentar dar clareza, de algum modo, às ideias incipientes que estão me incentivando. Hoje é um lindo dia de verão. Por que querer que este projeto termine?

Sustentar o meu prazer com o desenrolar de uma atividade por meio da compreensão da jornada que ela representa não é uma tarefa fácil. O que a torna tão difícil são a pressão dos prazos a que nos autoimpomos e as tentações do sucesso e da fama, mesmo que de formas sutis, que nos distanciam do significado intrínseco da atividade. Em certa medida, tais pressões são culturais. Elas têm origem em uma sociedade voltada à conquista de objetivos, na qual o progresso em uma carreira profissional adquire grande importância, tornando-se motivo de preocupação. Em sociedades de qualquer época, contudo, o risco de definir uma experiência em termos de sucesso ou fracasso inevitavelmente surge, mesmo que os objetivos que o indivíduo busca alcançar não pertençam à esfera profissional. Isso tem a ver com a própria natureza da ação humana, que mesmo em atividades aparentemente nada associadas à conquista de um objetivo — cantar, dançar, conversar com amigos, fazer uma caminhada noturna — pode ser reinterpretada, com facilidade, em termos de algum objetivo a ser alcançado — ter um bom desempenho, causar uma boa impressão, contemplar o pôr do sol ou não perder essa oportunidade de contemplação em razão de um atraso de alguns minutos.

A subvalorização e a depreciação do domínio de si

O que torna a busca pelo domínio de si duplamente difícil é a ausência de reconhecimento e de encorajamento à busca da virtude. Atitudes individuais que revelam tal domínio não costumam provocar o alvoroço que envolve as grandes façanhas. Conhecer a si mesmo em relação aos próprios comprometimentos, agir com base em um senso de integridade, manter-se firme diante das adversidades, recompor-se quando as coisas desmoronam: esses aspectos do autodomínio que passaremos a examinar são muito menos evidentes do que a exibição de talentos. Embora o autodomínio e as conquistas possam caminhar juntos, isso geralmente não acontece. Em uma sociedade que valoriza as conquistas, as pessoas que são dotadas de autodomínio e com poucas posses materiais tendem a passar despercebidas.

Podemos ilustrar isso com o exemplo de Sócrates. Embora exercesse uma enorme influência sobre um pequeno número de discípulos, incluindo Platão, ele não teve nenhuma produção relevante. Antes de Platão começar a escrever sobre ele, o que contribuiu para fazer dele uma figura histórica mundial, Sócrates teve sua importância pública ofuscada por grandes oradores e estadistas como Péricles. A ética predominante em Atenas envolvia a busca por um heroísmo público que pudesse ser lembrado posteriormente, como o de Aquiles, na mitologia. Embora tenha mostrado uma imensa coragem na Guerra de Troia, o herói mitológico foi atormentado pelo sentimento de vingança e pelo medo da morte — mesmo que o tenha enfrentado com uma incrível bravura. Aquiles demonstrou uma impressionante autoconfiança no campo de batalha, mas carecia do autodomínio que Sócrates sempre teve e sofreu por causa disso.

O domínio de si não é algo simplesmente ignorado; é também malcompreendido e menosprezado. A postura discreta, imperturbável, e às vezes descontraída, tão característica do autodomínio, pode ser confundida com indiferença ou frivolidade: quando um indivíduo com domínio de si se vê diante de uma adversidade — por exemplo, um acidente de carro, ou um voo que perdeu —, mas não fica agitado ou irritado, sobretudo se não tinha o controle sobre ela. Tal serenidade é capaz de perturbar as pessoas que se submetem a convenções sociais que prescrevem uma atitude que envolve sisudez, raiva, pena ou um extremo remorso diante dessas circunstâncias. Ao fazer do cultivo do autodomínio uma missão prioritária em sua vida, o indivíduo expõe a si mesmo à interpretação equivocada que o considera uma pessoa "irresponsável", "insensível", ou que não se preocupa com "as coisas que realmente importam".

Hannah Arendt, filósofa judia do século XX que emigrou para os Estados Unidos antes da Segunda Guerra Mundial, teve que enfrentar críticas desse tipo ao comentar, durante a cobertura que fez do julgamento de Adolf Eichmann após a guerra, que considerava esse oficial responsável por um assassinato em massa, sob vários aspectos, uma figura absurdamente cômica. Houve quem se sentisse ofendido pelo fato de Arendt não ter se referido a Eichmann empregando um tom exclusivamente severo e condenatório; ao contrário, ela deu risada diante daquilo que considerou ser uma conduta comum, um tanto ridícula e pateticamente burocrática, que sintetizou em uma expressão que se tornou famosa: "A banalidade do mal." Ao se defender das críticas, Arendt afirmou não conseguir evitar o tom adotado no seu relato. Essa foi uma expressão daquilo que ela era — uma pessoa que se orgulhava em ser capaz de detectar o absurdo em meio a uma situação terrível, e que riria diante da morte inevitável. Havia algo de socrático na resposta de Arendt. Enquanto os amigos de Sócrates se reúnem aos prantos ao redor dele momentos antes de sua execução e Críton lhe pergunta como o filósofo gostaria de ser sepultado, Sócrates responde com seu humor tipicamente sarcástico: "Como você preferir, contanto que consiga me segurar, não me deixando escapar dos seus braços."² O essencial da fala de Sócrates é que, tão logo ele esteja morto, seu verdadeiro *self* não estará mais manifestado no corpo que jaz inerte diante dos amigos. Portanto, Críton não deve dar demasiada importância ao sepultamento. Sócrates se recusou a permitir que a sombra da morte estragasse a leveza e a alegria que caracterizaram a sua vida.

Sócrates e Hannah Arendt estavam longe de ser pessoas insensíveis que menosprezavam o sofrimento impelidos por uma indiferença cínica em relação à vida. Muito pelo contrário: consideravam o sofrimento essencial à existência humana, além de um enorme desafio e oportunidade para redimir a vida nos momentos mais sombrios. Dedicaram-se a superar o sentimento de autopiedade diante até de sérias adversidades. Assim como recusaram o sentimento de autopiedade, também não se permitiram ser dominados pela piedade, quando se tratava de interpretar o sofrimento alheio. Ao contrário, empenharam grandes e prolongados esforços para compreendê-lo como uma parte integrante da vida e da alegria da redenção. Entretanto, um autodomínio tão elevado está vulnerável ao menosprezo da parte daqueles que confundem uma vida plena com uma vida livre de sofrimentos e que, de modo equivocado, valorizam a piedade como uma forma de compaixão.

A tentação dos prazeres vazios e as teorias sobre a felicidade que a alimentam

Por mais que eu adore a sensação do peso do meu corpo tocando o asfalto a cada passo da minha corrida rumo ao parque em uma fresca manhã de verão, para me agarrar à barra de flexão antes que o sol fique forte demais, muitas vezes enfrento o velho dilema: sair rapidamente da cama e dar início à sessão de exercícios, ou apertar o botão de "soneca" do despertador para ganhar alguns minutos de sono. Embora eu saiba que a série de exercícios será uma experiência que demonstra com muito mais clareza o valor da vida do que ficar me revirando na cama, em estado semidesperto, há algo de muito atraente no travesseiro macio e no conforto que ele representa. Não pretendo insinuar que o descanso é algo ruim. Tendo como pano de fundo a nossa busca por atingir nossos objetivos, o descanso, e ainda mais o tipo de sono profundo que nos retira de nossa rotina cotidiana, nos permitindo sonhar com coisas que talvez nunca tenhamos cogitado em nossas reflexões durante o dia, pode muito bem ser considerado como uma forma de atividade *mais elevada* do que os esforços para realizar e conquistar coisas. O que pretendo enfatizar quanto à sedução do travesseiro é nossa tendência a nos esquivarmos dos desafios por meio dos quais podemos desenvolver nosso caráter e dar expressão à nossa personalidade, em vez de nos rendermos aos prazeres fáceis e triviais de um estilo de vida convencional.

Em vez de nos mantermos fiéis ao compromisso de sair de casa e interagir com a natureza, ou de nos reunirmos com amigos de uma maneira que não seja mediada pelo Facebook ou pelo Instagram, nos distraímos com formas irracionais de obtenção de prazer que nos permitem levar um estilo de vida nada frenético. Ficamos presos ao círculo vicioso de um escapismo frívolo. A gradação desse escapismo pode variar da atitude mais inocente à mais nociva, da decisão de relaxar, no fim do dia, assistindo a um programa de quinta categoria na TV, ao abuso de drogas legais na esperança de amortecer o estresse indelével contido na busca voltada à conquista de objetivos. O traço comum nessas formas de autocondescendência é que todas nos oferecem um prazer fácil e momentâneo, mas nos deixam desejando ações das quais podemos nos orgulhar.

A ideia de uma carreira profissional a qual se segue a aposentadoria pode ser vista como a aliança profana entre uma busca que envolve esforços e a autocondescendência manifesta. Percorre-se a carreira em uma busca frenética por conquistas e uma dedicação aflitiva às assim chamadas necessidades vitais, que consistem, na maior parte das vezes, em conveniências e símbolos de status. Vive-se o período da aposentadoria sob a despreocupada passagem do tempo, um em que já não há mais aventuras, riscos ou desenvolvimento pessoal. É claro que, em princípio, a aposentadoria pode libertar o indivíduo, o qual pode se dedicar a atividades significativas de verdade. Contudo, convém observar que o próprio uso da palavra "aposentadoria"* com referência a uma vida pós-carreira profissional, embora tenha a intenção de ser uma

---

* Em inglês, o termo equivalente ao adjetivo "aposentado" é *retired*. E o adjetivo *tired* corresponde à palavra "cansado". [*N. do T.*]

coisa *boa*, evoca a imagem de uma pessoa cansada, exausta, prestes a desistir. É impressionante que, em praticamente todos os demais contextos, a palavra "aposentado" seja um termo pejorativo, ou que, no mínimo, carrega consigo o sentido de recuo, retirada ou rendição às circunstâncias. Não é nada bom que todos os rebatedores da sua equipe de beisebol sejam *eliminados* antes de chegar à base.* Então, por que a aposentadoria deveria ser considerada uma boa coisa quando se trata da carreira profissional de alguém? Essa palavra indica que a carreira de uma pessoa é fonte de aflições, e que a saída para isso é uma retirada livre de preocupações.

Da mesma maneira, poderíamos submeter a palavra "férias"** a uma crítica semelhante. O anseio por ter um tempo "vago, vazio, livre, por preencher", em contraste com o tempo que passamos em busca de um tipo diferente (ou com maior qualidade) de atividade, como sugere a palavra "feriado" (*holy-day*),*** só faz sentido com referência ao tempo que se passa vivendo em antecipação aflitiva, do qual o indivíduo deseja escapar.

Contribuindo para nossa tendência a buscar refúgio em alívios tranquilizadores, mas triviais, temos uma grande maioria da popular literatura de autoajuda indicando caminhos sobre como ser feliz ou como tomar melhores decisões, o que nos leva a uma concepção de felicidade como um estado de espírito a ser alcançado, mais do que um estilo de vida a ser cultivado. Essa literatura, geralmente escrita por psicólogos profissionais, mostra-se complacente tanto com nossa obsessão pela disciplina e pelo planejamento (ao insinuar que somos capazes de *construir* nossa felicidade se corrigirmos certas tendências da mente) quanto com nossa pressa de encontrar uma fuga fácil às pressões do trabalho voltado à conquista de objetivos.

Encontramos um exemplo revelador da maneira como nos ensinam a considerar a felicidade como um estado de espírito nos conselhos dados por Daniel Kahneman, psicólogo e teórico da escolha racional, famoso no mundo todo, sobre como escolher o seu próximo destino em uma viagem de férias. Ele sugere que, no momento de decidir o destino da viagem, mostrarmos

---

* No original: "Retired *one-two-three in the ninth inning*". [N. do T.]
** No original: *vacation*. O adjetivo *vacant* pode ser traduzido por "livre", "vago". [N. do T.]
*** "Feriado" é a tradução da palavra "*holiday*"; Um *holy-day* é um dia sagrado. [N. do T.]

uma tendência ao "viés cognitivo" do *self* que se lembra". O *self* que se lembra tende a distorcer a quantidade de prazer que realmente sentiu na viagem anterior. Ele tende a atribuir um peso indevido ao prazer ou ao sofrimento sentido no final da viagem.[3] Por exemplo, se o nosso último período de férias — digamos, na praia — acabou mal porque tivemos de enfrentar um clima ruim, tendemos a tagarelar sobre esse período, mesmo que tenhamos nos divertido nos seis dias anteriores. Influenciados pela visão parcial do *self* que se lembra", que representa o prazer e o sofrimento de um modo bastante impreciso, talvez estejamos propensos a escolher um outro destino na próxima viagem — por exemplo, nas montanhas –, apesar de uma nova ida à praia ser o que nos traria mais satisfação.

A premissa da abordagem de Kahneman é de que um agradável período de férias, ou uma boa experiência de qualquer tipo, consiste no estado mental que a acompanha. Teoricamente, teríamos que chegar a um cálculo geral de quão satisfeitos *realmente ficamos* ao considerar uma avaliação parcial da intensidade de prazer que sentimos a cada momento. Kahneman propõe que a felicidade, em última instância, "está em nossa mente" — uma condição, um estado sobre o qual pode-se ter consciência e que podemos avaliar com certa exatidão em "tempo real", à medida que vivemos a tal experiência. A tese desse autor carece da percepção da relação entre a felicidade e um significado, e entre o significado e os esforços empreendidos para conquistar algo.

Quando reavalio as viagens mais significativas que já fiz na vida, aquelas que fazem parte — pelo menos, em pequena medida — de minha atual sensação de felicidade, verifico que, em geral, elas me trouxeram algum tipo de dificuldade. Em algumas delas, houve falhas de comunicação frustrantes que afetaram minha capacidade de me expressar, desvios de rota equivocados, dos quais levei tempo para encontrar o caminho de volta, e convites indesejados que me exigiram tato e diplomacia para recusar, ou a coragem para aceitar. Até as férias que eu poderia chamar de tranquilas ou relaxantes foram tranquilas apenas no sentido de que me deixaram espaço para atividades, conversas e passeios que me tiraram da monótona rotina profissional, e me deram oportunidades para enfrentar novas formas de uma sutil resistência, fosse pela dificuldade em encontrar um tipo especial de concha do mar, fosse pelo desafio de compreender uma prática cultural local. Em meio a tais experiências, prazer e sofrimento não podem ser separados de um modo estanque, pois a alegria de uma descoberta não pode ser separada das dificuldades que se enfrenta ao buscá-la.

Na época em que tive muitas das mais significativas experiências de minha vida, meu estado mental passou longe da tranquilidade. Se eu estivesse acoplado a uma dessas máquinas de ressonância magnética cerebral nas quais certos psicólogos contemporâneos apostam todas as fichas, as chamadas áreas de estresse do meu cérebro teriam sido mostradas pela máquina. No entanto, tais experiências, por terem sido seguidas de um estresse psicológico, são as que, em retrospecto, eu gostaria de buscar novamente, em novas formas, mais do que aqueles momentos de prazer passivo e transitório dos quais mal consigo me lembrar, de tão insignificantes que foram.

Kahneman poderia argumentar, dizendo que "prefiro" as aventuras e a narração de histórias ao prazer, e que o modelo proposto por ele — o do *"self* que se lembra" e o *"self* que vive a experiência" pode ser aplicado a qualquer nova preferência de um indivíduo. Porém, aceitar a tese da "preferência", por assim dizer, pela aventura e pela narração de histórias significa solapar a própria distinção entre um *"self* que vive a experiência" e um *"self* que se lembra". Já que a percepção de que uma experiência representa uma aventura que vale a pena só aparece em retrospectiva, depois que retornamos para casa, refletimos sobre a viagem, compartilhamos a experiência com amigos, percebemos suas reações, e então nos deparamos com situações novas e análogas com as quais estamos agora mais capacitados para lidar.

O *"self* que se lembra", por assim dizer, talvez seja *mais sábio* do que o *"self* que vive a experiência" *porque* desconsidera ou se esquece do estado mental daquele momento passado e tem uma visão ampla das lições que aprendeu desde então. Visto da perspectiva da jornada, há somente um *self* — não existe um aspecto de nossa identidade que "se lembra", e que esteja inclinado a distorcer aquilo que "realmente aconteceu". (Psicólogos contemporâneos tendem a esquecer a visão das escolas tradicionais de psicologia, sobretudo da análise freudiana, segundo a qual estamos propensos a tirar conclusões equivocadas a partir de uma experiência que está acontecendo *agora* na mesma medida que o fazemos em retrospectiva.) A ideia de um *"self* que se lembra" e que é inerentemente enviesada surge como consequência de um espírito resignado, imerso em um utilitarismo raso que deixou de considerar a vida como uma jornada.

Em contraste com as hipóteses da teoria da escolha racional, devemos considerar que, muitas vezes, os eventos mais significativos são aqueles acompanhados de dúvidas, aflições, desassossego e até sofrimentos, pois ainda não somos capazes — ou não estamos prontos para isso — de situá-los em uma narrativa de luta, redenção e busca de autoconhecimento. Se tivéssemos de avaliar tais experiências em determinado momento apenas com base em nosso estado mental, diríamos que estas são situações que preferiríamos evitar, ou eventos que gostaríamos de esquecer. Entretanto, considerando a luz do lugar que elas ocupam em uma narrativa que se desenvolveu, talvez possamos aceitá-las como parte essencial ao significado e à direção tomada por nossas vidas. Às vezes, talvez nem sequer tenhamos consciência de estarmos vivendo uma experiência significativa: determinado gesto ou encontro nos parece ser tão fragmentário e sem consequências, que mal conseguimos registrá-lo como um evento; tampouco, o integramos em um nível consciente. Só muito tempo mais tarde, após o desenrolar dos eventos e depois que já estamos libertos de certas distrações do passado, é que conseguimos olhar para trás e reconhecer algo como o início de um comprometimento ou de uma paixão que, desde então, tornou-se parte de quem somos. O estado mental em que estávamos em determinado momento — de felicidade, tristeza, aflição, relaxamento, temor ou coragem — mostra-se irrelevante em comparação com a felicidade que estava implícita na *atividade em si*, mas que teve de esperar por um longo processo de autodescoberta para poder emergir.

Portanto, muitas vezes nos sentimos mal por acharmos que nossos sentimentos deveriam ser diferentes. Acreditamos que deveríamos estar mais felizes na companhia de amigos, mais relaxados durante as férias, e mais à vontade ao falar em público do que geralmente nos sentimos. Em momentos como estes, convém manter um olhar crítico sobre o conceito de felicidade que nos leva à expectativa de que nossas experiências gerem determinados sentimentos. Apenas quando a felicidade é equiparada a um estado mental a ser alcançado é que a questão de como *deveríamos nos sentir* pode emergir. Na direção contrária dessa mentalidade voltada à conquista de objetivos, podemos lembrar que aquilo que fazemos tem um significado intrínseco em sua condição de um evento em desenvolvimento inserido no contexto mais amplo de uma narrativa pessoal, além de ressaltar que o sentimento de satisfação a ser obtido poderá demorar horas, dias ou até alguns anos para ser alcançado. O que importa, nessa perspectiva, não é como nos sentimos ao fazer algo, mas a percepção que temos sobre sua importância como uma tentativa, uma asserção, um modo de nos apresentarmos diante do mundo, cujo significado vai muito além do que somos capazes de compreender e valorizar no momento da ação.

O conceito de felicidade como uma atividade, e seu correspondente rebaixamento do estado de espírito a uma condição volúvel e inapropriada do significado que se expressa em nosso estilo de vida, está presente na palavra *eudaimonia*, do grego antigo, quase sempre traduzida como "felicidade", mas que na verdade significa "boa fortuna",* ou, literalmente, "viver sob a influência de um bom *daemon*". Os *daemones*, para os gregos da Antiguidade, não eram criaturas malignas que nos assombravam, mas semideuses caridosos que atuavam como espíritos guardiões e guias do nascimento à morte, e até para além da vida. Portanto, a felicidade, na acepção da palavra no grego antigo, é inseparável da atividade, de estarmos no caminho certo, guiados pelo *daemon*.

Além disso, a felicidade está associada à fortuna do indivíduo. De acordo com a crença popular na época de Platão e Aristóteles, nossos espíritos guardiões nos são atribuídos no momento que nascemos, o que sugere que a fonte da felicidade está além do nosso controle. Embora possamos dar ouvidos ao *daemon* ou então ignorá-lo — exercendo, desse modo, um significativo tipo de capacidade humana (as de atenção e de reação) —, não temos como escolher qual *daemon* nos é atribuído. A felicidade, tal como expressada pela *eudaimonia*, é algo que nos acontece, e não algo que criamos por meio do pensamento positivo. A raiz da palavra inglesa *happiness* [felicidade] — casualidade ou coincidência** — preserva a percepção contida no grego antigo e se contrapõe ao nosso anseio contemporâneo de alcançar a felicidade tentando controlar as idiossincrasias e os dilemas da mente.

---

* Na acepção de "evento, condição ou situação que produz felicidade". [N. do T.]
** No original, *happenstance*. [N. do T.]

Foi somente no início da Era Moderna que o conceito de *eudaimonia* do grego antigo e as alterações desse, feitas pelo cristianismo, associando-o a boas obras e à bem-aventurança, cederam espaço em grande escala ao conceito de felicidade como um estado de espírito que podemos alcançar se pudermos controlar as circunstâncias de nosso sofrimento. Deveríamos suspeitar dos motivos que levaram a essa mudança.

Embora encaremos hoje a busca pela felicidade como uma parte integrante da liberdade, reverenciando-a na Declaração de Independência dos Estados Unidos como um truísmo, tal busca, na verdade, teve origem em um projeto de controle social. Foi Thomas Hobbes, filósofo do século XVII, que criou o conceito de felicidade como um estado de espírito, ou que, no mínimo, o elevou a dimensões sem precedentes. O objetivo era manter a ordem política. Tendo que enfrentar violentas guerras religiosas, atribuídas por Hobbes a um obstinado dogmatismo e a uma desmedida crença alimentada por indivíduos que desejavam o inalcançável, o filósofo tentou propor uma ideia política que envolvia a paz e a ordem. Sua solução radical foi apresentar uma condenação generalizada do orgulho, substituindo-o por um ideal de felicidade que dispensa o julgamento e o exercício das capacidades humanas.

Na visão de Hobbes, se buscamos a paz e uma serenidade psicológica, devemos não apenas nos render, como submeter nosso julgamento moral e político às decisões de um Estado soberano que ele denominou de Leviatã. Trata-se de uma grande barganha — trocar o julgamento pelo conforto —, pois o filósofo acreditava que uma solução radical se fazia necessária. Portanto, reforçou a ênfase na ideia de que o verdadeiro desejo da humanidade é a paz, não o poder ou a defesa dos próprios direitos. Ele sabia que isso era pura ficção, identificando em uma passagem reveladora o desejo humano "de poder e mais poder, que cessa apenas com a morte".[4] Ele também observou que o riso é algo derrisório: as pessoas riem enquanto zombam das fraquezas que percebem nos outros.[5]

Hobbes se empenhou muito para transformar a serenidade em uma aspiração humana prioritária. Ele chegou a inventar uma ciência segundo a qual a autopreservação não é apenas um estado de felicidade, mas também um instinto natural de vida. A humanidade, afirmava, teme a morte assim como uma pedra rola ladeira abaixo.[6] Ele sabia que isso não era verdade, mas estava familiarizado o suficiente com aqueles cujo instinto prioritário era morrer em nome das próprias crenças, em vez de render as armas. Entretanto, acreditava que as pessoas poderiam ser instruídas nessa nova "ciência" da autopreservação. Em certo sentido, ele tinha razão. A prontidão com que hoje aceitamos a proposição de que a sobrevivência é o instinto primário de todas as formas de vida, concordando com teorias darwinianas sobre o comportamento animal e até da ação humana como se fossem as únicas explicações "racionais", é uma prova da imensa influência ainda exercida por Hobbes. O mesmo se aplica à crença manifestada, por exemplo, por Steven Pinker, famoso psicólogo e linguista: diante de um conflito moral, a única coisa com que todos concordamos é que o simples fato de estarmos vivos já é uma coisa boa. A partir dessa premissa, pensadores utilitaristas como Pinker constroem toda uma ética que consiste em nada além de uma repetição da ética de Hobbes.

O lado menos atraente da promoção da felicidade pensada por Hobbes era a condenação que fazia do orgulho. Em vez de abordar o fanatismo e o desejo de domínio — os verdadeiros problemas que afligiam a sociedade de sua época —, ele criticava o orgulho como tal, condenando a confiança nas crenças e nos julgamentos do indivíduo como "glórias vãs". É claro que todo o projeto "científico" de Hobbes talvez tenha sido, ele próprio, um ato de extrema arrogância, pelo próprio se julgar capaz de, sozinho, transformar a natureza humana por meio de sua retórica sobre o "natural". Porém, seu projeto teve consequências de grande alcance, em parte porque se aproveitava da tendência humana essencial de enfrentar tempos difíceis com uma atitude resignada, e até de justificar as próprias fraquezas diante dos sofrimentos como sendo "naturais" ou "morais". Hoje em dia, nós, que consideramos a sobrevivência como um instinto inato, que valorizamos a paz e a felicidade, mas nunca estamos felizes e tampouco tranquilos, que valorizamos a segurança e o conforto, mas carecemos do orgulho da capacidade de emitir um julgamento, ainda temos uma dívida moral com o legado de Hobbes.

Nossa tendência de moralizar o escapismo

Se as tendências que examinamos até agora não representam um risco suficiente ao domínio de si, podemos acrescentar aqui um quarto obstáculo a que me referi ao tentar compreender a jogada retórica de Hobbes: nossa capacidade virtualmente infinita de reinterpretar formas de privação e fraquezas pessoais, considerando-as virtudes. Tomemos como exemplo o modo como nos convencemos facilmente de que nossa frenética tendência a trabalhar muito e nosso obsessivo planejamento, que nos deixam com pouco tempo para família e amigos, sem que nossos projetos em si nos tragam alegria, significam "trabalho árduo" ou uma "autodisciplina responsável". Chegamos a nos convencer de que fazemos isso porque é o nosso "ganha-pão" quando, na verdade, só estamos satisfazendo nossa própria ambição.

Considere também a maneira como tentamos esconder nossa insegurança para causarmos uma boa impressão e sermos estimados pelos outros, sob o verniz de "boas pessoas", e como chegamos até a ridicularizar a fala sincera de alguém, considerando-a arrogante. Um moralismo desse tipo representa uma forma de autoilusão, por meio da qual recaímos na condição que Nietzsche denomina de "o último homem", a pessoa que está prestes a se tornar uma criatura irracional, enfraquecida e incapaz de reconhecer as próprias fraquezas.

Nietzsche afirma que, para esse "último homem", até a felicidade se torna uma espécie de imperativo moral para *ser feliz* e, com isso, poder demonstrar um apreço pelos confortos da vida moderna esperados do indivíduo "iluminado". Os últimos homens estão sempre se vangloriando do fato de terem "inventado a felicidade".[7] É claro que, se realmente se sentissem satisfeitos, não teriam a necessidade de se gabar disso.

Em nossa sociedade contemporânea, há uma abundância de resquícios da felicidade prescritiva à qual Nietzsche faz alusão. Um retrato cômico disso é um episódio da série de TV *Segura a onda*, no qual encontramos Larry David, o protagonista, e seu melhor amigo, Jeff Green, almoçando juntos em um restaurante chique, mas um tanto genérico, em Santa Monica. Ambos mastigam ruidosamente, sem demonstrar grande entusiasmo com o encontro, até que Larry pergunta ao amigo: "Você está gostando?" Mais do que uma verdadeira pergunta, trata-se de um pedido para obter uma resposta afirmativa — uma necessidade de ser tranquilizado com o fato de que o outro está *realmente* apreciando a experiência, por perceber o vazio contido nela. Palavras e frases exclamativas do tipo "inacreditável", "ótimo" e "estou adorando" são frequentes durante os episódios dessa série. Elas surgem em situações que supostamente trariam felicidade, mas, na melhor das hipóteses, resultam em prazeres efêmeros.

Um exemplo onipresente de uma felicidade que obedece a regras sociais é o imperativo de sorrir para a câmera. Isso me chamou a atenção quando viajei a países onde as pessoas costumam tirar fotos, mas sem sorrir. Não é que elas sejam pouco amistosas ou taciturnas, apenas não sentem a necessidade de demonstrar alegria naquele exato momento. Em vez disso, olham de modo sério para o fotógrafo, como se o estivessem escutando.

A esses exemplos do cotidiano poderíamos acrescentar outras concepções teóricas do que é "ser feliz", que sugerem certa superioridade moral, como ocorre, por exemplo, quando tentamos colocar em perspectiva os sofrimentos humanos dos dias atuais comparando-os à suposta barbárie ou violência de eras passadas. Isso sem mencionar o modo como a barbárie muito provavelmente já assumiu novas e traiçoeiras formas: há algo de patético em um tipo de felicidade que só pode ser apreciada mediante a ridicularização de outros lugares e épocas. A necessidade de proclamar publicamente essas coisas e de reduzi-las é uma prova da superficialidade de nossa felicidade.

Tendo em vista o enorme poder das forças contrárias ao autocontrole — a pressão para produzir e alcançar objetivos, a desatenção às virtudes, o ideal equivocado de uma felicidade considerada como um estado de espírito, e nossa tendência a moralizar o escapismo —, não surpreende que o domínio de si seja uma virtude difícil de sustentar e enxergar com clareza. Ao mesmo tempo, temos a sensação de que o autodomínio é essencial para nossa felicidade, particularmente quando nos vemos diante de resistência e dificuldade. Para podermos compreender melhor o domínio de si e seu significado a fim de levar uma vida plena, voltemos nossa atenção à filosofia clássica.

Aristóteles e a "grandiosidade da alma"

Ao descrever as várias virtudes que considera como elementos essenciais para uma vida plena, como a coragem, a generosidade e a justiça, Aristóteles destaca uma delas como a mais elevada. Ele a denomina de "grandiosidade da alma" (*megalopsychia*). Aos nossos ouvidos, pode parecer algo que só é usado para se referir aos maiores líderes espirituais ou a grandes heróis. Para Aristóteles, contudo, essa virtude está ao alcance de todos nós. Há tradutores que vertem a expressão "grandiosidade da alma" para "magnanimidade", o que aproxima a palavra de um vocabulário contemporâneo que nos é familiar. Porém, "magnanimidade", que sugere uma generosidade abundante, não chega a sintetizar toda a virtude que Aristóteles tem em mente. Assim como ocorre com palavras ou expressões que denotem algo essencial à experiência humana, "grandiosidade da alma" é um conceito que dificilmente conseguimos definir de modo abstrato. Para compreendê-lo, é necessário examinar suas várias dimensões e as circunstâncias em que ele se apresenta. Compreendê-lo como algo equivalente a "domínio de si" é uma aproximação aceitável.

Aristóteles apresenta a virtude como a predisposição adequada com relação à honra. O indivíduo dotado de uma alma grandiosa "considera a si mesmo digno de merecer coisas grandiosas, e *realmente* as merece".[8] Considerar-se digno de valor quando não se é digno é um sinal de arrogância ou de vaidade, e não se considerar digno sendo digno é um sinal de pequenez, de resignação. É interessante que, para Aristóteles, a pequenez — que poderia ser confundida com modéstia — não é um vício menos importante que a vaidade. Portanto, a grandiosidade da alma, na visão do filósofo, é um ponto intermediário entre, de um lado, os extremos da vaidade e, de outro, a resignação.

Como exemplo que ilustra a ideia essencial de Aristóteles, de reivindicar nossos direitos, há a orgulhosa explosão emocional de Muhammad Ali quando, contrariando todas as probabilidades do mundo do boxe, derrotou Sonny Liston na disputa pelo título mundial dos pesos-pesados. "Sou o maior do mundo", respondeu aos repórteres que haviam duvidado dele. "Digam agora que eu sou o maior do mundo!" Ao exigir, naquele momento, respeito pela conquista do título de maior boxeador do mundo, ele fazia uma reivindicação justa e mostrava um tipo de grandiosidade da alma, que poderia muito bem ter sido confundido com vaidade pelas pessoas ressentidas com sua impressionante conquista. Tivesse Muhammad Ali, movido por um excesso de modéstia, minimizado aquela vitória como um feliz acaso ou como um golpe de sorte, teria dado uma amostra de pequenez, rendendo-se à injustiça da postura dos fãs e comentaristas que hesitavam em reconhecer os méritos que lhe eram de direito. Ele reivindicou aquilo que merecia. Sim, às vezes o lutador se excedia em suas reivindicações, como na situação em que se gabou de suas proezas no boxe terem sido mais expressivas do que as maiores conquistas já realizadas em qualquer outra área de atividade. Nesse sentido, ele poderia ser justamente acusado de vaidoso — mesmo que se tratasse de uma vaidade carregada de sarcasmo.

Da maneira como Aristóteles a descreve inicialmente, a grandiosidade da alma talvez possa sugerir a alusão a um desejo humano de conquistar o apreço alheio, ou no mínimo um apreço proporcional às conquistas realizadas. No entanto, ao descrever essa virtude, deixa claro que ela vai além de uma preocupação com a honra. Ter uma alma grandiosa, escreve, significa "considerar a honra como algo menor".[9] Com isso, ele contesta a ética baseada na honra, predominante na Atenas antiga, levando-nos a repensar a ideia de que os elogios e os aplausos sejam necessários para uma vida plena. O indivíduo dotado de uma alma grandiosa, escreve Aristóteles, despreza as pequenas honras e aquelas que nos são outorgadas "por uma mera coincidência".[10] Ele "não almeja obter coisas que mereçam o aplauso de um grande público".[11] Ele "aceitará a honra que lhe é atribuída por pessoas de alta posição social, pelos motivos justos, e somente com uma satisfação comedida". Pois, independentemente da pessoa que o esteja elogiando, "ele considera que tal elogio nada mais é do que algo que é direito seu".[12]

Portanto, Aristóteles nos sugere uma postura de orgulhar-se do próprio trabalho, da atividade com valor intrínseco. O indivíduo dotado de uma alma grandiosa valoriza a avaliação positiva que recebe dos outros, mas não depende dela. Ele continuará fazendo o que já faz, independentemente da opinião alheia. Sentir tal orgulho pelo próprio trabalho, afirmava o pensador, significa defendê-lo por meio da reivindicação da honra — não porque você busca alcançar tal coisa, mas porque a merece. Você respeita o seu próprio trabalho e atribui a si mesmo a responsabilidade de defendê-lo, mesmo quando os outros o depreciam. Caso, depois de ter expressado suas ideias e sua opinião, ainda não lhe seja dedicada a honra merecida, que assim seja. O propósito a ser buscado não é a honra, mas o respeito por si mesmo. Parte desse respeito tem a ver com não insistir em falar sobre a própria honra nas situações em que ela lhe é injustamente negada. Fazer isso significaria rebaixar-se ao mesmo nível das pessoas que lhe negaram tal direito — humilhar-se diante daqueles que, a esta altura, merecem o seu desprezo. Você passa a considerar a injustiça que sofreu como má sorte — livrando-se do ressentimento e de visões limitadas que, mesmo que de uma maneira gentil, revelaram-se incapazes de reconhecer o valor do seu trabalho —, e retoma suas atividades como se nada tivesse acontecido. Absorto naquilo que está fazendo, não lhe resta tempo para alimentar ressentimentos. "Uma pessoa dotada de uma alma grandiosa está acostumada a esquecer e a ignorar as injustiças que sofreu."[13] Desse modo, Aristóteles nos apresenta a imagem de uma pessoa afável sem ser frouxa, alguém que, baseado nos próprios critérios de certo e de errado, não carece da validação dos outros e paira acima da mesquinhez a que a vida humana está propensa.

Para além das situações que envolvem a outorga da honra, a grandiosidade da alma se estende ao comportamento do indivíduo e à sua maneira de se expressar verbalmente nas situações cotidianas. Isso envolve dizer o que se pensa, estando ciente de que poderá desagradar os outros. O indivíduo dotado de uma alma grandiosa "está aberto à expressão do amor e do ódio; pois a ocultação é a marca do medo".[14] Por trás de tal sinceridade há uma constante preocupação com a verdade, em detrimento da reputação: o indivíduo dotado de uma alma grandiosa "está mais preocupado com a verdade do que com as opiniões alheias".[15] Essa autoconfiança se manifesta até em gestos físicos sutis — "por meio de movimentos lentos... um tom de voz grave, e um ritmo de fala uniforme". Pois a pessoa que "é séria somente em relação a poucas coisas" não agirá de um modo que demonstra preocupação.[16] Precisar correr o tempo todo de um lado para o outro, segundo Aristóteles, significa preocupar-se demais com a direção em que estamos seguindo, e não o suficiente com a própria dignidade. Por que se permitir ser perturbado pelo lugar aonde você pretende chegar? Aristóteles nos leva a considerar as inúmeras circunstâncias da vida cotidiana em que nos vemos correndo de um compromisso a outro, como se estar atrasado para um deles significasse um desastre absoluto. Às vezes, mais vale se movimentar com autodomínio do que chegar na hora certa.

Na crítica de Aristóteles a um discurso carregado de preocupações e a uma postura ansiosa está contida outra crítica: a busca voltada à conquista de objetivos. O que nos leva a correr de um ponto A a um ponto B é o fato de considerarmos nossa vida como uma série de destinos a que precisamos chegar. O que nos leva a falar em um ritmo frenético, usando um tom de voz monótono, é a ansiedade em comprimir um grande número de palavras no intervalo de uma única inspiração, como se o objetivo para dizer algo fosse transmitir informações, ou passar ao interlocutor a impressão de que somos pessoas bem-informadas. Aristóteles nos recorda que precisamos respirar fundo e cultivar um estilo com valor intrínseco do qual possamos nos orgulhar; uma maneira deliberada de falar e de se movimentar que demonstre um senso de identidade. Sugere que as atitudes e os princípios que mostramos no dia a dia dizem muito a respeito de quem somos. O estilo das frases, a cadência da fala e o tom de voz — aspectos de comportamento que tendemos a minimizar como superficiais — são um reflexo do nosso caráter.

A essência do que Aristóteles nos propõe é certa autenticidade de expressão: uma assertividade sincera que resiste a regras distorcidas sobre o decoro e a uma excessiva preocupação com um discurso politicamente correto. Ao mesmo tempo, há também a proposta de certa nobreza da fala: quando sua expressão é sincera, o discurso do indivíduo dotado de uma alma grandiosa nunca é motivado pelo rancor, pela condenação ou pelo ressentimento, e sim pela preocupação com a verdade.

Diga o que pensa! O que diz e como se expressa são parte de quem você é

A teoria de Aristóteles, de que o modo de falar é parte integrante do caráter, pode nos ajudar a identificar e a superar as infinitas formas de conversas evasivas que ameaçam nos debilitar gradualmente, a cada dia. Considere as situações em que substituímos um pedido feito sem rodeios, que temos vergonha de fazer, por algo vago e que soa bem aos ouvidos. Um exemplo onipresente disso é o uso da expressão "entrar em contato", quando o que queremos dizer é "pedir um conselho" ou "solicitar uma doação". Esse tipo de linguagem empresarial não é apenas eufemística e enganosa, é submissa e resignada. Uma pessoa que acredita nos próprios projetos ou na própria vocação não deveria se sentir envergonhada em pedir ajuda.

Um exercício de autoinvestigação divertido e potencialmente recompensador consiste em tentar identificar hábitos presentes em nossa fala cotidiana e que Aristóteles nos ajudaria a superar. Eis alguns que me vêm à mente: diminuir o volume no final das frases, deixando-as quase inaudíveis, ou concluir uma opinião dizendo "Enfim..." ou "Hum, sei lá...", como se terminar a frase com um ponto final fosse uma ofensa. Entre acadêmicos e outros profissionais, uma armadilha comum é dizer frases intermináveis e no ritmo de uma rajada de metralhadora, às vezes apresentando e refutando vários contra-argumentos em breves intervalos de respiração, sem deixar espaço para interrupções ou perguntas do interlocutor. Embora tal discurso possa indicar certa fluência e erudição, ele também é sinal de um medo sutil de ser contestado. No meio dessas falas, é frequente o uso de assertivas como "Certo?" ou "Como você sabe..." bem nos trechos mais questionáveis da explicação do falante. Tenho percebido que muitos professores de filosofia têm esses hábitos, e não me excluo dessa categoria.

Quando me percebo falando dessa maneira, lembro-me não apenas de Aristóteles, mas também do Sr. C., meu professor de matemática da 8ª série. Embora ele tenha me ensinado muito sobre a introdução à álgebra, ensinou muito mais sobre o autodomínio. Uma das coisas que ele incentivava era a autoconfiança na fala dos alunos. Na maioria das vezes, ensinava por meio do exemplo. Entretanto, tinha algumas regras: sente-se com a postura ereta, diga o que você pensa sem enrolar e diga "Está bem" em vez de "Ok". Em parte, isso tudo revelava uma concepção tradicional de ensino. Ele insistia para que falássemos de um modo respeitoso e adequado para um aluno. Ao mesmo tempo, também tentava incutir em nós certo autodomínio quando ainda éramos jovens, por meio de um discurso claro e autoconfiante.

É muito fácil recorrer inconscientemente a palavras que distorcem o que queremos dizer e que, de maneira discreta, refletem uma ausência de autodomínio. Todos nós, incluindo os oradores eloquentes e originais, somos vulneráveis às pressões — muitas vezes inconscientes — de uma conformidade distorcida, incluindo manifestações superficiais de gentileza que, na verdade, são manifestações cerimoniosas — expressões como "por favor" e "obrigado" repetidas à exaustão ao fazer pedidos banais, ou efusivos pedidos de desculpa por mal-entendidos cotidianos pelos quais não temos culpa alguma. Aprender a dizer o que queremos dizer e demonstrar com clareza quem somos é um processo interminável.

Grande parte da dificuldade disso tudo está em reconhecer que certas frases e estilos de discurso são questionáveis, e isso nos demanda circular em meio a variados ambientes ao longo da vida, o que permite o acesso a parâmetros de comparação entre diferentes modalidades de discurso. Um motivo que me levou a encarar a prática de exercícios físicos como parte integrante de uma jornada de autoconhecimento, e não apenas como um meio para atingir um fim, é que ela me permitiu encontrar uma sinceridade de expressão que no ambiente acadêmico não seria fácil cultivar. Se o vício típico do discurso acadêmico é o uso de uma linguagem evasiva e prolixa, que denota uma certa pequenez de alma, a usada nas academias de ginástica é direta, sem papas na língua, e transmite uma imagem de vaidade e de rispidez. Porém, há uma espécie de equilíbrio aristotélico do discurso que não contém nenhum desses vícios. Em várias ocasiões, pude perceber que os berros dados por um técnico aos jogadores de um time durante uma partida, ou as interjeições de incentivo comuns entre colegas de treinamento durante uma série de exercícios mais difícil, ou ainda os gracejos feitos entre uma série e outra de flexões de braço em barra fixa, são, em alguma medida, sinais de uma fala aberta e franca, tal como proposto por Aristóteles.

Em repetidas ocasiões, me percebo voltando ao insight do antigo pensador: ter uma alma grandiosa significa evitar um número excessivo de palavras quando poucas bastam e expressar a sua opinião e então esperar que seus interlocutores apresentem a deles. Talvez eles concordem com você, ou então apresentem um argumento que o fará rever sua opinião. Seja como for, essa interação fará de você uma pessoa melhor. Mantenha seu foco na verdade e na sabedoria, e pare de se preocupar demais com a impressão que está causando. Sim, pratique a diplomacia, mas seja verdadeiro consigo mesmo.

Em relação ao equilíbrio entre a diplomacia e uma sincera expressão de ideias e sentimentos, Aristóteles propõe o seguinte: "Ao falar com pessoas simples e de condições sociais modestas, o indivíduo dotado de uma alma grandiosa mostrará um comportamento moderado", e muitas vezes usará "um tom irônico e autodepreciativo ao falar com os outros".[17] Porém, "ao falar com pessoas bem-sucedidas e de alta posição social, o indivíduo dotado de uma alma grandiosa se mostrará grande [ou arrogante]".[18] Uma atitude de decoro e reverência excessivos ao tratar com pessoas em uma posição de autoridade ou de prestígio, sugere ele, significa desvirtuar a si mesmo a fim de causar uma boa impressão. Tal adulação é um sinal de fraqueza. A sugestão aristotélica é que, estando no limite, você deve fazer um esforço particular para ser sincero ao falar com essas pessoas, ter a si mesmo em alta estima e lhes mostrar que não fica deslumbrado com a reputação delas. Muitas vezes, essa atitude fará com que você seja respeitado — e, ainda mais importante, ela é um sinal de autorrespeito. Por outro lado, quando estiver na companhia de indivíduos que não obtiveram um reconhecimento social, empenhe-se para ser modesto, tentando não fazer com que elas se sintam envergonhadas ou tímidas para expressar sua opinião, pois talvez tenham algo valioso a dizer. O indivíduo dotado de uma alma grandiosa se torna mais humilde diante daqueles que são mais simples, movido pela mesma energia que o impele a se mostrar arrogante na companhia de pessoas célebres.

Desenvolver a própria capacidade de julgamento

Subliminar à sinceridade de expressão de ideias e sentimentos, típica de um indivíduo dotado de uma alma grandiosa, está a capacidade de *julgamento*. Quando Aristóteles afirma que o indivíduo dotado de uma alma grandiosa não se importa com honrarias que lhe são oferecidas aleatoriamente ou por motivos banais, imagina que essa pessoa esteja fazendo um julgamento implícito: existe uma diferença entre o aplauso do público e a estima que é manifestada por um personagem valoroso. Esse julgamento está associado a outro: supor a diferença entre o verdadeiro valor do que uma pessoa faz e o modo como o mundo percebe esse valor.

Hoje em dia, a virtude do julgamento está atravessando um período complicado. Ser alguém "crítico" é considerado algo ruim, equivalente a "intolerante", "de mente fechada", ou "insensível". No entanto, nos percebemos fazendo julgamentos e avaliações o tempo todo — ao decidir quais pessoas nos farão companhia, que tipo de carreira seguiremos, como equilibrar a vida profissional com a familiar, ou entre apertar o botão "Soneca" do despertador e levantar para se exercitar.

As razões que nos levam a ridicularizar o julgamento em si, em vez de os tipos específicos e punitivos de juízo que queremos rejeitar, talvez estejam relacionadas à denúncia hobbesiana do fanatismo em termos de uma rejeição generalizada ao próprio ato de julgar. Lembremos que o projeto de Hobbes de estabelecer a paz e a ordem em um ambiente de guerras religiosas envolvia substituir o orgulho de manifestar uma opinião pelo ideal de uma felicidade sem perturbações. De modo incansável, o filósofo tentou convencer as pessoas de que os juízos determinados por elas eram meramente "subjetivos" e causariam apenas conflitos inúteis e sem solução. O argumento era: é melhor delegar às autoridades públicas a sentença em relação a temas significativos. Nosso ceticismo diante do julgamento pode muito bem ser uma evidência do sucesso da retórica de Hobbes.

Apesar de termos sido alertados sobre os riscos, não há como escapar à responsabilidade de nos envolvermos com julgamentos, sobretudo quando se trata de como vivemos a nossa vida. Não é fácil manter-se fiel a ele e encorajar sua prática, ainda mais diante de um *ethos* voltado à conquista de objetivos que nos leva a encarar a ação em termos de utilidade e de realizações. Presos a um modelo voltado à conquista de objetivos, consideramos o julgamento em termos de escolhas, ou de tomada de decisões, cujo objetivo é alcançar um resultado específico, seja a saúde, seja a estabilidade financeira, seja o prazer. Enquanto o julgamento é algo que só pode ser feito por *você*, à luz da autoimagem que busca obter, a escolha e a tomada de decisões podem ser exercitadas por qualquer pessoa com habilidade de alcançar o que deseja. Assim que centrar o foco na conquista de um objetivo individual — saúde, riqueza, ganho de massa muscular —, tenha certeza de que logo surgirá um especialista disposto a lhe vender algum método para ajudá-lo a alcançar tal objetivo.

À medida que a vida em si se transforma em uma ciência voltada para os cálculos e à conquista de objetivos, surge um novo tipo de especialista, um metaespecialista, não alguém dotado de competências em uma profissão concreta (por exemplo, a medicina), mas uma pessoa que alega conhecer a arte da vida plena enquanto tal. Esse especialista é uma espécie de psicólogo behaviorista, especializado em métodos de formação de um "tomador de decisões racionais", que promete lhe mostrar os vieses cognitivos que conduzem a escolhas "irracionais". Se esse psicólogo fosse pressionado a revelar que ele precisa evocar termos universais como "razão", "irracionalidade" e "viés" quando, na verdade, só está fazendo referência a decisões voltadas a maximizar a utilidade, seria obrigado a admitir que sua definição de "razão" é aquilo que a maioria das pessoas consideram o tipo de cálculo mais adequado para alcançar objetivos. Só que admitir isso o rebaixaria à condição de mero provedor de uma modalidade utilitária de existência, voltada à conquista de objetivos. Tal admissão faria desmoronar sua presunçosa alegação de que conhece a mente humana, ou de que é um especialista na ciência da "racionalidade".

Mas quem poderá dizer que até as excêntricas decisões consideradas irracionais ou enviesadas por alguns psicólogos não são sensatas à própria maneira, mesmo que sob uma perspectiva não utilitária? Considere o exemplo de uma pessoa que, ao fazer compras, dá preferência a um produto cujo rótulo anuncia "90% de carne magra" a outro que afirma conter "10% de gordura" — uma situação citada por psicólogos behavioristas a fim de comprovar um "viés (cognitivo) de enquadramento", segundo o qual nosso cérebro, diante de duas alternativas equivalentes, é mais receptivo à alternativa formulada com palavras de conotação mais positiva. Uma explicação plausível para a preferência das pessoas ao produto que contém 90% de carne magra nada tem a ver com um viés internalizado: ao fazerem suas compras, os consumidores não estão tentando diminuir o consumo de gordura, mas corresponder a uma autoimagem. Em uma sociedade que valoriza a alimentação saudável como se fosse uma moda a ser seguida, os que desejam ver a si mesmos como *"o tipo de pessoa* que ingere alimentos com baixo teor de gordura". Para isso, e para demonstrar às pessoas do mesmo círculo social e até ao homem que está atrás do balcão que elas estão ligadas às tendências mais recentes no ramo da saúde, optam pelo produto com 90% de carne magra. Embora essa autoimagem possa ser vista como superficial ou enganosa (por que a promoção da saúde deveria ser considerada uma virtude?), não é algo irracional, tampouco uma mera excentricidade do cérebro. Ela envolve uma autoconsciência que está associada à reputação e ao orgulho. Todavia, assim como um médico tende a enxergar tudo à luz da saúde, o psicólogo behaviorista tende a enxergar tudo em termos de cálculo. Aquilo que aparenta ser uma ciência do viver se revela, no fundo, uma abordagem diante da tomada de decisões que não é mais estreita do que a de qualquer outro enfoque profissional.

Não há nada de errado em buscar aconselhamento especializado em determinadas áreas. Se você quebrou a perna e quer ser curado com rapidez e segurança, consulte um médico. Nesse caso, optar pela automedicação seria uma tolice. Porém, se você costuma depender de especialistas para obter tudo o que deseja, poderá sucumbir a uma dependência de aconselhamento em assuntos que vão muito além da competência desses profissionais.

Quando um especialista lida com um tema ligado a desejos e necessidades de muitos, como a saúde, talvez você tenda a confiar na prescrição dessa pessoa não apenas como uma conduta a ser adotada para um objetivo específico, mas como uma orientação para a vida. Então, você passa a confiar no médico tanto para cuidar de uma fratura na perna quanto para lhe dar conselhos sobre quais riscos deverá evitar assim que estiver curado. Começa a esquecer que o médico consegue lidar apenas com prováveis resultados, sendo incapaz de dizer se a saúde é o fator crucial que pode determinar a sua conduta.

Os especialistas têm todo o direito — e, em sua condição de seres humanos atenciosos, até a responsabilidade — de nos dar sua opinião sobre como viver melhor. Porém, essa opinião não pode substituir a de outro indivíduo. Muitas vezes, acatamos sem contestação os conselhos dados por especialistas pelo fato de eles terem autoridade em uma área em particular. Abdicamos de nossa capacidade de julgamento com medo de julgar por conta própria. Receosos de que possamos estar equivocados e de termos de arcar com a responsabilidade pela consequência das nossas escolhas, delegamos nosso julgamento a uma pessoa que tem uma fachada de respeitabilidade — uma titulação sofisticada, um jaleco branco, o terno e a gravata. Caso as coisas deem errado, pelo menos podemos dizer a nós mesmos, e àqueles que souberem do nosso fracasso: "Bem, contratei o melhor especialista nesse tema. O que mais eu poderia ter feito?" Dessa maneira, tentamos salvaguardar nosso orgulho e aliviar a consciência.

Os especialistas, adulados pela reverência que lhes é dedicada e empoderados pelo fato de dominarem uma habilidade valorizada, tomam a liberdade de pontificar — a partir da limitada perspectiva de sua área de atuação — sobre temas que nada têm a ver com seu conhecimento especializado. A postura autoconfiante deles atrai um número cada vez maior de crédulos em busca de aconselhamento, e isso acaba se tornando algo difícil de resistir.

A tendência dos especialistas de ultrapassar limites encontra uma célebre expressão na explicação dada por Sócrates, em seu julgamento, sobre o hábito de questionar vários cidadãos para verificar se esses eram mais sábios que ele. Ao abordar os especialistas técnicos (os artesãos), Sócrates constata que os atenienses, de fato, detinham um conhecimento que ele próprio ignorava: sabiam como construir e consertar objetos. Mas aqueles homens acreditavam que, devido à especialidade que dominavam, também eram sábios em relação a outros temas, incluindo os mais importantes, "e esta insanidade ofuscava a sabedoria que tinham".[19]

Um exemplo divertido que ilustra o argumento de Sócrates aparece no *Simpósio* [também conhecido como *Banquete*] de Platão, nos maneirismos e no discurso de Erixímaco sobre o amor (*eros*). Sócrates, Erixímaco e outros atenienses famosos estão reunidos em torno da mesa de jantar de Agatão, poeta trágico, a fim de comemorar a premiação que esse recebera por ter encenado uma peça popular, e conversam sobre a quantidade de vinho que deveriam ingerir. É de consenso geral entre todos que, como tinham bebido demais na noite anterior, devem agora ter moderação. Assim que o grupo toma essa decisão, Erixímaco assume para si a função de admoestar os demais amigos em relação à embriaguez, considerando sua opinião de médico e especialista: "Ora, já que, a meu ver, nenhum dos aqui presentes está disposto a beber muito vinho, talvez eu possa ter uma atitude menos desagradável e lhes dizer a verdade sobre o que é a embriaguez. Pois acredito que a arte da medicina deixou isso muito claro para mim. A embriaguez é uma coisa muito difícil para os seres humanos e, dentro do que estiver a meu alcance, não estou disposto a continuar bebendo, tampouco a aconselhar alguém a fazê-lo."[20]

Erixímaco está falando a partir da limitada visão de um médico, voltada a questões de saúde. Ele alega conhecer "*a* verdade" sobre o que é a embriaguez. Seus amigos logo fazem com que suas palavras soem ridículas e, perto do final do diálogo, Alcibíades, a jovem estrela em ascensão da política ateniense e autor de façanhas militares, irrompe no salão, embriagado, e faz um elogio surpreendentemente honesto a Sócrates, um que não teria feito caso estivesse sóbrio. A percepção segundo a qual a embriaguez se revela como algo ruim sob a perspectiva de uma honesta autoapreciação é, no mínimo, questionável. Só que na opinião daquele médico, trata-se de algo nocivo à saúde e, portanto, uma coisa ruim.

A insanidade de Erixímaco é acompanhada do ridículo discurso sobre o amor (*eros*) que ele faz de maneira notavelmente pretensiosa. (Eros é o tema debatido durante o jantar e tema do diálogo.) Enquanto outros comensais, mais moderados, falam sobre o amor em termos de apego apaixonado, uma saudade sentida em relação à outra metade perdida (Aristófanes), ou sobre o amor à beleza (Sócrates), Erixímaco apresenta uma tortuosa explicação sobre Eros em termos de saúde (talvez o tema menos erótico de todos). Ele alega que Eros representa a perfeita organização do corpo, proporcionada pela arte da medicina. Como se quisesse dar ênfase à ridícula autoconfiança exibida por Erixímaco, Platão o descreve começando um discurso com a autoritária observação de que, embora os demais tenham falado bem, ele agora "dará um arremate completo" ao debate, ao oferecer uma explicação apropriada sobre o amor. Nenhum dos demais presentes alegara ter dito algo semelhante a uma explicação.[21] Porém, é da natureza dos especialistas — sejam eles médicos, advogados ou mecânicos — enxergar soluções em vez de mistérios.

Em certa medida, Erixímaco é a caricatura do especialista que se julga sábio em todos os assuntos. No entanto, ainda há pessoas que caem como um pato diante dessa demonstração de autoconfiança. Fedro, outro dos comensais, é um deles. Em resposta à admoestação de Erixímaco sobre a bebida, Fedro acata, obediente, as ordens do médico: "Bem, no que me diz respeito, estou acostumado a obedecê-lo [Erixímaco], e em tudo o que você diz sobre a medicina; e os demais aqui presentes, caso queiram seguir um bom conselho, farão o mesmo."[22] Ele representa a nossa tendência de confiar em especialistas em razão de seu conhecimento especializado, mesmo quando tratam de assuntos que nada têm a ver com suas habilidades técnicas. É óbvio que não se trata de uma questão médica, mas uma de julgamento, de sabedoria prática: como equilibrar a sociabilidade envolvida no ato de beber com o preço que uma ressaca nos cobra. Porém, deslumbrado diante das credenciais profissionais de Erixímaco, Fedro segue obedientemente tais conselhos e chega a advertir os demais para que façam o mesmo. Essa reação simboliza uma ameaça que paira sobre o domínio de si em todas as épocas: a tentação de delegar nosso julgamento a um técnico — médico, psicólogo ou economista — em questões que, na verdade, têm a ver com um julgamento pessoal ou político.

Encontramos uma significativa versão contemporânea dessa tentação em outro episódio de *Segura a onda*, de Larry David, intitulado "Os terapeutas". Desesperado para reconquistar a ex-esposa Cheryl, mas receoso de recorrer à própria capacidade de discernimento, Larry pede conselhos a seu terapeuta, que lhe recomenda dar um ultimato: "Quero que você volte a morar comigo. Você tem até *segunda-feira* para decidir. Depois disso, minha proposta não valerá mais." Antes de levar a cabo o conselho do terapeuta, Larry está em um almoço amistoso com Cheryl. As coisas parecem estar caminhando bem até que chega a hora da verdade. Sentindo-se obrigado a seguir as recomendações do terapeuta, Larry faz suas apostas. Previsivelmente ofendida diante daquela atitude soberba, Cheryl é dominada pela repulsa e, enfurecida, deixa o restaurante. Correndo atrás dela, em uma tentativa inútil de reparar a gafe, Larry grita, em tom de lamúria: "Foi o terapeuta que me pediu pra dizer isso!"[23]

Esse episódio nos leva à reflexão. Vamos começar pelo fato de ele ser uma prova da nossa disposição em confiar em especialistas sobre temas que nada tem a ver com sua competência profissional. Apesar de haver terapeutas que se apresentem como "especialistas" em relacionamentos e, embora alguns deles, inspirados por um questionador espírito socrático, possam se revelar muito eficientes ao oferecer aconselhamento sobre relacionamentos, não há provas de que sejam capazes de fazê-lo com base em nenhum treinamento *técnico*, mais do que o cultivo do bom senso e da atenção à grande variedade de motivações humanas. Não há razão para acreditarmos que um "especialista" em relacionamentos, em razão de um conhecimento adquirido por meio dos livros, e por ele ter seguido um método especializado, seja mais capacitado do que um amigo atencioso ou um conhecido sensato para aconselhar uma pessoa sobre como construir um relacionamento significativo, ou como salvar um relacionamento deteriorado. Em última análise, quando se trata de algo ligado à bondade humana, tal como o tipo de relação propícia a uma vida de prosperidade, o conselho de uma pessoa, independentemente da experiência profissional por ela acumulada, não é melhor do que a filosofia de vida na qual, de modo implícito ou explícito, depositamos nossa confiança. No entanto, tendemos a confiar em especialistas pelo simples fato de eles nos tranquilizarem com credenciais, com o testemunho de clientes, e (paradoxalmente) com o alto custo dos honorários que cobram. Em vez de encararmos os conselhos de especialistas como um ponto de vista a mais, além daquele apresentado por amigos, professores e familiares, para então chegarmos ao nosso próprio discernimento, nós os tomamos como se fossem a palavra de Deus.

Em segundo lugar, esse episódio nos permite considerar o que significa, para começo de conversa, fazer um julgamento. Seu propósito estará em alcançar um resultado (reconquistar a esposa) ou manifestar um senso de identidade — "conseguindo ou não reconquistar a minha esposa, por meio de minhas atitudes tentarei ser verdadeiro em relação ao que eu sou, tentando não desvirtuar a minha personalidade apenas para obter um resultado"? Não há garantia de que esses dois objetivos possam ser alcançados separadamente. Pois "reconquistar a esposa" em um sentido significativo e duradouro parece exigir a necessidade de resgatar um relacionamento pelo qual *você* é responsável. Mesmo que o ultimato recomendado pelo terapeuta tivesse funcionado, e Cheryl tivesse voltado a morar com Larry, isso não teria necessariamente significado uma "reconquista" de um modo que os levasse a examinar as origens da insatisfação que acabou conduzindo ao rompimento. Isso não teria aprofundado o relacionamento entre Larry e Cheryl da mesma maneira que um gesto pessoal e sincero poderia ter feito.

Em última análise, o episódio nos ajuda a compreender que a própria decisão de recorrer ao conselho dado por um especialista e segui-lo é contraproducente, independentemente dos resultados, caso ela implique abdicar da nossa capacidade de discernimento, do nosso estilo pessoal e da nossa disposição moral. Sim, o especialista pode nos ajudar a obter certas coisas. Todavia, sem a nossa própria valorização da conduta a ser seguida, tudo o que adquirirmos está fadado a ser externo. O que obtemos não é algo que será integrado à nossa própria personalidade, mas tão somente algo com que outra pessoa nos alimentou — que nos impele à ação, mas não é ponto de referência em uma narrativa pessoal.

O que aprendemos com as explicações de Platão e de Aristóteles e, de tabela, com os apuros de Larry David, é que o propósito do julgamento, ao contrário de uma simples escolha ou da tomada de decisões, não é atingir um objetivo final, ou aproveitar ao máximo o que algo tem de bom, e sim manifestar uma opinião. O propósito está em afirmar nosso senso de identidade e assumir a responsabilidade por nossos atos.

Desviando dos perigos tentadores de uma tecnologia que drena nossa energia vital

Os riscos relacionados ao julgamento derivados de uma crença ingênua no conhecimento de especialistas são agravados pelos avanços tecnológicos que, embora prometam facilitar nossa vida, eliminam as oportunidades de vivermos aventuras e desenvolvermos nosso caráter. Do advento dos celulares à Netflix, passando pela navegação por GPS e carros autônomos, cada vez mais a tecnologia tem aperfeiçoado os canais de comunicação e os meios de deslocamento. Tais inovações são um sintoma de uma cultura voltada à conquista de objetivos, com foco na eficiência: elas nos ajudam a conseguir as coisas que desejamos sem termos de passar por um longo processo para obtê-las. A frase "Ei, Siri. Faça tudo por mim" — usada pela Apple para atrair consumidores de seu recém-lançado relógio de pulso de alta tecnologia — pode muito bem ser considerada o slogan da nossa época.

O problema com a capacidade aparentemente milagrosa de, nas palavras da Apple, "encontrar uma rota para chegar a um destino, descobrir que canção está tocando ou até mesmo obter a tradução de uma palavra ou frase com o simples movimento do seu pulso" é que o processo pelo qual passávamos para conseguir tais coisas, mesmo que pudesse às vezes ser entediante, costumava ser uma oportunidade para o desenvolvimento da personalidade e para a *construção* de desejos, não apenas para satisfazê-los.

Considere a experiência — hoje tida como exótica — de ir a uma locadora de filmes em uma noite de sábado para escolher uma opção de entretenimento. Isso lhe exigia uma dose de esforço. Você precisava se levantar, caminhar ou dirigir até a locadora, na expectativa de que o filme que pretendia assistir estivesse disponível (caso não tivesse se dado ao trabalho de ligar para eles antes). Era uma aventura. Havia sempre a possibilidade de se deparar com um filme em que você não tinha pensado ou algo que lhe chamou a atenção enquanto percorria corredores e prateleiras. Às vezes, você saía de casa sem nada em mente e pedia uma recomendação ao funcionário. Você contava sobre seus filmes prediletos e o que gostava em relação a eles. Havia um diálogo, em que você desenvolvia sua habilidade de manifestar, interpretar e aprimorar preferências. Mas nem sempre era fácil lidar com o funcionário. Pairava no ar a onipresente ameaça de multas pelo atraso na devolução e a sua tentativa de se livrar delas. O constrangimento daquela situação fazia com que você descobrisse, muito cedo na vida, habilidades diplomáticas e de raciocínio rápido. Era o tipo de situação que rendia boas histórias e lembranças inesquecíveis. ("Lembra da vez em que tivemos um ataque de riso no momento que eu dava uma desculpa ao funcionário do balcão pelo atraso [na devolução], e ele disse que não queria mais saber de conversa?") A ida à locadora era um evento, animador e gratificante à sua própria maneira, mesmo antes de se assistir ao filme.

Com a Netflix, isso tudo se perde. Você ganha a instantânea gratificação dos próprios caprichos, mas perde o percurso pelo qual seus desejos — personalidade — são construídos. Ainda temos a percepção de que podemos fazer uma busca, mas não é a mesma coisa. Pois as opções oferecidas na busca da Netflix já são predeterminadas pelas escolhas anteriores feitas por você. O elemento surpresa é atenuado. Muito do que a tecnologia moderna nos proporciona se conforma à "estrutura Netflix": ela lhe traz prazeres fáceis às custas do exercício das capacidades humanas e do autocontrole.

A navegação por GPS talvez seja o exemplo mais gritante. Essa tecnologia lhe permite ir do ponto A ao ponto B com a maior eficiência possível, mas o priva da iniciativa de buscar uma rota para chegar ao destino. É claro que, mesmo antes da criação do GPS, não era necessário partir do zero para encontrar a melhor rota a seguir. Já havia mapas e placas de sinalização. Pode-se argumentar que já existem placas no trajeto do GPS, uma forma de tecnologia que direciona o trajeto de carro, ou da caminhada, livrando-o da necessidade de buscar sozinho por pontos de referência ou de tentar descobrir onde está a direção desejada. Porém, o uso da sinalização exige uma boa dose de atividade humana e de atenção. Para seguir as indicações das placas, é preciso estar atento às informações às quais elas se referem, e ser capaz de reconhecê-las. Embora a placa possa lhe indicar a direção a ser tomada, ela também o orienta em relação aos lugares que o cercam — ou, no mínimo, o obrigam a se achar. Isso fica muito claro no caso de um mapa, um enorme contraste em relação ao ponto azul móvel ou a voz automática de um aparelho GPS. Em um mapa, ao reparar um cruzamento ou um ponto geográfico de referência, você precisa traduzir tal símbolo para a coisa real. Por exemplo, é necessário se antecipar a uma montanha que tem certa altura e compará-la com outras que aparecem à sua direita enquanto dirige na direção Oeste. Avistar o pequeno símbolo no formato de um triângulo no mapa é uma coisa, mas reconhecê-lo diante dos olhos é outra. O ato de reconhecimento envolve a aplicação criativa de uma imagem à realidade. No sentido estrito do termo, não há como seguir um mapa. A cartografia, em si, é um tipo especial de sinalização que exige interpretação. Ela o orienta, mas o obriga a resolver questões por conta própria, fazendo com que você visualize e anteveja coisas de modo criativo, e as descreva à medida que aparecem à frente, permitindo que você se lembre delas como pontos de referência no trajeto de volta.

Enquanto descreve os pontos geográficos dos quais depende e infere as características deles, você passa a considerá-los como fontes de orientação que ganharam vida a partir da sua interpretação. Começa a enxergar a paisagem como parte de si mesmo e, com isso, participa da sua proteção e de seu desenvolvimento. Podemos avaliar em que medida nosso descaso com o meio ambiente está associado a uma ausência de conexão com ele, algo incentivado por tecnologias como o GPS. Quando dependemos de um algoritmo para o deslocamento de um lugar a outro, tendemos a enxergar aquilo que nos cerca de modo indolente e impessoal, como coisas "lá fora", com as quais temos uma conexão pessoal limitada.

Diferente de um dispositivo com GPS, que torna a viagem totalmente automatizada (a menos que o dispositivo apresente falhas), um mapa, além de lhe indicar a direção, pode intensificar o poder de atração de uma viagem. Será que aquele marco histórico que aparece no mapa é como eu imagino? Será que conseguirei reconhecê-lo?

Lembro que na sétima e oitava série de meu período escolar, uma das tarefas que nos era passada — e um dos destaques na disciplina de Estudos Sociais — era desenhar mapas — um exercício que, na era do GPS, soa antiquado. Nossa tarefa era colocar folhas de papel vegetal sobre determinado mapa e traçar os contornos de uma área específica. Começávamos com Massachusetts, nosso estado, e então íamos ampliando a extensão do desenho, até incluir outros países e continentes. Tínhamos que identificar grandes e pequenas cidades, rios, lagos e montanhas. Algumas eram fáceis; outras, não. Era comum termos que comparar com vários outros mapas, para não errarmos na identificação. Para ganharmos pontos extras na nota final, podíamos sombrear os contornos de acordo com a topografia ou o clima da região, ou enfeitar as margens do mapa com desenhos representativos da fauna e cultura locais.

Ao aprender onde as coisas estavam localizadas e tentar imaginar como orientar alguém para ir de um lugar a outro, ganhava-se um maior apreço pelos lugares. Em certa medida, gostávamos dos mapas porque carregavam consigo a marca que imprimíamos nele, mas também porque eles tinham uma aura de mistério. Será que os lugares reais corresponderiam à maneira como você os havia imaginado? O processo de elaboração fazia com que você desejasse viajar aos lugares que havia identificado e localizado. Ao traçar o caminho a ser seguido, e ao se imaginar como um viajante, de certa maneira você se envolvia com o destino de sua jornada.

A experiência de desenhar mapas, de deslocar-se e de desenvolver um senso de identidade oferecida ao indivíduo que precisa encontrar a própria rota está sendo ameaçada pela proliferação do GPS, que simplesmente nos informa aonde temos que ir. Pergunto-me quantos professores de escola ainda passam a seus alunos a tarefa de criar mapas. Com o GPS, obedecemos a um comando, sem a necessidade de descrever ou interpretar coisa alguma. Sem um envolvimento com o ambiente que nos cerca como pontos de referência, não nos damos o trabalho de descrever as coisas do modo detalhado que o faríamos se estivéssemos nos deslocando sem ajuda da tecnologia.

Também acabamos nos privando de outros aspectos da viagem que nos permitem valorizar o ambiente que nos cerca e de sentirmos orgulho de nós mesmos. Sem o olhar atento de um viajante, tendemos a ignorar atrações inesperadas — uma formação rochosa excepcional, ou uma barraca de venda de produtos agrícolas à beira da rodovia. Quando um algoritmo nos indica o caminho a seguir, não precisamos parar o carro para pedir orientação e, assim, nos restam poucas oportunidades para encontros potencialmente inesquecíveis. Talvez cheguemos mais rápido ao nosso destino, e com menos resistências no caminho, porém, nos privamos do contexto que poderia enriquecer o percurso. Chegar à casa de um amigo com uma história divertida para contar, ocorrida no trajeto, pode animar a conversa e melhorar a qualidade da interação social. Parar o carro no acostamento para contemplar uma beleza natural, como o Grand Canyon, tendo como contraste as imagens das paisagens no caminho que leva até ele, tem o poder de intensificar o esplendor dessa formação rochosa.

Aos 12 anos, tive a oportunidade de viajar à Austrália com minha família, minha primeira viagem para fora do país desde que eu estivera na Espanha para uma reunião familiar, seis anos antes. Tenho a nítida lembrança de como o trajeto foi parte integral da experiência. Muito antes de pousarmos na Austrália e de mergulharmos com snorkel na lendária Grande Barreira de Corais sobre a qual eu havia lido e assistido vários documentários de TV, ansioso pelo início da viagem, lembro de contemplar a vastidão dos corais, através da janela do avião enquanto voávamos na direção norte no voo de Auckland a Cairns, e também da minha tentativa de me localizar naquele espaço geográfico. A extensão de corais semisubmersos, de um dourado cintilante, com um mar azul-turquesa em cada lado, me deu a dimensão da imensidão dos recifes, que pude mais tarde apreciar sob uma diferente perspectiva, quando nadei em meio a eles.

É claro que não é impossível contemplar o ambiente que nos cerca enquanto usamos o GPS. Os entusiastas da tecnologia talvez argumentem que podemos desfrutar mais da paisagem ao redor uma vez que não precisamos nos preocupar quando e onde mudar de direção e é possível apenas admirar a vista. Entretanto, a tese do "simplesmente observar" pressupõe que enxergamos melhor as coisas quando somos observadores imparciais. O que escapa a essa tese é que a percepção requer um ponto de referência — determinado interesse ou uma preocupação à luz da qual se observa algo. É claro que poderíamos adotar essa perspectiva sem necessariamente estarmos interessados em definir uma rota. É possível que, enquanto desfrutamos de uma viagem de carro, contemplemos a vista à luz da beleza de um relato que lemos recentemente, em um poema ou em um romance. Ou então poderemos recorrer às lembranças de uma viagem anterior, comparando o que observamos com uma experiência prévia. As perspectivas a partir das quais somos capazes de observar são infinitas. Nossa postura diante da rota que nos é apresentada pelo GPS — com o máximo de eficiência para chegar ao destino — tende a eliminar todo o desfrute que o trajeto pode nos oferecer. Em vez de admirarmos o percurso, nos desviamos dele, a fim de matar o tempo. Confinados no interior do carro, nos perdemos com distrações eletrônicas.

A extensão lógica do deslocamento com o auxílio de aplicativos chega até o carro autônomo, que elimina a necessidade de desempenhar um papel ativo nos deslocamentos. No entanto, a ideia de que esse tipo de automóvel será um incentivo para que aproveitemos a paisagem, ou para que nos orientemos melhor, é ingênua. O mais provável é que isso nos dê mais "liberdade" para checar a caixa de e-mails e ficar rolando o "feed" das redes sociais durante o percurso. Não é um exagero imaginar que a motivação do Google para se tornar o pioneiro no desenvolvimento da tecnologia de automóveis autônomos seja a suposição de que, se as pessoas pudessem delegar a seus carros a função de dirigir, ficariam grudadas em suas telas, fazendo mais buscas no Google.

Seria possível fazer uma série de objeções aos benefícios espirituais de um trajeto mais rústico ou mais acidentado. "Mas e quando estamos com pressa?", perguntam os meus alunos, às vezes. É claro que nesse caso o GPS é útil. É inegável que, em circunstâncias que implicam uma verdadeira urgência, o sistema de posicionamento global vem muito a calhar. Estaríamos dispostos a sacrificar a iniciativa de buscarmos sozinhos a melhor rota se precisarmos transportar uma pessoa ferida até o hospital com a maior rapidez possível. Não se trata de dizer se o GPS é ou não é, algumas vezes, uma coisa boa. A verdadeira questão é: por que estamos sempre com pressa, de tal maneira que o sistema de navegação se torna aquilo em que mais confiamos em vez de um mapa ou nosso próprio senso de direção? Não será a própria possibilidade de contarmos com a ajuda do GPS o que nos faz deixar tudo para a última hora, e que então tenhamos pressa para fazer as coisas? Além disso, se considerarmos o advento do celular, que dá às pessoas a possibilidade de nos ligar a qualquer momento do dia, e que nos mantêm disponíveis para atender nosso chefe horas depois de termos saído do escritório, é difícil ignorar em que medida a tecnologia intensificou o problema de levar um ritmo de vida frenético.

Uma objeção semelhante poderia ser apresentada diante da alegação de que o GPS é um bom dispositivo para as pessoas com "pouca noção" de direção. Em que medida tal deficiência é fruto de uma tecnologia que elimina a necessidade de desenvolver habilidades de deslocamento? Uma vez criada essa dependência, passamos a nos sentir desamparados sem o GPS. Fazemos referência a nosso senso de direção como se isso fosse um fato da natureza. Se tivéssemos de depender dele, poderíamos aperfeiçoá-lo por meio da prática.

Outra objeção dos meus alunos é o fato de as minhas críticas romantizarem a situação de ficar perdido em algum lugar. Cabe perguntar se "romantizar" não é uma palavra pejorativa usada por uma pessoa enredada em uma estrutura voltada à conquista de objetivos. Por que temos tanto medo de cometer um erro durante o trajeto? O que há de tão importante nas nossas metas cotidianas e nos lugares aonde vamos, que precisamos chegar a eles o mais rápido possível? Ter que chegar com rapidez ao hospital é uma coisa. Mas por que você precisa chegar pontualmente a todo lugar que vai? No *Banquete* de Platão, Sócrates aparece no meio do jantar organizado por Agatão, pois é desviado por um pensamento que lhe ocorre durante o trajeto de ida. Ele precisa parar na varanda da casa de um vizinho para refletir. Quando Sócrates chega à casa de Agatão, é recebido calorosamente, e seu atraso se transforma em um primeiro tema de conversa entre eles.

Esse relato sobre Sócrates nos leva a questionar se o significado de um destino que definimos pode ser separado de maneira estanque do caminho que nos conduz a ele — e da possibilidade de nos desviarmos, nos atrasarmos ou nos perdermos no caminho. Imagine se Ulisses tivesse tido acesso a um GPS e conseguido navegar com relativa facilidade entre Troia e Ítaca. Ele teria reencontrado a esposa, Penélope, antes e mais rápido. Todavia, não teria alimentado o mesmo tipo de devoção a ela, pois a esposa a cujos braços um homem volta rapidamente, sem ter passado por provações, não é idêntica à

esposa em nome de quem este homem luta com monstros, enfrenta Cila e Caríbdis e resiste à tentação das sereias.

Heróis como Ulisses são uma prova de nossa admiração por aventureiros e navegadores em razão das virtudes que eles demonstram ter — sua inventividade, perspicácia e coragem ao longo de um trajeto difícil. Embora seja possível recorrer ao GPS quando nos aventuramos em uma viagem, nos emocionamos com as hábeis estratégias de sobrevivência do protagonista da série de TV *Bear Grylls — À prova de tudo*, um ex-soldado do Serviço Aéreo Britânico que cai de paraquedas em um local isolado do mundo e precisa reencontrar o caminho de volta à civilização munido apenas de uma faca e das roupas em sua mochila. Se realmente consideramos que Bear Grylls é uma pessoa admirável, deveríamos imitá-lo, aplicando seu espírito de aventura às nossas vidas, ao menos em pequena medida — recorrendo a um mapa, ou buscando situações de resistência que compensam as facilidades que a tecnologia nos proporciona.

Quando eu critico tecnologias como a Netflix ou o GPS, minha intenção não é rejeitá-las insinuando que são instrumentos que "pioraram as nossas vidas", mas questionar o uso que fazemos delas, um uso que implica sacrifícios significativos — assim como escolher um vídeo na locadora em vez de ir ao cinema, ou optar por dirigir um carro em vez de andar a cavalo implicavam sacrifícios feitos pelas pessoas em uma outra época. É muito comum considerarmos tais inovações como marcas de um pleno desenvolvimento, como sinais dos progressos feitos pela razão e pela ciência. A ideia de que a tecnologia é uma prova da consolidação do iluminismo e da inteligência humana é ingênua e autodestrutiva. Ela presume que, se os povos antigos tivessem tido acesso às coisas que nós criamos e desenvolvemos, ficariam maravilhados diante delas e expressariam um profundo lamento por não terem-nas criado. Até mesmo uma investigação superficial sobre o pensamento grego da Antiguidade revela que eles estavam cientes das promessas feitas pela tecnologia e que, no entanto, se mostravam relutantes para incorporá-la em suas vidas. Filósofos como Aristóteles eram críticos da estrutura voltada à conquista de objetivos, que valoriza, acima de tudo, a capacidade de produzir e de manipular.

Enquanto nos dias de hoje idolatramos inventores, os atenienses da Antiguidade se impressionavam mais diante das pessoas que centravam seu foco na política e no exercício da cidadania, e que exibiam suas virtudes de caráter nas assembleias. Na visão de Aristóteles, aquilo que os gregos chamam de *techne*, o conhecimento a partir do qual podemos criar ou produzir algo, origem da palavra "tecnologia", detinha uma qualidade decisivamente inferior à sabedoria prática (*phronesis*), o conhecimento que nos permite fazer um bom uso de algo. O permanente interesse dos gregos antigos pela sabedoria prática, pelo julgamento e pela formação do caráter lhes permitiu impor limites ao desenvolvimento da tecnologia. Ou, para dizer de modo mais direto: nosso entusiasmo contemporâneo pelo desenvolvimento da tecnologia é uma evidência daquilo que os gregos antigos consideravam um vício: a predisposição para nos submetermos a uma escravidão para obter o que desejamos. O que está em jogo não é a absoluta escravização à máquina que nos diz o que fazer e aonde ir, e sim a servidão ao objeto do nosso desejo. Trata-se de um tipo de escravidão interior por meio da qual submetemos o controle de nossas vidas à possibilidade de realizar conquistas, à obtenção de coisas e ao destino final de uma viagem.

Compreendendo a vida de um indivíduo como um todo

A fé em nosso próprio *self*, que caracteriza a grandiosidade da alma, implica certa compreensão do que significa ser um *self*, à qual Aristóteles associa sua explicação sobre a "sabedoria prática". Ele define tal sabedoria como a capacidade de ponderar sobre o que é bom, "não no que diz respeito a um aspecto da vida, como por exemplo a riqueza ou a força, mas no que se refere a viver bem, de modo geral".[24] Ao distinguir entre a parte e o todo, Aristóteles nos leva a considerar que o *self* de um indivíduo envolve mais do que a multiplicidade de metas e de papéis desempenhados que possam ser resumidos em um currículo profissional. Esse "algo mais" consiste na capacidade de compreender os vários aspectos da vida não apenas como esferas isoladas, cada uma com um objetivo e padrão de excelência, mas como modos de existência a serem desenvolvidos e elucidados uns em relação aos outros, como partes de um todo integrado.

Em minha condição de professor, por exemplo, sou capaz de ponderar não apenas sobre questões relacionadas ao limitado ambiente da sala de aula — quais tarefas passar como lição de casa, ou que atitude tomar para que o engraçadinho da turma se comporte —, mas também sobre como recorrer a hábitos e atitudes das pessoas da minha profissão para ajudar a moldar meu estado de espírito em todas as situações da minha vida. À medida que me acostumo a responder às perguntas aparentemente ingênuas — mas, pensando bem, bastante profundas — dos alunos, tendo a ficar atento às situações cotidianas de uma nova maneira, fazendo a mim mesmo questionamentos em contextos que antes me pareciam óbvios. Ao precisar lidar com a desagradável experiência de ser fechado por um carro no trânsito no trajeto de volta para casa, talvez eu possa encarar a situação de um modo "pedagógico", contendo minha indignação ao refletir sobre o que pode estar acontecendo na vida pessoal daquele motorista, que o levou a agir daquela forma — tal como um professor lidaria com um aluno difícil. Dessa maneira, posso ampliar meu conhecimento não apenas sobre uma área profissional específica, mas também sobre a relação entre uma área e outra e, com isso, sobre mim mesmo como um indivíduo capaz de estabelecer comparações e analogias, e uma maior compreensão do "todo".

A ampliação dessa compreensão significa libertar o *self* do medo de acidentes, das adversidades e dos fracassos. Independentemente do que possa acontecer em uma determinada área profissional, o indivíduo se sente preparado para aprender lições e insights que poderão ser usados onde quer que ele esteja. Vista sob essa perspectiva, nenhuma derrota ou perda é definitiva. O esforço que você fez e a energia criativa que gastou ainda permanecem com você, prontos para serem redirecionados e fortalecidos quando um novo desafio se apresentar. Assim, "a pessoa dotada de uma alma grandiosa mantém seu equilíbrio diante do poder, de um golpe de sorte ou de uma situação adversa, não importando de que modo isso ocorre, sem expressar excessiva alegria com as coisas boas e tampouco se lamentando com as ruins".[25]

Uma manifestação interessante disso ocorreu com J.D. Martinez, o célebre rebatedor do Boston Red Sox, da liga de beisebol dos Estados Unidos, ao ser selecionado como titular da equipe e escolhido para ser o *cleanup hitter* (posição de maior respeito no esporte, reservada ao principal rebatedor entre os jogadores). Martinez aceitou a distinção qualificando-a de "surreal" e "muito legal", mas não se deixou empolgar pela euforia das pessoas que o enxergavam como o dono da equipe. Pelo contrário, encarou tal distinção como uma oportunidade para refletir e ratificar seu custoso caminho rumo ao estrelato. Ainda jovem, ele foi escalado pelo Houston Astros na vigésima rodada. Tendo conseguido jogar nas grandes ligas do país — uma proeza jamais alcançada pela maioria dos jogadores das ligas secundárias —, foi dispensado pelo Astros após três anos. Aos poucos, foi reinventando seu *swing* e se tornou o maior rebatedor do esporte. Olhando tudo em retrospecto, Martinez declarou: "Se eu pudesse voltar no tempo, não mudaria nada. Fico feliz por ter fracassado. Fico feliz por ter caído de cara no chão. Sinto que isso é o que me transformou no que sou hoje."[26] Para Martinez, o sucesso de ter chegado à liga All Star não era, em si, motivo para grandes comemorações. Pelo contrário, foi um momento que colocou toda a sua trajetória em perspectiva, dando-lhe uma oportunidade de confirmar o valor dela. Aos nossos olhos, a atitude de Martinez pode parecer modesta se não considerarmos o modo pelo qual as nossas conquistas adquirem significado e trazem uma felicidade duradoura somente em virtude das histórias que carregam consigo.

De vez em quando, eu acesso à internet e leio a lista de resultados do Campeonato da Associação de Levantamento de Pesos Sem Anabolizantes [WDFPF, na sigla em inglês], que ocorreu em Milton Keynes, na Inglaterra, em 2009. Isso foi antes da época em que eu tentava bater o recorde de flexão de braço em barra fixa, quando era membro do Powerlifting Club na Universidade de Oxford, durante minha pós-graduação.

Faço a busca na categoria de peso de 75 quilos e encontro meu nome e as marcas que alcancei nas três diferentes provas: 175 quilos na prova *squat*; 120 quilos na de *bench*; e 212,5 quilos na *deadlift*. Essas foram minhas melhores marcas em uma competição de levantamento de peso. Fiquei em quarto lugar em minha categoria de peso em uma liga menor, porém competitiva. Sorrio para mim mesmo ao me lembrar da euforia ao avistar a luz verde acesa pelos três juízes após minha terceira e última tentativa no *deadlift*. O que me comove, muito tempo depois de ter conquistado minha melhor marca, é o percurso que a competição hoje me permite ver com maior clareza.

Olho em retrospecto para as extenuantes sessões de treinamento com meus colegas do Powerlifting Club na Universidade de Oxford. Nas noites de segunda, terça e quinta-feira, subíamos no pequeno tablado de um ginásio na Iffley Road, muito próximo à famosa pista onde Roger Bannister, pela primeira vez, completou o percurso de 1,6 km com uma marca inferior a 4 minutos, em 1953. A pequena cafeteria anexa ao centro de atletismo, onde costumávamos tomar nossos shakes de proteína após o treinamento, foi devidamente batizada de "Café Sub-four". O ginásio era equipado com uma estrutura muito básica — barras fixas, *power plates*, bancos e dois aparelhos de musculação. Consigo sentir, ainda hoje, o vapor nocivo que dominava o ambiente enquanto meu colega Dan inalava amoníaco para ganhar uma energia extra antes de tentar levantar um peso maior. Se Dan era bem-sucedido na flexão, ele estendia o peso ao máximo, em uma exibição de força, e se voltava para nós, dizendo: "É assim que se faz essa porra de supino!" A rude arrogância desse gesto nos oferecia um bem-vindo contraste em relação à formalidade da Universidade de Oxford. No final das aulas e das reuniões com professores que exigiam muito de minhas habilidades diplomáticas, eu já me sentia ansioso em retomar as atrevidas e sinceras brincadeiras no ginásio. Ao término da sessão de exercícios, eu às vezes sentia uma pequena saudade de um pingo de formalidade, a mesma que ao longo do dia eu havia desprezado.

Lembro-me também de quando interrompi o período mais longo de treinamento sem interrupções por lesões por causa de uma forte gripe. Fiquei de cama com febre durante uma semana e me sentia fraco demais para treinar por mais sete dias. Eu me perguntava se conseguiria sequer recobrar as forças para competir no campeonato, quem diria conseguir uma boa colocação. Depois de passar duas semanas em casa, período em que assisti ao filme *Troia*, em que Brad Pitt vive o papel de Aquiles, consegui me levantar e ir à academia. Lembro-me do aquecimento que fiz com um peso de 60 quilos, que, um mês antes, parecia leve como uma pluma, e que naquele dia me dava a sensação de carregar uma tonelada de tijolos. Minha cabeça estava leve e minhas pernas tremiam. Conforme fui gradualmente aumentando o peso, os meses de treinamento começaram a surtir efeito e foram me dando cada vez mais energia depois daquele cansaço inicial. Foi nesse momento que aprendi uma lição valiosa que desde então tenho repetido inúmeras vezes: o modo como você se sente no início de uma atividade — uma prática de exercícios, da escrita ou do caminho até o local de trabalho — não determina como você se sentirá no meio dessa atividade ou como a terminará. Você poderá ser tomado pela inspiração quando menos esperar.

Lembro-me, por fim, de estar deitado na cama na noite anterior à competição, tentando não pensar no dia seguinte e controlar o frio na barriga que sentia ao antecipar o momento em que ouviria meu nome sendo anunciado para a competição na barra fixa. Tentando colocar aquele evento em perspectiva, imagino Sócrates em pé diante do júri de Atenas, formado por quinhentos cidadãos, prestes a apresentar sua defesa em um julgamento que poderia resultar na pena de morte. Se Sócrates conseguiu enfrentar isso com tamanho domínio de si, eu poderia, no mínimo, lidar com a frustração de não obter minha marca na terceira tentativa no dia seguinte! Consolei-me com o aforismo de Nietzsche: "O que não me mata, me fortalece." Essa frase se tornou popular com a cantora Kelly Clarkson, mas a autoria pertence ao filósofo alemão. Esse é um bom exemplo de que muitos dos conselhos que hoje estão na boca do povo são resquícios de frases de filósofos que criaram esses aforismos séculos antes e refletiram sobre eles com uma profundidade muito maior do que o fazemos hoje. Enquanto eu pensava na competição que estava prestes a ocorrer, disse a mim mesmo: "Aconteça o que acontecer amanhã, será um teste para meu caráter, uma oportunidade de redimir uma perda ou de colocar uma vitória em perspectiva." A mera decisão de refletir sobre as palavras e as ações de pensadores que viveram séculos antes de mim me trazia conforto. De algum modo difícil de ser expressado em palavras, eles continuavam a viver por meio de mim, muito tempo depois de seus corpos e de suas habilidades físicas se tornarem coisa do passado.

Também me lembro de outras coisas. Todas elas seguem tão vivas dentro de mim quanto estiveram na época, o que não acontece com um bom resultado que conseguimos. Uma marca que alcançamos é algo transitório. É emocionante na hora que acontece, mas logo se torna uma coisa do passado. Um insight nunca envelhece. No instante em que você o recupera como fonte de aconselhamento ou de inspiração para o presente, ele se mostra tão vivo quanto no momento em que surgiu.

Olhar para aquela lista de resultados na página da internet e pensar no processo que culminou naquele dia me faz lembrar que um objetivo a ser alcançado pode ser encarado de duas maneiras: uma busca limitada em que podemos ser bem-sucedidos ou fracassar, ou um determinado momento no qual algum aspecto de nossa vida como um todo adquire perspectiva.

Aristóteles chama a atenção para esse aspecto dual de um objetivo nas linhas introdutórias de *Ética*, livro em que ele faz a distinção entre os bens instrumentais (um meio para obter uma finalidade) e o Sumo Bem (um fim último para a ação humana). Toda ação humana, escreve Aristóteles, visa à obtenção de "algum bem". Trata-se de uma ação que ocorre "em favor de" obter uma finalidade particular (*telos*). O exemplo que ele nos apresenta é o da produção de rédeas, que acontece em favor da atividade de andar a cavalo e que, por sua vez, ocorre em favor da liderança na guerra.[27] No entanto, se existe um propósito para a nossa ação, não faz sentido que façamos tudo "em favor" de alguma outra coisa. É preciso que a nossa ação sempre vise alcançar o bem mais elevado, o Sumo Bem.[28] Todavia, o bem mais elevado, conforme Aristóteles nos sugere, não se situa em um momento futuro em relação aos objetivos particulares que buscamos, tais como o prazer, as honrarias ou o conhecimento. O bem mais elevado é a felicidade (*eudaimonia*), que não é um estado de espírito, mas um estilo de vida. A felicidade é inseparável da constante prática de deliberações e de julgamentos, que implica o estabelecimento de comparações entre momentos e situações, equilibrar demandas que competem entre si e tomar um posicionamento diante do todo.

O desapego *versus* a integração como um caminho rumo à independência

Ao enfrentarmos o medo do fracasso, das adversidades e das perdas, ou na tentativa de escapar ao domínio de alguma obsessão ou fonte de aflição, é tentador buscarmos proteção em uma atitude indiferente e desinteressada em relação à vida, ou, no mínimo, em uma resignada contenção das emoções e dos desejos:

> Nada que eu faço, ou que considero necessário, tem grande importância no quadro mais geral das coisas. Não sou a profissão que tenho, o país ao qual, segundo me foi dito, eu pertenço, tampouco as pessoas às quais me percebo ligadas — família e amigos —, mas a capacidade de recuar e avaliar minha vida a partir de certa distância, de conquistar coisas e então de me desapegar delas. Portanto, desfrute quando elas chegarem até você, sem um entusiasmo desmedido e sem se apegar demais.

É fácil nos convencermos de que tal independência tão desapaixonada consiste em uma atitude sensata e madura, ou até na quintessência do domínio de si. De tudo o que já examinamos a respeito da grandiosidade da alma, da sabedoria prática e da relação entre as "partes" da vida com o "todo", podemos identificar a insanidade dessa atitude.

A verdadeira origem de medos e obsessões não é uma devoção apaixonada às coisas que estimamos, mas um estilo de nos relacionarmos com elas que está voltado à conquista de objetivos. É somente na situação em que um emprego se transforma em algo que posso manter ou perder, quando um país se torna algo que pode se manter unificado ou se fragmentar, quando uma pessoa que agora está aqui, mas que amanhã poderá não estar mais, que surge um medo que tentará me convencer da necessidade de me desapegar dessas coisas todas e identificar o meu verdadeiro *self* como sendo capaz de avaliar minha vida de outra perspectiva. Entretanto, à medida que encaro as coisas que me comovem como fontes de uma sabedoria prática, como possibilidades que estão constantemente surgindo, e que adquirem significado ao interagirem umas com as outras, passo a ter um autodomínio de modo diferente: como a capacidade de ver tudo integrado, de fazer analogias, de integrar várias coisas em uma só.

Em contraste com a distância desapaixonada em relação a nossos comprometimentos, que talvez busquemos em momentos de frustração e de aflição, podemos nos entregar ao exercício de autoinvestigação proposto por Nietzsche: "O que, até o presente momento, você realmente amou? O que tem atraído sua alma, e o que a dominou ao mesmo tempo a fez feliz? Compare esses objetos, observe como cada um deles completa, expande, supera e transfigura o outro, como eles formam uma escada que você tem subido para alcançar a si próprio."[29] Vistas dessa maneira, as coisas que você realmente ama estão sempre ao seu lado como fontes de apoio e de inspiração para a jornada da vida.

Aristóteles e a moralidade da grandiosidade e da pequenez

Em meio à explicação sobre a grandiosidade da alma, Aristóteles faz duas afirmações radicais: a primeira é que tal fator carrega consigo todas as demais virtudes. Seria impossível, segundo ele, imaginar uma pessoa dotada de uma alma grandiosa em um estado de "pânico, batendo em retirada de uma batalha, ou então agindo de modo injusto".[30] Portanto, essa característica não é apenas uma virtude dentre várias. Trata-se da mais abrangente delas, que de certa maneira inclui a coragem, a justiça e a generosidade. Parece-nos, assim, que tais virtudes são essenciais para que alcancemos a mais elevada delas, como se o indivíduo tivesse de se constituir como corajoso, justo e generoso para poder então passar ao nível mais alto. Aristóteles faz uma segunda afirmação, ainda mais audaciosa e que questiona a possibilidade de uma tal progressão: a grandiosidade da alma, escreve ele, é uma espécie de "ornamento supremo" para as virtudes. Ela não apenas as inclui, como as "torna mais grandiosas".[31] Portanto, a grandiosidade da alma seria a fonte de todas as virtudes em seu sentido mais verdadeiro ou mais elevado. Sem a grandiosidade da alma, todas as demais virtudes perdem o esplendor. Desse modo, um indivíduo não pode ser justo, corajoso, generoso ou virtuoso se carecer de uma alma grandiosa. Estritamente falando, a grandiosidade da alma é uma virtude singular e única, a atitude que subjaz a todas as demais, e que faz dela uma expressão do autêntico bem. Todas as outras virtudes podem ser compreendidas como dimensões ou descendentes da grandiosidade da alma. Devemos ter cautela ao considerar essa afirmação, pois ela tem importantes implicações na relação entre a virtude e o domínio de si.

Uma maneira de considerarmos a prioridade da grandiosidade da alma em relação às demais virtudes é a seguinte: elas contêm uma versão superior e uma versão inferior — a virtude propriamente dita, que é evidência da grandiosidade da alma, e a virtude semelhante, que é maculada por uma espécie de pequenez. Na verdade, Aristóteles não elabora a fundo essa tese provocativa. Porém, vale a pena imaginar no que ele poderia estar pensando ao formulá-la.

Tomemos o exemplo da virtude da justiça. Ser justo é uma evidência da grandiosidade da alma, e há muitas maneiras de sê-lo: ter uma constante preocupação em oferecer às mais diferentes pessoas em sua vida o que elas merecem; pagar as suas contas e honrar os seus compromissos mesmo em situações em que fazer isso não lhe parece adequado; reconhecer o mérito de um indivíduo (mesmo que se trate de uma pessoa de quem você costuma discordar); abdicar de algo que, segundo a lei ou as convenções sociais, é tecnicamente seu, mas que pode ter uma maior serventia ou ser mais valorizado se estiver nas mãos de outra pessoa. Ser justo dessas formas traz consigo a marca da grandiosidade da alma. Isso demanda um exercício de discernimento de uma maneira que contraria a valoração convencional sobre quais pessoas merecem o quê. Também envolve uma concepção mais ampla sobre aquilo com que você possa "estar em débito", que vai além das coisas materiais, e pode incluir coisas como a atenção ou o comprometimento.

Há ainda outro tipo de justiça — uma que é evidência de uma pequenez da alma, uma espécie de mesquinhez, de fraqueza ou de ressentimento. Trata-se da justiça retaliativa, que consiste em um constante cálculo daquilo que é "equânime e justo"; a justiça punitiva que consiste em uma vingança vestida com o manto da proporcionalidade — o impulso vingativo de apelar à lei do "olho por olho, dente por dente" como uma atitude inútil diante de uma perda: "Não tenho como ser ressarcido dos danos que sofri, mas pelo menos posso me vingar de quem me causou isso tudo!" Parentes desse tipo de justiça (que costuma não considerar a si mesmo como tal) são a patrulha tacanha e as reprimendas moralistas às quais recorremos no trato com as pessoas do nosso convívio cotidiano — que são, em sua essência, um ressentimento disfarçado.

Para lhes dar um vislumbre desse tipo de justiça, não posso deixar de me voltar mais uma vez a *Segura a onda* (uma série fascinante como caricatura das doenças da nossa cultura). Larry David está na fila de uma sorveteria, logo atrás de uma mulher que está provando cada um dos diferentes sabores. Impaciente e frustrado, Larry comenta com o amigo Jeff, ao alcance dos

Domínio de si mesmo I

ouvidos da mulher, que ela está abusando de "seus privilégios de freguesa". A mulher que é alvo da acusação de Larry olha feio para ele e finalmente escolhe o sabor baunilha. Ela se afasta, e Larry então desabafa com a atendente atrás do balcão da sorveteria: "Baunilha! Ela escolheu baunilha! Só pode ser brincadeira!", diz ele. Indiferente à indignação de Larry, a atendente se mantém em silêncio, à espera do pedido dele. Depois de um curto intervalo, que nos faz crer que Larry enfim fará o pedido, ele muda o tom. Com um olhar questionador, pergunta à atendente: "O de baunilha é bom mesmo?" No fim das contas, Larry demonstra a intenção de se permitir provar o mesmo sabor de sorvete pelo qual criticou a mulher. Ao mesmo tempo, sente-se limitado pelo medo da desaprovação social. O apelo que faz à justiça tem origem no ressentimento. Larry aponta o dedo em riste às pessoas por elas se permitirem ter hábitos que ele reprime em si mesmo, devido a uma atitude resignada.[32]

À luz da grandiosidade da alma, podemos também examinar outras virtudes, como a honestidade. Falar a verdade e dizer coisas em que você acredita pode ter origem na autoestima: a convicção de que dizer uma inverdade motivado por uma mera questão de conveniência ou por medo das consequências é uma forma de fraqueza pessoal. Em vez de usar uma situação difícil como uma oportunidade para afirmar aquilo que você defende, por exemplo ao se recusar a responder a uma pergunta sobre um tema delicado, ou ao responder de um modo irônico, mas verdadeiro, você se irrita, mas se adapta à situação. Para além de saber se uma mentira pode causar danos ou ser uma prova de desrespeito a outra pessoa, essa atitude é desrespeitosa para a sua própria integridade.

A honestidade também pode ser uma forma de fraqueza, uma espécie de compulsividade para dizer tudo o que lhe vier à mente movido por uma excessiva preocupação ou pela culpa, uma necessidade ingênua de responder a todas as perguntas que lhe são feitas. A honestidade mostrada pelo personagem vivido por Jim Carrey no filme *O mentiroso* é um exemplo revelador dessa sinceridade indiscriminada e sobrecarregada pela culpa. Ao responder a um policial que o manda parar no acostamento por ter ignorado o sinal vermelho de um semáforo e lhe pergunta se ele está ciente de que fez uma coisa errada, o personagem de Carrey confessa todas as infrações que cometeu na vida, incluindo uma pilha de multas não pagas, que irrompe do porta-luvas do carro quando, sem que o guarda lhe peça, ele o abre.

A virtude com um potencial mais notável como expressão de grandiosidade ou de pequenez talvez seja a generosidade. Por meio dela, você, o benfeitor, se sente realizado com o presente ou com o dom que está oferecendo a alguém — por exemplo, quando dedica tempo e energia para cultivar o talento de um aluno, ou dar apoio a uma instituição de caridade cuja missão está em sintonia com algum aspecto de sua vida. Porém, a generosidade também pode ser uma forma de autoanulação. Há pessoas que, movidas pela culpa, se sentem pressionadas a dar tudo o que têm àqueles que têm menos que elas; ou então, movidas por pena, àqueles que sofrem. Algumas chegam a fazer doações a indivíduos que se aproveitam delas.

Encontramos uma caricatura dessa cilada em Bud Baxter, interpretado por Jack Lemmon no clássico filme noir *Se meu apartamento falasse*, de Billy Wilder. Intimidado por seus superiores na companhia de seguros em que trabalha, Baxter oferece o próprio apartamento para os encontros amorosos dos chefes. Obediente, Baxter cede o espaço e só volta para casa depois que seus superiores aproveitaram a noite. A certa altura, é deixado de fora do imóvel, passa a noite inteira na rua, e no dia seguinte vai trabalhar com um forte resfriado. Pode-se dizer que Baxter faz de seu apartamento um protótipo da plataforma Airbnb, tendo como recompensa, nesse caso, a perspectiva de uma promoção. Embora o gesto do personagem seja um estímulo à promiscuidade dos chefes — e com isso ele se mostra cúmplice do comportamento imoral deles —, sua hospitalidade é, mesmo que de modo enviesado, generosa. Baxter chega a exceder os deveres de funcionário e se mostra zeloso ao manter em dia o estoque de bebidas na bandeja, para que os "hóspedes" tenham momentos agradáveis. Essa é uma generosidade bastante limitada e nada inspiradora, que tem origem na pequenez da alma, e não na sua grandiosidade.

A generosidade e o domínio de si nos campos de beisebol da Little League

Percebemos um gritante contraste entre a frágil generosidade de Bud Baxter e a generosidade de um mentor ou professor que, ao promover o potencial de um aluno ou daquele a quem está prestando serviços como mentor, orgulha-se de seu trabalho e demonstra ter domínio de si. Lembro-me de um antigo mentor meu, do tempo em que eu jogava beisebol na Little League World Series. Para poder reconhecer o mérito dessa sua virtude, preciso colocar a cena no contexto da desagradável competitividade que já virou lugar-comum nos campos de beisebol da Little League. Trata-se, sobretudo, dos pais/técnicos (muitos dos quais exercem também a função de funcionários da Liga) que, ansiosos por reviver imaginários dias de glória vividos nos campos, colocam uma pressão excessiva nas costas dos filhos, competindo para vencer o campeonato da liga das cidades, custe o que custar. Houve uma temporada na primavera, quando eu tinha 12 anos. O nosso time venceu o primeiro jogo classificatório em uma melhor de três partidas. Quando a segunda partida, que estávamos ganhando, foi interrompida na metade devido às chuvas, um funcionário da Liga, que por acaso era o técnico da equipe adversária, sugeriu, com o intuito de tornar as coisas mais "eficientes", que jogássemos uma única partida com "morte súbita", para determinar quem seria a equipe classificada. Este mesmo técnico/pai vinha fazendo um lobby para que o principal arremessador do nosso time fosse suspenso por toda a série de jogos eliminatórios depois de ser expulso de uma partida por ter reclamado que o juiz não marcou falta de um jogador da equipe adversária com um *strikeout*. O arremessador havia gritado para o juiz, fazendo referência à zona de strike que aquele jogador havia ultrapassado: "Ei, Shawn, não era pra você estar em outro lugar?" No final, o senso de justiça prevaleceu em relação à sugestão da partida com morte súbita e o nosso arremessador não foi suspenso.

De vez em quando, contudo, eu me deparava com alguma exceção na prática dessas pequenas trapaças. Por exemplo, um pai de três filhos quase da minha idade, de fala mansa, que já tinha passado por aquele esquema todo com os filhos e visto muita coisa, mas não se deixava levar pela mesquinhez. Ele adorava o jogo, ganhando ou perdendo, e era um analista perspicaz da mecânica do esporte. Tenho certeza de que ele dedicava um tempo considerável a promover as habilidades dos filhos. Porém, em vez de se preocupar com cada movimento deles, ele reservava um tempo para me instruir e conversar sobre beisebol com meu pai. Ele me levava para um canto reservado, em uma colina, e ficava observando meus arremessos, no mesmo momento que seu próprio filho jogava, do outro lado do parque. Era generoso da parte dele. Só que, mais do que isso, era um gesto de doação que lhe proporcionava alegria e satisfação. Era uma oportunidade, que ele aproveitava, de deixar como legado o conhecimento sobre uma atividade que adorava, à sua própria maneira e com sua integridade, e de testemunhar o desenvolvimento dessa atividade em meio à geração seguinte de jogadores.

Em relação às demais pessoas, esse pai não era apenas mais atencioso do que os outros pais da Little League que estavam sempre buscando vitórias. Ele também mostrava uma maior autoconfiança e serenidade. Os outros, com a falta de generosidade revelada com uma postura antagonista, pareciam estar sempre insatisfeitos. Sempre que perdiam uma partida, reclamavam e ficavam buscando justificativas. Quando ganhavam, contavam vantagem, davam aos outros algum conselho em tom autoritário e começavam a maquinar para vencer outras partidas. Mostravam-se incapazes de se alegrar com uma partida bem jogada pelos dois times, na qual os rapazes exibiam os atributos de jogadores maduros, conseguindo *double-plays*, ou eliminando corredores que tentavam roubar a segunda base.

Eles também se mostravam incapazes de valorizar as lições de vida do beisebol — o significado de lealdade à equipe, por exemplo. Com gritos ousados que mostravam frustração e contrariedade com o juiz, o nosso principal arremessador estava dando apoio a um parceiro de equipe, e não argumentando sobre o próprio jogo. Embora o gesto de contestar sobre bolas e *strikes* não seja considerado uma boa conduta, ele não xingou nem insultou o juiz, como um adolescente de 12 anos irritado faria. Havia algo de admirável na maneira como perdia a paciência. Porém, os técnicos adversários viam nessa situação nada mais do que uma chance de se mostrarem mais competentes às custas dele. Obcecados por vitórias e derrotas, mostravam-se sempre insatisfeitos. Em contraste, aquele homem que decidiu ser o meu instrutor se mantinha estável durante os altos e baixos do jogo. Ele considerava sua atividade de técnico como intrinsecamente recompensadora, um modo de fazer uma diferença duradoura, muito distante da preocupação de saber se os alunos sob seu comando venceriam os jogos, ou se seguiriam jogando beisebol depois de terminar a etapa escolar em que estavam. Sua generosidade e seu autodomínio caminhavam juntos.

Em um ambiente competitivo com foco nos rankings e nas conquistas relativas, ou em uma sociedade voltada à produção, às conquistas e à ascensão profissional, corremos o risco de perder de vista uma generosidade autoconfiante. O risco de nos enredarmos em uma postura aflitiva e mesquinha do "quero tudo para mim" nos deixa paralisados sempre que surge a pergunta: "Vencer para quê?"

Em um contexto no qual a regra é o indivíduo priorizar as próprias necessidades, a generosidade assume a forma de uma virtude vazia e instável: o altruísmo — a disposição de abrir mão de algo seu em favor de outra pessoa. Embora seja potencialmente útil como um meio de distribuir mercadorias e objetos entre as pessoas mais carentes, o altruísmo é um recurso moral escasso, por se revelar incapaz de atender às necessidades de quem doa e também de quem recebe. Nas palavras de Aristóteles, o altruísmo é a generosidade desprovida da grandiosidade da alma. O indivíduo que doa gasta todo o seu tempo ou dinheiro e encontra satisfação apenas com o elogio alheio, ou com o sentimento moral de ter praticado uma boa ação às custas de alguém. Aquele que recebe ganha algo útil, mas que pertencia ao mundo externo e agora lhe pertence, contudo, que também não contribui para as suas virtudes tampouco para as suas habilidades. É por isso que muitas pessoas que recebem doações generosas como forma de caridade acabam ficando ressentidas e rejeitando-as. O que elas realmente almejam é a capacidade de desenvolver uma capacidade que seja delas próprias. No caso da autêntica generosidade, tal qual foi demonstrada por aquele pai de família da Little League ao se tornar meu instrutor, tanto a pessoa que doa quanto a que recebe são aperfeiçoadas e fortalecidas. O presente aqui em questão é um estilo de vida e uma prática compartilhados.

Em todas essas virtudes — honestidade, generosidade, justiça —, há dois caminhos: o da grandiosidade e o da pequenez da alma. A virtude em seu sentido mais elevado é o primeiro desses caminhos. A meu ver, é onde reside o argumento de Aristóteles. Mesmo assim, há algo de virtuoso nas demonstrações de moralidade em que a alma se revela pequena. Em inúmeros casos, sem o domínio de si, você ajudará uma pessoa ou mostrará certo respeito por um princípio que merece ser defendido de uma maneira abstrata. Porém, tal moralidade traz consigo um custo pessoal, que às vezes é enorme. Ela carece do esplendor da virtude que é produto de uma alma grandiosa.

Podemos olhar para isso de outra maneira: no caso da virtude, que é produto da pequenez, a pergunta "Por que preciso ser virtuoso?" paira, ameaçadora, ao redor de cada gesto. Como essa virtude envolve uma autoanulação, você terá a expectativa de receber algo em troca. Espera ser recompensado pelo mundo, não necessariamente com dinheiro, mas com o reconhecimento ou com um destino que lhe será favorável. Inevitavelmente, surgirá a pergunta "Por que coisas ruins acontecem com pessoas boas?", que o deixará incomodado. No caso da virtude, que é fruto da força, essa pergunta não emerge, pois os seus gestos morais já são uma prova de quem você é. Da perspectiva da grandiosidade da alma, não há diferença entre as suas "boas ações" e tudo o mais que você faz.

2

Domínio de si mesmo II:

A vida e a morte de Sócrates

Quando li pela primeira vez a explicação de Aristóteles sobre a grandiosidade da alma, me pareceu que ali ele apresentava uma versão idealizada do cavalheiro ateniense típico — um indivíduo dotado de um sólido senso de dignidade e do comportamento digno de um nobre. Mas, quando retomei o texto para o projeto do meu livro, comecei a perceber um ponto de vista diferente. O que mais me chamou a atenção foi o enfoque na preocupação com a verdade, mais do que com a reputação. Concluí que Aristóteles tem um modelo diferente, o filósofo-herói dos diálogos de Platão, um aparentemente modesto e muitas vezes desleixado: Sócrates.

De acordo com muitos relatos, incluindo o de Platão, Sócrates foi um homem de aspecto engraçado e até feio, sem o menor traço da aparente majestade de um aristocrata ateniense. Ele se tornou conhecido por caminhar descalço pelas ruas de Atenas e se associar a uma ampla gama de pessoas, tanto estrangeiros como cidadãos atenienses, interagindo com qualquer um que se mostrasse disposto a dialogar sobre o significado da justiça, da piedade, da honra, da beleza, da alma, da vida plena e de outros temas relevantes de interesse humano.

Diferentemente de um aristocrata ateniense, para quem o envolvimento mais profundo com homens do povo ou com escravizados seria visto como indigno, Sócrates muitas vezes fazia perguntas às pessoas comuns com o mesmo interesse que as fazia aos luminares da sociedade. Em *Mênon*, diálogo de Platão, por exemplo, Sócrates tem um longo debate com o escravizado de Mênon, cujo desfecho revela, pelo menos a nós leitores, que o escravizado, na verdade, se mostra mais capaz de aprender do que seu arrogante mestre. Enquanto Mênon, um indivíduo bem-nascido e educado, se envolve em um debate com Sócrates, basicamente papagueando as opiniões de famosos poetas e oradores, exibindo ares de inteligência, o escravizado, menos habituado à sabedoria convencional e sem uma reputação com a qual tivesse de se preocupar, responde às perguntas de Sócrates de maneira sincera e direta. Com isso, Sócrates demonstra que o escravizado é mais livre do que seu mestre, no sentido mais essencial da palavra. Liberto das normas que ditam o que uma pessoa respeitável deveria dizer, Mênon pensa por si mesmo.

De modo semelhante ao indivíduo dotado de uma alma grandiosa, tal qual descrito por Aristóteles, Sócrates ridicularizava de modo irônico os pretensiosos aristocratas de sua sociedade, ao mesmo tempo que valorizava o bom senso de figuras menos conhecidas da sociedade. Em todos os diálogos platônicos, os parceiros prediletos de conversas de Sócrates são os jovens atenienses, e não os seus pais, pessoas já estabelecidas socialmente.

Embora o filósofo tenha vivido há muito tempo, com um estilo de vida incomum marcado por longas conversas, proponho que o estudemos como um modelo para nosso aprendizado. A descrição que encontramos em Platão, que pode muito bem ser uma versão idealizada, apresenta um exemplo impressionante do domínio de si. O que me interessa em Sócrates não é apenas o conteúdo das propostas que ele fazia a seus discípulos — embora muitas de suas sugestões explícitas sejam relevantes para o tema do autodomínio —, mas também a virtude que demonstrava durante os debates e no modo como lidava com as diferenças de opinião e até com a hostilidade alheia.

O enfoque na conduta de Sócrates como um sintoma significativo de quem ele era e como pensava é justificado pelo formato dialógico da escrita de Platão. Diferentemente de um tratado ou de um relato expositivo, um diálogo nos impede de fazer uma separação entre o conteúdo do que está sendo apresentado e a sua forma. Portanto, é impossível separar um ensinamento socrático do espírito no qual Sócrates vivia. Para compreendermos suas propostas e afirmações, temos que considerá-las no contexto de suas ações e, em particular, à luz do modo como teoricamente ele deveria debater com personagens específicos.

Se atentarmos para a conduta e as propostas de Sócrates, veremos que suas ações estão em fina sintonia com a definição de Aristóteles para a grandiosidade da alma. Ao longo dos seus debates com respeitados filhos de cavalheiros atenienses, estrangeiros eminentes, escravizados e todos os demais com quem interagia, Sócrates se mostrava imune a inseguranças das pessoas comuns, tais como a preocupação com a popularidade, o decoro, o apreço alheio e o medo de parecer tolo diante daqueles que o consideravam sábio. Conforme veremos mais adiante, ele também se apresenta como um indivíduo exemplar para a superação das adversidades.

Compreendendo o que discordamos

A causa da receptividade de Sócrates, tanto em relação às pessoas honradas quanto às marginalizadas, é o seu constante compromisso com a verdade, mais do que com a reputação. Diferentemente da elite instruída da época, ele não se importava com boa aparência, sofisticação ou erudição, ele não se esquivava de temas que podiam ser considerados inapropriados ou indecentes, ou até sacrílegos, tais como a relação entre amor e sexo, ou se os deuses eram, de fato, todo-poderosos. A poesia de autores famosos, os grandes eventos e os fabricantes de sapatos o fascinavam na mesma medida. Sua atenção estava voltada ao autoconhecimento. Sua intenção era compreender e viver de acordo com as virtudes de caráter que constituem uma vida plena. Movido por esse propósito singular, mostrava-se ávido a ouvir qualquer pessoa que tivesse algo de interessante a dizer, independentemente de classe social, distinção honorífica ou reputação.

De bom grado, Sócrates acolhia o ceticismo e as controvérsias, acreditando que só teria a ganhar ao questionar a sabedoria convencional. Ele era inspirado pela percepção de que, quando se trata de autoconhecimento, não há vencedores nem perdedores. Ser corrigido por alguém, ou ser apresentado a uma nova e melhor perspectiva sobre como viver melhor, é um bem infinitamente maior do que corrigir alguém. Como Sócrates não hesita em reconhecer diante do famoso orador Górgias: "Eu teria o maior prazer em ser contestado, se não estivesse falando a verdade, e também prazer em contestar outra pessoa [...], porém, considero que o bem maior está em ser contestado, assim como mais vale ser livrado do maior dos males do que livrar outra pessoa deste."[1]

A preocupação de Sócrates com o autoconhecimento o distinguia dos famosos educadores da época, os oradores e os sofistas, que se orgulhavam de sua capacidade de persuadir por meio de argumentos, na assembleia ou diante de um júri, sem considerar se os próprios argumentos eram verdadeiros. Os sofistas — origem da palavra "sofisma" — eram professores itinerantes que viajavam de uma cidade a outra pela Grécia, cobrando uma taxa para introduzir jovens e ambiciosos cidadãos à arte do discurso ardiloso que visava contradizer seus adversários. Eram contratados por ricos atenienses que desejavam que seus filhos fossem instruídos com o tipo de discurso que lhes permitiria vencer debates públicos. Platão, ao descrever a crítica que Sócrates fez aos sofistas, foi o responsável por ter dado uma má reputação a estes, abrindo caminho para a consolidação de uma palavra que hoje é tida como pejorativa: "Sofisma".

Como o foco de sofistas e oradores estava em como convencer alguém, sendo incapazes de desenvolver um critério interior que distinguisse o certo do errado, eles se mostravam frustrados e irritados durante os debates, sempre que sua professada maestria parecia ser contestada. Em contraste, Sócrates mantinha uma postura comedida e autoconfiante, por mais severa que pudesse ser a contestação de seus argumentos. Por exemplo, quando Trasímaco, um irritadiço e ambicioso jovem orador, interrompe uma conversa sobre o sentido da justiça, censurando Sócrates por formular perguntas sem respondê-las, o filósofo mantém a calma e lhe responde mostrando uma autêntica curiosidade: "Trasímaco, não seja inclemente conosco. Se cometemos algum erro ao analisarmos os argumentos apresentados... saiba que este erro é involuntário... Portanto, é muito mais conveniente que vocês, homens inteligentes, sintam pena de nós do que nos tratem com severidade."[2] Ao ser indagado por Trasímaco sobre como ele mesmo seria punido se apresentasse uma resposta "mais adequada" à pergunta sobre o significado da justiça,

Sócrates responde que sua "punição" seria "ter que aprender com um homem que sabe".[3]

Ignorando a sinceridade contida na resposta de Sócrates, Trasímaco, deslumbrado com a paixão por derrotar os adversários e refratário a qualquer possibilidade de aprendizado que não leve ao triunfo nos debates, acha que ele está sendo sarcástico, confiante de que o convencerá com seus argumentos. O filósofo, contudo, realmente quer descobrir o que o outro quis dizer. Quando esse revela, de modo bombástico, a própria compreensão de justiça — supostamente iluminada e sensata —, como "tudo o que for benéfico para o mais forte" (um ponto de vista que, sem que Trasímaco soubesse, não tinha nada de original; era um tema recorrente e convencional entre as pessoas que se deleitavam com as contendas), Sócrates leva aquela opinião a sério. "Antes de tudo, preciso saber o que você quis dizer com isso", diz. Em vez de contestar, o filósofo faz uma pergunta simples, visando a esclarecer a opinião de seu interlocutor: "A justiça é aquilo que os governantes *acham* que lhes interessa ou aquilo que *realmente* lhes interessa? Não acontece, às vezes, de os tiranos mais poderosos causarem danos a si próprios devido a um julgamento equivocado? Quando o cidadão, cuja função é servir ao tirano e, por meio desse serviço, agir de modo 'justo', sabe que fazer isso poderá causar danos ao seu superior, é justo que, mesmo assim, ele continue praticando suas ações?"[4] Essa é uma boa pergunta, ao mesmo tempo compassiva e essencial. Ela deixa em aberto a possibilidade de que Trasímaco esteja abordando algum aspecto da justiça, mas também que a expressão "tudo o que for benéfico para o mais forte" seja bastante ambígua e confusa. Com sua pergunta, Sócrates abre caminho a um amplo debate por meio do qual o sentido de justiça pode ser mais bem esclarecido.

Quando o diálogo progride, Sócrates revela a percepção de que o ponto de vista de Trasímaco não está equivocado por completo. Isso porque a justiça — como o filósofo permitirá que seus jovens amigos constatem — está associada ao bem, a certa harmonia da alma, na qual o amor pela sabedoria serve de orientação para o amor pela honra e o amor pelo lucro. Compreendida dessa forma, a justiça "deve ser benéfica" para todos, incluindo o mais forte. Revelou-se que Trasímaco, apesar de sua visão estreita sobre o que "é benéfico", e de sua perspectiva que restringe "o bem" à honra e às posses materiais, não estava distante da verdade. Ele reconheceu que a justiça não consiste simplesmente no autossacrifício em nome de alguém. Compreendida de forma direta, a justiça é, em certo sentido, capaz de enriquecer e fortalecer o indivíduo que dela se apropria.

No fim do diálogo, fica claro que Sócrates se revelou capaz de compreender Trasímaco melhor do que a si mesmo. O filósofo apresenta a visão verdadeira e abrangente de justiça que o outro parece estar buscando por meio da primeira definição que fez dessa virtude. Desse modo, Sócrates vence a resistência do jovem — não o faz derrotando-o à maneira de um orador que sai vitorioso em um processo no tribunal, mas ao trazer à tona os pontos consensuais existentes por trás de suas opiniões divergentes.

Da mesma maneira que interagiu com Trasímaco, o filósofo questionava, com bom humor, as pessoas que o contestavam, empenhando-se ao máximo para revelar as implicações das opiniões mais controversas de seus interlocutores. Sócrates chegava a encorajá-los a reformular uma opinião polêmica empregando termos mais elaborados e precisos, com o intuito de torná-la mais atrativa. Por exemplo, ele convida os dois jovens participantes do diálogo, Glauco e Adimanto, a florear a concepção de Trasímaco (de que os poderosos podem ditar os rumos da justiça), considerando o exemplo de um ladrão com superpoderes que, graças a seu anel mágico capaz de torná-lo invisível, pode sair impune de qualquer injustiça que quiser praticar. Uma pessoa como esta não é mais feliz do que um indivíduo justo que, obediente, respeita os direitos alheios, mas sempre acaba levando a pior? Essa pergunta ousada e provocativa se revela como o tema central da *República* de Platão, com a qual Sócrates se dirige ao tirano, ou aspirante a tirano, levando em conta a opinião deste. No contexto de um regime político democrático, a própria premissa de tal investigação — a de que a vida do tirano pode conter algo de interessante — poderia parecer um tabu. Sócrates, porém, não estava preocupado com moralismos ou em ser politicamente correto. Seu desejo era investigar todo e qualquer impulso que pudesse parecer atraente.

Sócrates acaba levando seus amigos a fazer uma crítica ao tirano a partir do ponto de vista do próprio. Ao sair impune de atos injustos, e ao acumular riquezas, mulheres e elogios, o tirano está apenas saciando desejos com coisas transitórias e imateriais, "deleitando-se" com posses e louvores que o mantêm preso a um ciclo autodestrutivo de gratificações e de vazio. Ao mesmo tempo, ele precisa se manter ocupado em adular as pessoas que lhe conferem poder. A verdadeira felicidade, sugere Sócrates, pode ser encontrada apenas por meio da busca da filosofia, que extrai os significados contidos em todas as coisas belas e desejáveis, mantendo-se fiéis a elas a partir da perspectiva sobre o que é uma vida plena.

O significado disso é que o tirano e o filósofo não são distintos, embora aparentem. Ambos são movidos por um desejo apaixonado e ilimitado de obter satisfação que transcende os limites do que é considerado respeitável e convencional. A diferença entre eles está na maneira como cada um tenta atender à mesma necessidade básica.

A hipótese que servia de orientação a Sócrates, revelada em sua maneira de questionar as pessoas e em suas afirmações explícitas, era a de que em cada opinião existe, no mínimo, um vislumbre de discernimento. Uma das poucas afirmações que Sócrates faz sem a menor hesitação é a de que *todos* os seres humanos, incluindo os mais ignorantes e cruéis, desejam o bem.[5] Até a pessoa que é seduzida pelo ideal do ladrão com superpoderes deseja o bem: ela acredita, ainda que de modo equivocado, que ao roubar as posses dos demais indivíduos, ficará feliz. Tendo em vista que todos nós, de maneiras mais ou menos eficientes, buscamos a coerência e a harmonia da alma, nem mesmo aqueles mais confusos ou perdidos estão desorientados.

Em razão da tentativa de compreender as pessoas considerando as circunstâncias em que se encontram, sendo capaz de compreender os vícios ao atribuí-los à ignorância, e não a uma intenção maldosa, Sócrates conseguiu em grande medida se libertar do sentimento de indignação que aflige grande parte dos indivíduos. Mesmo quando percebia que estava sendo atacado, mantinha o equilíbrio e a postura questionadora, chegando a se deleitar com o desafio de defender pontos de vista filosóficos diante de uma plateia sobre a qual ele poderia exercer alguma influência.

O exemplo mais impressionante disso é a resposta que ele dá a um jovem aspirante a orador chamado Cálicles, que condena a filosofia, considerando-a uma busca que "não é nada viril, e sim ridícula", que, embora encante as crianças, é inapropriada para um adulto.[6] Cálicles encoraja Sócrates a dedicar um maior interesse a "coisas mais grandiosas", aos assuntos do Estado, para os quais é necessária a arte da retórica. Alega, também, que um filósofo carece das habilidades necessárias para se sobressair em assuntos particulares e públicos, sendo incapaz de enxergar os prazeres e sofrimentos humanos, e carece dos recursos necessários para avaliar o caráter humano. O filósofo, acrescenta, está relegado a uma vida sem respeitabilidade, "a ficar cochichando em um canto com mais três ou quatro rapazes".[7] Cálicles conclui sua argumentação contrária à filosofia prenunciando a própria morte de Sócrates:

> Pois se hoje você, ou qualquer outro homem da sua estirpe, fosse encarcerado sob a alegação de que cometeu injustiça, ainda que não a tenha cometido, sabe que não teria o que fazer. Ficaria turvado e boquiaberto sem ter o que dizer; ao chegar ao tribunal, diante de um acusador mísero e desprezível, você morreria caso ele quisesse impor-lhe a pena de morte. E que sabedoria há na arte, Sócrates, que impede que um indivíduo se salve ou liberte a si mesmo, ou aos outros, dos maiores perigos?[8]

A acusação de Cálicles consiste em uma velha crítica à filosofia que não soava nada incomum na época de Sócrates: a ideia de que o filósofo é um indivíduo que se dedica a uma abstrata investigação teórica, que o isola dos assuntos práticos da vida, transformando-o em uma espécie de bufão quando se trata de temas cotidianos. Aristófanes, o célebre poeta satírico e contemporâneo de Sócrates, chegou a satirizar o filósofo nesses mesmos termos, retratando-o como uma criança desamparada, que, com a cabeça nas nuvens, estuda insetos sob um microscópio em sua "fábrica de ideias". Por meio da contestação de Cálicles, Platão nos apresenta ao que parece ser a mais significativa acusação feita contra Sócrates, uma acusação mais completa do que a que lhe foi feita pela cidade de Atenas (a de que Sócrates corrompeu os jovens). Embora a acusação feita pela cidade tenha como veredito a pena capital, ela não aborda o aspecto central do estilo de vida de Sócrates. Seu alvo acaba sendo uma consequência da filosofia, não a filosofia em si. Na descrição de Platão, Cálicles desafia Sócrates de modo direto e virulento.

Ao responder à mordaz crítica, Sócrates não se mostra nada indignado. Pelo contrário, ele se entusiasma com a oportunidade de debater com alguém que diz o que pensa e que, portanto, será o parceiro ideal para debater sobre o tema mais importante — como uma pessoa deve viver a própria vida.

> Que sorte a minha em ter iniciado uma conversa com você! [...] Pois entendo que qualquer pessoa com uma mínima disposição de testar uma alma quanto à retidão da vida ou ao seu oposto deve estar munido de três coisas que você já possui: o conhecimento, a boa vontade e a sinceridade [...]. Certa vez, por acaso, eu o ouvi apresentando seus argumentos em um debate sobre em que medida deveríamos cultivar a sabedoria, e sei que você se mostrava então favorável a uma opinião parecida com esta que acabou de apresentar [...]. Portanto, quando ouço você me oferecendo o mesmo conselho que deu aos seus melhores amigos, isso me oferece provas suficientes de que você mostra uma atitude amistosa em relação a mim [...]. E sobre nenhum outro tema seria possível empreender uma investigação mais honrosa do que os temas em relação aos quais você me repreendeu — o caráter que um indivíduo deve ter, e o que ele deveria buscar.[9]

Sócrates prossegue abordando cada um dos argumentos apresentados por Cálicles. Com referência à suposta ignorância do filósofo sobre assuntos voltados à vida prática, Sócrates questiona Cálicles sobre a relação entre aquilo que é agradável e o que é bom. Cálicles alegou que uma vida plena consiste em se entregar por inteiro aos próprios desejos e deles desfrutar ao máximo. Para isso, afirma, o indivíduo precisa da retórica para ser capaz de persuadir as pessoas a lhe dar aquilo que ele deseja. Sócrates se atém à associação de Cálicles entre o que é bom e o que é agradável, e pergunta se ele os considera idênticos. De início, Cálicles se mantém firme em sua opinião de que não há diferença entre os dois. Uma vida plena é uma vida que concentra a maior quantidade possível de prazeres. Porém, quando Sócrates o pressiona sobre o tema, ele é forçado a reconhecer uma distinção. Atento às motivações de Cálicles, Sócrates lhe faz uma pergunta simples visando a testar os verdadeiros comprometimentos de seu interlocutor: "Você nunca se deparou com uma criança tola tendo um momento de prazer?" "Sim", responde o jovem. "E nunca se deparou com um homem tolo tendo um momento de prazer?", provoca. "Imagino que sim."[10] Sócrates então leva Cálicles à irrefutável conclusão de que, conforme o próprio reconheceu, nem todos os prazeres são bons. Viver bem implica o discernimento ou a sabedoria de distinguir entre os desejos, e não em se entregar a qualquer um, no momento que for. Sócrates o conduz a essa conclusão recorrendo a uma alegação que seu interlocutor não tem como negar, baseado na própria declaração feita ao filósofo. Cálicles acusou Sócrates de se comportar, em sua busca pela filosofia, como uma criança tola. No entanto, diante de Cálicles, ele demonstra um visível prazer com a atividade filosófica. Para ser coerente com sua opinião de que a vida do filósofo é inútil, Cálicles teria de reconhecer a mesma distinção que ele nega: o que é bom é diferente daquilo que é agradável.

Tal reconhecimento acaba solapando, de modo implícito, a difamação da filosofia feita por Cálicles. Seu argumento em favor da retórica tem base na alegação de que esta permite que uma pessoa mantenha o autodomínio e, portanto, que adquira as coisas que deseja, enquanto a filosofia é uma atividade frágil e impotente. De acordo com Cálicles, o filósofo é incapaz de se dar ao luxo de ter as coisas que deseja obter e está limitado a uma vida de abnegação ascética. Ora, Sócrates acaba de mostrar a Cálicles que uma vida plena requer certa dose de bom senso e de sabedoria, o que envolve uma avaliação crítica sobre as coisas que se deseja, não apenas os meios para obtê-las. Porém, a retórica, tal como apresentada por Cálicles, tem como único objetivo persuadir uma pessoa a lhe dar o que você deseja — como se você já soubesse de antemão o que é bom, ignorando a crucial investigação sobre como colocar a própria casa em ordem.

A crítica de Cálicles à filosofia é, na verdade, uma crítica à filosofia que se concebe como uma disciplina abstrata, ou um estudo da natureza sem a menor consideração pelas virtudes ou por uma vida plena. Embora a filosofia tenha adquirido essa reputação e, em certa medida, já a tivesse antes mesmo de Sócrates entrar em cena, esse não é o tipo de filosofia praticada por ele. Ao equiparar a filosofia socrática a uma desconexão com a vida prática, Cálicles demonstra que não percebe a constante necessidade de ponderar sobre a atitude adequada a ser tomada, e de examinar a totalidade da vida do indivíduo a fim de determinar o que vale a pena buscar. Para essa tarefa essencial, a retórica, cujo único objetivo é persuadir o interlocutor, não terá nenhuma serventia. Desse modo, Sócrates revela que a filosofia — e não a retórica — é o verdadeiro empreendimento de natureza *prática*. O filósofo, que busca o autoconhecimento — e não o discurso do orador que busca a vitória nos tribunais —, é quem está preparado para oferecer um aconselhamento sábio.

Em resposta à crítica de Cálicles, de que a filosofia debilita a capacidade do indivíduo de persuadir nos tribunais, sendo incapaz de defender a si mesmo ou a seus amigos, tornando-se vulnerável a sofrer as injustiças mais terríveis, Sócrates apresenta um difícil dilema: se ser persuasivo significa apenas agradar ao interlocutor — como um indivíduo faria ao dizer aos membros de um júri qualquer coisa que pudesse levar à absolvição de um réu —, então essa persuasão cobra um preço, pois ter que agradar um júri perverso visando a garantir sua segurança implica em corromper sua alma, em cometer uma grave injustiça a si próprio. Se o indivíduo deseja manter a integridade da própria alma e evitar sofrer injustiças, deverá de algum modo tentar persuadir o júri sem precisar agradá-lo. Como veremos adiante, é esse o dilema que Sócrates enfrentará no próprio julgamento.

Sócrates desfere o golpe final nos argumentos de Cálicles quando observa que os grandes oradores da história ateniense — como Péricles, por exemplo —, os mesmos venerados por Cálicles e outros, revelaram-se incapazes de salvar a própria pele quando a democracia ateniense se voltou contra eles no momento em que o caos político foi instalado. A retórica não é a força todo-poderosa que Cálicles considera ser. Mais poderosa ainda do que a retórica é a filosofia, que visa alcançar o equilíbrio adequado entre proteger a si mesmo e expressar sua opinião de maneira clara.

Se pudermos dizer que Sócrates tinha algum vício, não era o da resignação ou a incapacidade de persuasão, mas a sua tendência — própria dos homens dotados de uma alma grandiosa — de olhar com ares de superioridade para as pessoas, de uma maneira que revelava o quanto a imoralidade delas era cômica, semelhante à insanidade de crianças imaturas, da qual ele poderia, acompanhado de um colega filósofo, dar risadas.

A única situação, nos diálogos de Platão, em que percebemos uma atitude insensível de Sócrates em relação a um interlocutor — por exemplo, quando vemos sua tentativa de fazê-lo cair em uma contradição lógica —, é quando ele tenta retirar o controle do debate das mãos de um indivíduo dominador, que tende a silenciar pessoas mais jovens ou que hesitam em comparecer aos debates, ou a tentar impressioná-las por motivos equivocados. A certa altura do debate com Trasímaco, Sócrates o enreda em uma confusão verbal que, em vez de esclarecer o significado da justiça, o obscurece ainda mais.[11] Ele só adota essa postura depois do outro ter insistido repetidas vezes em lhe perguntar qual era a importância de ele, Trasímaco, falar a verdade tal qual a percebe, em vez de tentar refutar os argumentos de Sócrates. Em sua resposta, o filósofo demonstra que, quando se trata de uma discussão antagonista abstrata, à maneira dos sofistas, ele, Sócrates, é capaz de vencer Trasímaco Por meio de complicadas alterações de terminologia, e por meio do uso das mesmas palavras com sentidos distintos, faz com que o outro caia em contradição. Ele o faz não com a intenção de derrotar o adversário de uma maneira abstrata — atitude para a qual não dava a menor importância —, mas para minimizar a autoimportância de Trasímaco diante de Glauco e de Adimanto, jovens cuja atenção Sócrates deseja atrair. Considerando que os dois sem dúvida ficarão impressionados com um indivíduo capaz de fazer um cara durão corar de vergonha, Sócrates aproveita a oportunidade para revelar as fraquezas de Trasímaco por meio de seu próprio jogo. No entanto, ele o faz de modo estratégico, visando ao objetivo mais amplo de se envolver com aqueles jovens em uma autêntica busca pela sabedoria. Assim como o homem dotado de uma alma grandiosa, Sócrates não minimiza a autoimportância de nenhuma pessoa "a menos que tenha motivos para ofendê-la de modo deliberado".[12]

Outro aspecto do autodomínio de Sócrates é sua honestidade — nas palavras de Aristóteles, sua "expressão sincera e franca". Embora muitas vezes ele falasse de modo indireto, por meio da formulação de perguntas, Sócrates sempre disse o que pensava. Ele dizia aquilo que considerava ser verdadeiro e, até onde posso perceber, nunca mentiu. Com frequência, faz perguntas tendenciosas que são um convite ao consentimento irrefletido da parte de uma pessoa em particular. Porém, o filósofo atua em benefício de outros participantes mais atentos ao debate, e especialmente para nós, leitores. (Devemos sempre nos lembrar que Sócrates é o protagonista dos textos de Platão, e que nós somos o público de Platão.) Uma pergunta que pode conduzir alguém pelo caminho errado não é uma mentira. Trata-se de uma forma de honestidade apresentada com cuidado e que transfere a responsabilidade de discernimento para a pessoa a quem a pergunta foi dirigida. Sócrates não demonstrava às pessoas o que pensava de maneira indiscriminada. A opinião dele estava quase sempre implícita nas perguntas que fazia aos outros e raramente se revelava por afirmações próprias.

Nas situações em que amigos ou inimigos o pressionavam a expressar sua opinião de maneira sincera e franca, ele recorria à ironia: dizia a verdade, mas usando palavras cujo sentido sabia que alguns não compreenderiam, fazendo isso em benefício próprio ou de seus interlocutores. Por meio da ironia, Sócrates era capaz de manter o domínio de si ao longo de inúmeros diálogos. Não cedia à adulteração contida nas mentiras, tampouco se deixava levar por uma postura de honestidade sujeita a calúnias e a uma compreensão equivocada.

Um exemplo famoso da ironia de suas falas é o testemunho que deu em seu próprio julgamento, o evento culminante de sua vida que estamos prestes a abordar. Nele, o filósofo confessa que não considerava a si nem muito nem pouco sábio.[13] Em certa medida, essa afirmação é verdadeira. Sócrates nunca reivindicou a posse do conhecimento no sentido habitual de um fato consumado, ou como uma consciência clara e nítida sobre a verdade. Ele se deleitava com a *busca* pela sabedoria, encarando cada um de seus insights como uma possibilidade a ser esclarecida e revisada ao longo da vida. Aqueles que o conheceram de perto devem ter compreendido a verdade dessa afirmação irônica. Aqueles que não o conheceram talvez pensem que, com suas falas, ele oferecia a explicação sincera e franca de uma vida dedicada a um ceticismo desmistificador, que acabou esvaziando o sentido de suas palavras.

O julgamento

Aos 70 anos, Sócrates foi levado a julgamento por três eminentes atenienses que o acusavam de corromper os jovens e de lhes apresentar novos deuses que não eram reconhecidos pelo Estado. Tratava-se de uma acusação séria, digna da pena de morte. As circunstâncias em torno dessa acusação e desse julgamento são uma prova clara da fatalidade de que ele foi vítima. Como podemos ler nos diálogos de Platão, ao longo de toda a vida, Sócrates vinha tomando precauções para praticar a filosofia sem provocar a ira dos cidadãos de Atenas. Embora evitasse abordar temas da política para evitar se envolver com jogos de poder, ele cumpriu responsavelmente os seus deveres cívicos, incluindo o serviço militar na batalha de Délio. Porém, à época de seu julgamento, o contexto histórico o colocava em circunstâncias infelizes: Atenas mostrava seu declínio em meio à Guerra do Peloponeso, contra Esparta.

É muito comum que, em tempos de agitação política, os poderes estabelecidos se revelem menos tolerantes em relação a opiniões e estilos de vida heterodoxos do que em circunstâncias estáveis. À época do julgamento de Sócrates, Atenas, que havia sido uma grande potência e o centro cultural da Grécia, estava prestes a ser derrotada. Para piorar o cenário, Alcibíades, um jovem general condecorado com honrarias e um dos principais discípulos de Sócrates, iniciou uma expedição na Sicília que teve resultados desastrosos após ter sido derrotado por Esparta. A campanha militar, que no início tinha ares promissores de se tornar a mais gloriosa conquista da história ateniense, foi precedida por um ato sacrílego que colocou a democracia em turbulência. Várias estátuas sagradas do deus Hermes foram profanadas por um desconhecido — seus falos foram destruídos. Correu o boato de que o responsável pela profanação fora Alcibíades, que buscava afirmar sua autoridade contrária à fé religiosa da cidade. Sabemos, por meio do *Banquete* de Platão, que Sócrates tentou incutir em Alcibíades um senso de moderação, tentando conter sua obsessão pela fama e pela glória. A ambição do general, contudo, já o havia consumido, e na pior época. Quando as autoridades civis atenienses ordenaram seu retorno da expedição à Sicília, ameaçando processá-lo (uma atitude que, segundo alguns relatos, acabou solapando a expedição), Alcibíades fugiu para Esparta. Logo após sua deserção, foi disseminada a suspeita de que Sócrates estaria minando a lealdade dos jovens líderes de Atenas.

Ao mesmo tempo, emergiu um conflito entre os democratas atenienses, que reivindicavam mais poder para todos os homens livres de Atenas, e os oligarcas, que defendiam mais direitos para a elite e tentavam manter seu poder contratando sofistas para ensinar a seus filhos a arte de um hábil discurso e da governança. Nessa atmosfera, Sócrates passou a ser confundido com um sofista. Começou a conviver com os filhos de ricos aristocratas (entre outros), incentivando-os a questionarem a sabedoria convencional. Também encorajava os estrangeiros a participarem de debates com a mesma prontidão com que convidava os atenienses.

Porém, na verdade, Sócrates não era um sofista. Conforme afirmou para os jurados, ele jamais cobrou taxas por seus ensinamentos. Nunca alegou ser um indivíduo que transmitia virtudes como se fosse um jarro repleto de conhecimento, e seus discípulos, recipientes. O propósito da filosofia, tal como ele a praticava, não era transmitir conhecimento, vencer um debate, tampouco chegar a alguma conclusão, mas envolver as pessoas em uma busca compartilhada pelo autoconhecimento que pudesse inspirar um questionamento mais profundo.

A crítica matizada de Sócrates ao sofismo não surtia efeito entre as pessoas que não tinham com ele um contato próximo. Ele passou a ser odiado pelos democratas atenienses tradicionais, especialmente após o fiasco de Alcibíades. No final do diálogo *Mênon*, no qual Sócrates defende a ideia de que o significado de um ensinamento é extrair do discípulo aquilo que ele já carrega dentro de si, percebemos o ódio direcionado ao filósofo na figura de Ânito, um estadista que viria a se tornar um dos seus acusadores. Ânito interrompe de forma brusca um debate e denuncia Sócrates por sua mera disposição em interagir com os sofistas. Ele fica irritado quando Sócrates lhe indaga se ele alguma vez foi prejudicado por um sofista, ou se ao menos já tinha encontrado um. Quando Ânito reconhece que nada disso ocorreu, Sócrates lhe pergunta como ele pode condenar alguém que não conhece. Ânito responde que conhece gente "desse tipo" e alerta Sócrates para que tenha cuidado por onde anda, para evitar ser, ele mesmo, condenado como sofista.[14]

Esclarecer os complicados mal-entendidos que o envolviam, incluindo a aura de sofismo, ao mesmo tempo que se deparava com a perspectiva de receber a mais severa punição existente na cidade, não era uma tarefa fácil para Sócrates, ainda mais diante de um júri de quase quinhentos cidadãos. Ele, no entanto, se manteve firme. Encontrou um modo não apenas de lidar com a reviravolta do destino, como de confirmar o valor da sua vida, servindo de inspiração para seus discípulos. Sem demonstrar raiva, medo ou autopiedade, ele apresenta ao júri uma sutil defesa da filosofia, que é narrada por Platão em seu diálogo *Apologia de Sócrates* (o termo "apologia" é usado no sentido de "defesa"). Nesse texto, Platão nos mostra que Sócrates não tinha nada da figura etérea e alheia aos assuntos cotidianos, tipicamente associada aos filósofos e ridicularizada em fábulas como a de Tales — a do pensador que, de tão absorto em sua contemplação do céu, acaba caindo em um poço. Platão demonstra que Sócrates era sábio em questões relacionadas às motivações humanas e que sabia defender a si próprio.

A defesa do filósofo, tal como apresentada por Platão, foi, ao mesmo tempo, vigorosa e prudente. Para evitar que os discípulos que o ouviam — incluindo Platão — perdessem a fé na filosofia, Sócrates sustenta, de modo categórico, a afirmação de que "uma vida não examinada é uma vida que não vale a pena viver".[15] Ao mesmo tempo, recorre a uma capacidade retórica inédita entre os filósofos para apresentar a filosofia de um modo que impedisse seus discípulos de ter o mesmo destino que ele. Sócrates tenta demonstrar que a filosofia caminha de mãos dadas com uma cidadania cumpridora das leis, insinuando que a cidade de Atenas, em razão da corrupção que a dominava, não poderia tolerar o tipo de discurso capaz de aprimorar os próprios cidadãos.

Recorrendo a frases e expressões tão hábeis quanto as do famoso orador Górgias e fingindo ignorar os procedimentos do tribunal, Sócrates tece uma intrincada explicação sobre como a filosofia incentiva o respeito pela lei. Ele menciona como exemplo duas situações de seu passado, nas quais defendeu a obediência às leis, contrariando as paixões das massas. Ao tentar apresentar a filosofia como um bastião da integridade da cidade, mais do que uma força causadora de transtornos, ele faz tudo que está ao seu alcance para inspirar e preservar seu estilo de vida. Se a maior de suas expectativas era defender a filosofia e, *ao mesmo tempo*, ser absolvido — algo aparentemente impossível —, Sócrates quase atinge seu objetivo. Porém, por uma margem muito estreita (cerca de 50% dos votos para cada lado), o veredito do júri o considera culpado.

Ao ouvir o veredito, Sócrates mantém o tom de sua sincera autoavaliação. Em vez de implorar por uma sentença menos severa, um direito facultado aos indivíduos condenados em Atenas, ele reivindica que, como uma forma de "punição", a pólis lhe conceda acomodação providenciada pelo Estado pelo resto da vida, incluindo refeições gratuitas, pois isso, alega ele, representaria uma prova de merecimento por ter aperfeiçoado o caráter de seus cidadãos. Desnecessário dizer que o júri não aceitou tal proposta. A cidade de Atenas o condenou à morte.

Reagindo de modo calmo diante da decisão da sentença proferida pelo tribunal, Sócrates, paciente, se dirige primeiro aos acusadores e, em seguida, aos apoiadores, tranquilizando esses últimos ao dizer que não considerava sua morte algo ruim. Ele sustenta que, se dispusesse de um pouco mais de tempo, poderia convencer seus acusadores sobre a insanidade de seus atos.

As circunstâncias em que Sócrates se encontrava teriam feito a maioria das pessoas renegar seu estilo de vida e se atirar ao chão implorando por misericórdia. Imagine como teria sido fácil para ele renunciar à filosofia, ou ter pleiteado seu banimento da cidade, em vez da pena capital. Porém, em vez de corromper a si mesmo e abandonar a filosofia para salvar a própria pele, o filósofo optou por enfrentar sua fatalidade e aproveitá-la como uma chance de confirmar o valor de seu estilo de vida. Ao fazê-lo, demonstrou as virtudes de um homem dotado de uma alma grandiosa que "não é um amante do perigo" e que "não se precipitaria na direção do perigo movido por banalidades", mas que "renunciaria à própria vida por um motivo grandioso".[16] O filósofo se apropriou da própria fatalidade. Com isso, extraiu o que havia de melhor em seus acusadores — não por meio da aniquilação deles ou vencendo-os com sua argumentação no tribunal (embora tenha tentado isso), mas usando-os a seu favor, como instrumentos para transmitir uma mensagem dirigida a qualquer pessoa que se sinta tocada pela filosofia: "Nunca desista. Não tema a morte. Uma vida não examinada é uma vida que não vale a pena viver." Se Sócrates não tivesse se posicionado de maneira tão convincente, é improvável que tivesse exercido tamanha influência em seus discípulos, incluindo Platão.

A morte de Sócrates: uma lição sobre a redenção das adversidades e o senso de identidade

Visando enfatizar as suas convicções, Sócrates optou por permanecer preso, mesmo tendo a chance de escapar. Era prática comum naqueles tempos subornar um carcereiro e, de maneira virtuosa, escapar para outra cidade. Platão dedica um capítulo inteiro à rejeição de Sócrates a essa alternativa, que seu amigo Críton lhe oferece, na qual atuaria como mediador. No dia de sua execução, o filósofo mantém a postura firme e o bom humor. Conforme é relatado por Fédon, seu amigo: "Não fui tomado pelo sentimento de piedade, como talvez teria acontecido com a iminente morte de outro amigo meu, pois Sócrates me pareceu ser um homem feliz, o que demonstrava tanto por suas ações quanto por suas palavras, encarando a morte com destemor e altivez."[17] Pronto para ser executado ao pôr do sol, ele passou aquele dia como qualquer outro: em diálogos sinceros, concentrados e divertidos com seus amigos sobre questões relacionadas à virtude e à alma.

Diante da morte iminente, Sócrates conduz um debate aberto e amplo sobre o que parecia ser a questão mais perturbadora naquela circunstância específica: se a alma é ou não imortal. Seus amigos, incluindo Símias e Cebes, manifestam o desejo de participar do debate. De início, sentem-se receosos de contestar a sugestão de Sócrates de que a alma seria imortal. Não querem perturbá-lo com hipóteses inquietantes em seus últimos momentos de vida. Porém, o filósofo percebe a hesitação deles e os encoraja a não pouparem argumentos. De um modo calmo, convida-os a expor seus medos mais profundos.

Assim que Símias e Cebes expõem, um por vez, seus receios, Sócrates os questiona. De acordo com Fédon, que relatou os atos e as falas do filósofo, é notável a maneira como ele aplaca os medos de todos ali presentes:

> Sócrates muitas vezes me fascinou, mas nunca como nesse momento. O fato de ele apresentar uma resposta [à pergunta dos jovens sobre a alma] talvez não cause surpresa. Porém, o que mais me impressionou foi a maneira pela qual ele lhes respondeu, o tom agradável, gentil e respeitoso com que ouvia as palavras dos jovens rapazes; e a rapidez com que percebeu o efeito de suas palavras sobre nós; a seguir, finalmente, a habilidade com que nos curou e nos relembrou sobre nosso escapismo e nossas derrotas, fazendo-nos encarar e segui-lo no exame de seus argumentos [sobre a alma].[18]

Enquanto a hora fatídica se aproxima e o diálogo chega ao fim, Sócrates pede a Símias e Cebes que "comprovem" a imortalidade da alma. A essência do questionamento de Sócrates está em demonstrar que os medos de seus jovens amigos estão baseados no fato de eles, implicitamente, reduzirem a alma a um corpo. Ao se referirem à potencial dispersão da alma, ou de sua extinção no momento da morte, de maneira implícita estão confiando em sua observação das coisas materiais, como a respiração humana, que pode ser visualizada por breves instantes em um dia frio antes de desaparecer, ou então as brasas de um fogo prestes a se apagar. Sócrates, porém, sugere que a questão do destino da alma requer um exame mais completo.

Ao mesmo tempo, a inabalável calma que Sócrates mostra diante da morte indica uma profundidade de consciência espiritual, cuja essência não pode ser capturada por nenhum argumento ou comprovação: o que anima o corpo e lhe dá vida é a alma, que se manifesta não apenas no corpo, mas também nos sentidos transmitidos pelas palavras e atitudes do indivíduo. Embora tais sentidos possam passar despercebidos, ser malcompreendidos e até esquecidos por um tempo, não podem ser destruídos ou dissipados como uma respiração humana ou uma baforada. Eles continuam vivendo nas ações das pessoas que são tocadas por eles, assim como Sócrates segue vivo nas palavras de Platão e em nossos pensamentos e nossas ações, à medida que interpretamos os diálogos platônicos e tentamos viver de acordo com a compreensão que temos deles.

Em uma das últimas instruções deixadas a Críton, que pergunta se há algo que possa fazer pelos filhos de Sócrates, ele responde por meio de um pedido simples: "O que sempre lhe digo, Críton [...], se cuidar de si mesmo [por meio da busca pela filosofia], tudo o que fizer será tanto por mim como pelos meus."[19]

O desejo de Sócrates não é ser lembrado e louvado, mas continuar sendo uma força viva para todo indivíduo capaz de reconhecer o mérito de seu estilo de vida. Sem compreender o que o filosófo disse, Críton lhe pergunta de que modo ele gostaria de ser sepultado. Com seu habitual e impassível senso de humor, Sócrates responde, dando um riso discreto: "Como você bem desejar, contanto que seja capaz de me segurar e eu não escape de suas mãos."[20] A piada é que, àquela altura, Sócrates já teria escapado das mãos de Críton, que ingenuamente o identifica com o corpo que logo será nada mais que um cadáver. Não é uma coincidência que Críton seja a pessoa que pouco antes havia tentado convencer Sócrates a fugir da prisão. Mantendo o foco no corpo e em sua preservação, Críton é incapaz de compreender o poder mais grandioso da alma.

Como se quisesse enfatizar para nós em que medida Sócrates se apropriou da própria fatalidade, Platão o descreve arquitetando a própria execução. É o próprio Sócrates que pede a Críton que chame o executor da sentença. É o próprio Sócrates que aceita de bom grado o cálice que contém a cicuta, enquanto o executor irrompe em lágrimas e deixa a sala. Sem o menor tremor e sem lamentos por seu destino, ele ingere a bebida em um só gole, como se estivesse celebrando com uma taça de vinho.

Em seus momentos finais, quando o veneno começa a surtir efeito, Sócrates consola seus amigos, que soluçam de tanto chorar. Faz a Críton o seu último pedido, que acaba sendo sua derradeira fala: "Devemos um galo a Asclépio. Não se esqueça de saldar a dívida!"[21] Essa última e enigmática fala é muitas vezes compreendida como um testamento contrário à vida. Asclépio é o deus das curas, e a oferenda do galo simboliza a oferta de um presente. A implicação da instrução dada a Críton por Sócrates parece ser que a vida, que está ligada ao corpo, é uma doença da qual a morte nos cura. Portanto, devemos oferecer um sacrifício ao deus que nos cura da corporificação ao nos proporcionar a morte. Essa interpretação ignora o espírito brincalhão com que Sócrates a enuncia. Tudo o que ele fez e disse no dia da execução, durante o julgamento e ao longo de toda a vida estava impregnado por um amor à sabedoria que pertencia tanto às coisas deste mundo quanto ao que é transcendente. Portanto, é plausível interpretarmos o deus Asclépio como um símbolo da filosofia, já que Sócrates, em inúmeras ocasiões, referiu-se ao filósofo (dessa vida) como uma espécie de curandeiro da alma.

A ideia de que Sócrates acreditava que a verdadeira vida só pode ser alcançada por meio da libertação do corpo ou das labutas deste mundo é muito provavelmente uma adulteração neoplatonista do seu pensamento, ocorrida sob a influência de certas doutrinas cristãs. Embora tenha sido categórico ao afirmar a prioridade da alma em detrimento do corpo, ele nunca rejeitou o corpo como um obstáculo para a alma. Em *Banquete*, Sócrates chega mesmo a identificar *eros*, o amor apaixonado pelo belo, como a origem e força motivadora da filosofia. Nesta passagem, sugere que a beleza de um lindo corpo produz não apenas um desejo físico de proximidade, mas também um desejo intelectual de atribuir um sentido a ela. Longe de renunciar ao mundo material das coisas visíveis e palpáveis, Sócrates o contempla maravilhado, incorporando-o incansavelmente em alegorias que nos mostram como devemos viver.

Um exemplo revelador da compreensão de Sócrates sobre a corporificação, e de seu senso de exuberância em relação à vida que vivia, é o último mito que ele narra a seus amigos momentos antes de ser executado: o da "verdadeira superfície da Terra", vista de cima, onde, conta-se, as almas dos homens bons habitam após a morte. Essa imagem da Terra se revela um modelo para uma vida que é motivada pela filosofia. A Terra, nos diz Sócrates, não é, nem em suas dimensões nem em suas características, aquilo que pensamos ser. Vivemos apenas em uma pequena parte dela, como formigas ou sapos ao redor de um lago. Embora acreditem que estamos em sua superfície, vivemos submersos em um de seus inúmeros buracos, que são preenchidos com água, ar e névoas. Nossa condição é semelhante à dos seres que vivem nas profundezas do oceano acreditando que habitam a superfície do mar. Ao olhar para o sol e para as estrelas a partir de onde se encontram, eles confundem o oceano com o céu. Devido à preguiça e à fraqueza, jamais alcançam a superfície e não percebem que a partir de nosso ponto de vista privilegiado, o sol e as estrelas são brilhantes, mais puros e belos. Estamos na mesma situação. Em razão da nossa preguiça e da nossa fraqueza, julgamos que a atmosfera representa os céus nos quais as estrelas se movimentam. Mas essa é, na verdade, um mero sedimento dos céus mais puros, que muitos chamam de éter. Se tivéssemos asas e pudéssemos voar para além de nossa turva atmosfera, poderíamos enxergar as estrelas e tudo o mais como realmente são.[22]

A Terra e suas diversas camadas representam os diferentes níveis de autoconhecimento. O fato de habitarmos em "buracos" deveria nos servir de inspiração para questionar a sabedoria convencional, para reconhecermos que a vida contém mais coisas do que as "verdades" afirmadas em nosso círculo social. Essas supostas verdades são, de fato, opiniões, que, uma vez questionadas, visando ao bem, apontam para insights mais abrangentes do que a nossa atual compreensão. A perspectiva mais abrangente para a qual nossas opiniões apontam é "a Terra vista de cima", que brilha como uma diversidade de cores interconectadas, das mais brilhantes, violeta, dourado, branca e muitas outras. Pois "os buracos da Terra, cheios de água, ar e névoas, brilham em lindos matizes", cintilando juntos "numa única e diferenciada imagem".[23]

A "diversidade de cores interconectadas" imaginada por Sócrates, na qual cada uma das partes alcança sua beleza em relação com as demais, nos oferece uma maneira de compreender a integridade, ou totalidade, de uma vida que tem domínio sobre si mesma. Essa imagem também apresenta uma visão de ignorância, coerente com o ponto de vista de Sócrates, de que nenhuma opinião é inteiramente falsa: nossa falta de conhecimento não consiste no fato de confundirmos o ilusório com o real, mas ao sucumbirmos à obsessão e à miopia, ao nos perdermos em meio a detalhes sobre nós mesmos, em um dos muitos buracos da Terra, de modo a perdermos de vista a diversidade de cores interconectadas, para a qual cada um desses buracos contribui. Visto a partir da perspectiva correta, em relação a outras áreas da Terra, cada um deles é uma parte indispensável da mesma imagem reluzente.

A bela morada das "almas boas" é, na verdade, *este* mundo, visto em sua verdadeira proporção e em suas verdadeiras cores, sendo iluminado pela filosofia. Sócrates afirma que uma vida guiada pelo amor à sabedoria é uma jornada infinita por meio da qual o indivíduo adquire perspectivas cada vez mais amplas, alcançando pontos de vista privilegiados no mundo que ele já conhece e ama.

Na conclusão de sua defesa diante dos jurados, após ter sido condenado, Sócrates afirma que sua maior expectativa é que, após sua morte, a filosofia tenha continuidade. Caso ele pudesse encontrar Aquiles e Ulisses no Hades (o mítico submundo), tudo o que ele desejaria fazer seria questioná-los sobre os mesmos temas que sempre debateu com seus amigos.

Guiado por seu amor pela sabedoria e pela incessante busca pelo autoconhecimento, Sócrates enfrentou seu julgamento e sua execução com a mesma postura que marcou sua vida, em liberdade absoluta. Do mesmo modo que confrontou interlocutores hostis, aproveitando algo de suas opiniões, enfrentou os acusadores e usou o processo para confirmar a validade da filosofia. Ele chegou à compreensão de sua vida como uma jornada. Por esse motivo, pôde colocar até a própria morte na devida perspectiva. A execução foi mais um evento na história de sua vida, que continuaria sendo escrita por meio de pensamentos e ações dos demais.

A vida é bela: um conto socrático contemporâneo

A história da vida e da morte de Sócrates nos revela que a filosofia não se limita a meros argumentos, discursos e especulações. Acima de tudo, ela consiste em *ser* filosófico — em reagir de maneira equilibrada às provações e às atribulações que a vida nos traz. Se isso estiver correto, devemos ser capazes de identificar os filósofos para além do plano intelectual.

Encontramos um exemplo encorajador disso no filme *A vida é bela*, de Roberto Benigni, a história contemporânea de um indivíduo que transcende enormes adversidades por meio da capacidade redentora do autoconhecimento e do conhecimento dos próprios comprometimentos. O protagonista é um herói improvável, que é socrático no sentido de que seu autodomínio emerge por detrás da fachada de um indivíduo meio pateta e descarado.

No início do filme, encontramos o herói, Guido Orefice, em uma situação cômica. Garçom dotado de uma expressão facial cômica e levando uma vida modesta, ele persegue uma mulher que se encontra muito além de seu alcance: Dora, uma linda aristocrata, que está noiva e prestes a se casar com um pomposo funcionário público. Com sua verve, seu estilo romântico e uma tolerância indomável à rejeição, Guido a conquista. No jantar em que Dora oficializa o noivado com o funcionário público, Guido se disfarça de garçom, se esgueira por debaixo da longa mesa até o lugar onde ela está sentada, dá um tapinha em sua perna e a convence a fugir com ele. Na sequência, encontramos Guido, vários anos mais tarde, casado com Dora e pai de Giosué, um menino brincalhão de 5 anos. A história de Guido parece ser uma improvável narrativa de sucesso, uma comédia em que tudo parece se encaixar em seu devido lugar.

Porém, uma reviravolta trágica acontece: os nazistas ascendem ao poder, e o espectador fica sabendo que Guido é judeu. Ao voltar para casa um dia, Dora se depara com o apartamento do casal revirado, com os objetos dispersos no chão, e não encontra nem o marido nem o filho. Em pânico, ela corre em busca deles até a estação ferroviária, enquanto os dois já estão sendo arrebanhados feito gado e colocados em um trem que os levaria a um campo de concentração. Embora não seja judia, Dora implora aos oficiais para ser colocada no trem para estar junto à sua família.

O restante da narrativa aborda a improvável história da criatividade com que Guido tenta proteger a esposa e o filho em meio à cruel confinação do campo de concentração. O ponto central é a ardilosa estratégia usada por ele para manter Giosué escondido e a salvo das autoridades nazistas depois de todas as outras crianças terem sido assassinadas. O garoto escapa de ser executado na câmara de gás quando o pai pede que espere na caserna, enquanto as demais crianças recebiam a ordem de "tomar um banho". Com sua típica criatividade, Guido convence o filho de que eles estão participando de uma grande competição com os outros prisioneiros. A regra mais importante do jogo é passar despercebido pelos guardas da prisão. Entre as normas estabelecidas por Guido está a de não se queixar de fome, tampouco dizer que está com saudade da mãe. Aquele que seguir as regras com atenção e ganhar o maior número de pontos ganhará um tanque de guerra. Com os olhos arregalados diante da possibilidade de ganhar o prêmio, Giosué passa a obedecer ao pai e se mantém escondido.

Com o desenrolar da narrativa, percebemos que se trata, aqui, de mais do que uma sofisticada história de sobrevivência. Conforme foi insinuado pelo título do filme, trata-se da possibilidade humana de se desenvolver e manter o domínio de si sob condições extremas e opressivas. O jogo arquitetado por Guido não é apenas para proteger o filho. Trata-se da expressão da leveza do próprio espírito e do estilo criativo que marcaram sua vida a partir do momento em que ele conheceu Dora. Portanto, a brincadeira não deve ser considerada uma ilusão excêntrica que visa enganar uma criança para o seu próprio bem. Essa é a maneira com que Guido se mostra capaz de ser ele mesmo, ainda que sob circunstâncias que poderiam levar qualquer outra pessoa a se corromper. O jogo é aquilo que Guido transforma em sua realidade. E a sua realidade — com todo o terror e a resistência nela contidos — transforma-se em uma fonte de recursos para o jogo. Assim como Sócrates diante do julgamento e da execução, Guido é capaz de encontrar a si mesmo no mais hostil dos ambientes.

A dimensão da brincadeira em que Guido é capaz de expressar sentimentos e ideias se torna visível na maneira como ele o inicia. Conduzidos até o quartel após o desembarque do trem, Guido e os outros prisioneiros estão sentados em silêncio, à espera das ordens de um troncudo oficial da SS que usa um capacete redondo. Parecem estar em uma situação de completo desamparo. Com um tom de voz severo e entrecortado, o oficial pergunta se alguém do grupo pode servir de intérprete, traduzindo do alemão para o italiano. Guido, mesmo sem saber uma única palavra em alemão, mas detectando ali uma oportunidade, se oferece, à própria conta e risco.

Causando surpresa e perplexidade nos demais prisioneiros, Guido, fingindo dedicar total atenção a cada frase do oficial, e até preservando a aspereza do seu tom de voz enquanto traduzia, começa a inventar o jogo e explicar as regras que espera ver Giosué obedecer. Enquanto isso, o oficial, que não entende nada de italiano, acredita que Guido o obedece. A arrogância exibida pelo personagem consiste em um ato de resistência por meio da qual ele reverte sua posição de desvantagem em relação ao oficial. Além disso, trata-se de uma espécie de repetição, em uma circunstância muito mais grave, da "pegadinha" que ele aplicou no arrogante noivo de Dora, bem como de outras palhaçadas que caracterizam seu espírito brincalhão.

Guido consegue mostrar a mesma desenvoltura e o mesmo domínio de si ao expressar seu amor por Dora, ainda quando os dois são mantidos separados no campo de concentração. Certa manhã, no início de um dia de trabalho, enquanto empurra um carrinho de mão no qual Giosué está escondido, Guido percebe que a porta da sala de controle das comunicações foi deixada aberta, sem vigilância. Arriscando-se a ser capturado, o que resultaria em sua execução e na do filho, ele sai da fila e pega o microfone conectado aos alto-falantes, acenando para Giosué para que o acompanhasse. "Bom dia, princesa!", anuncia ele à esposa, onde quer que ela esteja. "Sonhei com você a noite inteira. Estávamos indo ao cinema, e você usava aquele vestido cor-de-rosa que eu adoro. Meus pensamentos estão todos em você, princesa!" A seguir, permite que Giosué diga algumas palavras no microfone. Dora, no meio da labuta ao lado das demais mulheres do outro lado do campo, ouve a voz de ambos e seu rosto se ilumina; surpresa, ela se enche de esperança. Ao se apropriar do microfone, Guido transforma um instrumento de opressão em uma ferramenta para ser ele mesmo, assim como fizera ao agir como "intérprete" para o oficial nazista.

Seu ato final traz as mesmas marcas de seu caráter. Enquanto os aliados se aproximam para libertar o campo de concentração, os oficiais nazistas começam a agrupar os prisioneiros para matá-los. Guido esconde o filho no interior de uma caldeira abandonada e sai correndo em uma tentativa de encontrar Dora e escaparem todos juntos. Em meio à pressa, um guarda o vê, uma cena que o filho observa a partir de um buraco na caldeira, a poucos metros de distância. Ciente de que Giosué pode vê-lo de onde está, com uma arma apontada para si, ele se vira na direção do filho e lhe dá uma piscadela disfarçada. Ao longo do caminho que o guarda o obriga a seguir rumo a um beco onde será executado, Guido marcha com um passo comicamente exagerado — o mesmo modo que marchava ao brincar com o filho em seus dias de liberdade. Quando sai de nosso campo de visão, ouvimos uma rajada de metralhadora, sinal de sua execução. Logo depois, os aliados chegam e libertam o campo de concentração. Giosué e Dora sobrevivem e se reencontram.

Na vida e na morte de Guido, há um elemento visivelmente socrático. No nível superficial, Sócrates e Guido são personagens bastante diferentes. O primeiro é um filósofo que não se preocupava muito com a própria família; o segundo, um marido e pai dedicado, cujo modo teórico de pensar se limita a solucionar charadas (um de seus hobbies). No entanto, ambos são exemplos de uma mesma postura filosófica. Movidos por um determinado senso de identidade e das coisas com as quais estão comprometidos, revelam-se capazes de confrontar e redimir desastres. Desse modo, Sócrates transforma o julgamento e a execução em uma plataforma a partir da qual defende a filosofia. Guido se apropria do microfone do campo de concentração para expressar seu amor por Dora. Em tais gestos de redenção, as vidas de ambos se completam, formando um círculo. Eles se mostram capazes de retornar a si próprios, movidos por uma extrema oposição externa. Dentro de um mundo partido, recuperam uma vida que vale a pena viver. Até em suas respectivas mortes, às quais eles foram, em certo sentido, coagidos, manifestam uma integração em suas identidades, ao morrer no mesmo espírito que orientou suas vidas e, portanto, livremente. As trajetórias de ambas as figuras nos trazem a compreensão de que o sofrimento não é um testamento contrário à vida. Mesmo em seus momentos mais sombrios, a existência transborda de possibilidades de alcançar a redenção e a alegria.

O significado da autêntica compaixão diante do sofrimento

Ao refletirmos sobre o significado do sofrimento causado por injustiças políticas, doenças ou tragédias pessoais, somos colocados diante de um delicado equilíbrio entre o reconhecimento do horror do que aconteceu e a admiração da força das pessoas que o enfrentaram com dignidade, chegando mesmo a reconstruir uma vida para elas próprias a partir das circunstâncias mais catastróficas. Muitas vezes voltamos nossa atenção ao sofrimento e ao horror da situação, sentindo pena daqueles que estão sofrendo, dando ênfase ao modo como as condições que estão enfrentando os desumanizaram.

Um motivo comum para que isso aconteça é que — quer a afirmação esteja certa ou não — nos sentimos cúmplices do sofrimento dessas pessoas. Talvez nós, ou nossos antepassados, tenhamos desempenhado um papel importante em um regime opressor, ou então deixamos de prestar auxílio a vítimas de um desastre quando podíamos fazê-lo. Movidos pela culpa, passamos a recordar o sofrimento dos indivíduos que deixamos de ajudar e a enfatizar a terrível dimensão de tudo o que lhes aconteceu. Embora essa atitude possa ser o sinal de uma compaixão saudável e de uma noção de responsabilidade, também pode ser uma forma perversa de autodilaceramento que avilta as virtudes daqueles que passaram pelo sofrimento e o superaram.

Em situações de desastres nas quais não somos cúmplices, a piedade que sentimos pelas pessoas que sofrem faz pouco mais do que cultivar uma rasa identificação baseada na autopiedade, à medida que passamos a imaginar como seria terrível estarmos passando por todo aquele sofrimento. Contudo, se tudo o que fazemos é lamentar o quanto essas pessoas sofrem, exaltamos nossa incapacidade imaginária de lidar com a situação (louvando-a como uma forma de compaixão), ao mesmo tempo que aviltamos a força delas. Ignoramos a lição essencial de que, até em meio a condições de privação extrema, de atribulações e de injustiças, destacam-se a possibilidade de redenção e a necessidade de resgatar não apenas a mera existência de um indivíduo, mas uma vida próspera. Considerar aqueles que estão sofrendo como meras vítimas significa negar-lhes a grandiosidade da alma e nos privarmos dela. Em vez disso, devemos tomá-las como modelos da virtude mais elevada, a partir da qual podemos nos inspirar. O tipo de relação que estabelecemos com essas pessoas é uma forma de respeito infinitamente maior do que a compaixão baseada no sentimento de pena.

Uma caricatura burlesca de compaixão é a atual atitude politicamente correta de evitar o tema do sofrimento alheio (ou o histórico sofrimento de determinados grupos), que costuma incluir algum tipo de ressalva do tipo "do lugar em que me encontro, eu não teria condições de compreender" — o que transforma as reações de piedade e de culpa em modos "seguros" de expressão. Se você decidir enfatizar a capacidade de resistência das pessoas que estão sofrendo e identificar maneiras pelas quais elas chegaram a prosperar em meio às injustiças e a sérias dificuldades, tenderá a se tornar alvo de uma avalanche de perguntas condenatórias: "Você está querendo dizer que o que aconteceu não foi tão ruim assim? Está querendo dizer que uma grave injustiça é justificável?" Tais reações habituais não admitem que uma ação possa ser injustificável, mas posteriormente redimida, sendo, portanto, em um sentido mais profundo, justificada por meio da criativa adaptação por parte dos indivíduos que sofreram. Examinar, valorizar e aprender com as pessoas que conseguiram transformar a opressão que sofreram em uma vida que são capazes de valorizar é a mais elevada — e, na verdade, única — forma de autêntica compaixão, palavra que significa, segundo sua raiz grega, "sofrer junto" (*syn-pathos*). Se quisermos sofrer junto com uma pessoa, temos de fazer de tudo para imaginar qual seria o nosso empenho para superar o sofrimento pelo qual ela passou caso estivéssemos em seu lugar. Muitas vezes, impedimos esse exercício de imaginação logo de saída, presumindo haver uma diferença intransponível entre nós (em nossa suposta posição de conforto ou de privilégio) e elas.

O filme *A vida é bela* foi duramente criticado por algumas pessoas por não se mostrar sintonizado ao tom de completa opressão e gravidade de um típico filme sobre o Holocausto. Elas insinuaram que, ao retratar um personagem cuja sensibilidade cômica transforma as terríveis circunstâncias de um campo de concentração em um jogo, o filme trata o que aconteceu com pouco-caso. Tal crítica ignora a enorme compreensão e o poder criativo que a leveza do herói exigia naquela circunstância. A sensibilidade do personagem só é cativante na mesma proporção dos horrores acima dos quais ele se eleva: a execução em massa das crianças da qual o filho de Guido escapa por um triz, a separação de famílias enquanto pessoas são condenados a labutas extenuantes, a pilha de cadáveres em combustão com que o herói do filme se depara ao voltar para casa, certa noite, depois de ter servido aos oficiais nazistas em uma de suas festas decadentes. É dessa realidade terrível que ele deve extrair a coragem de viver.

Rejeitar tal demonstração de força de caráter, considerando-a implausível, significa negar a potência de um ideal. Significa também ignorar a realidade dos registros históricos. Em meio aos mais comoventes documentos exibidos no Museu do Holocausto em Jerusalém, encontram-se os ornamentos artesanais, elegantes e cuidadosamente produzidos — anéis, brincos, presilhas de cabelo — que alguns prisioneiros faziam, praticamente do nada, no pouco tempo de que dispunham no campo de concentração. O que torna tais objetos tão impressionantes é o fato de serem lindos e inúteis em circunstâncias de sobrevivência. A natureza deles é a mesma natureza do amor que o herói de *A vida é bela* declara à esposa pelos alto-falantes do campo de concentração. Mais do que simples acessórios e roupas familiares, ressaltam o significado da afirmação de Aristóteles, de que "a pessoa dotada de uma alma grandiosa valoriza coisas belas, porém inúteis, pois elas só fazem confirmar a sua independência".[24]

Em suma, é possível reconhecer uma injustiça e, ao mesmo tempo, reconhecer a perspectiva na qual as pessoas que a sofreram transformaram as causas de sua opressão em uma vida cuja validade elas podem confirmar. Do ponto de vista do indivíduo que está enfrentando uma dificuldade, e não da perspectiva do observador que está tentando sentir compaixão a distância, mas somente enxerga acidentes que o fazem sentir pena, a frase "Eu não teria alterado nada do que aconteceu, passaria por tudo aquilo novamente" é a verdadeira expressão de uma imensa força e a mais elevada virtude.

Devemos reconhecer tal força para o nosso próprio bem. Pois, estritamente falando, nunca somos meros observadores do destino das pessoas que estão sofrendo de maneiras ultrajantes e terríveis. Como escreveu Blaise Pascal, filósofo e teólogo do século XVII: "O último ato é sempre sangrento."[25] O significado disso é que todos nós estaremos diante da morte e que, quando se trata das coisas essenciais, nenhuma delas é menos ou mais privilegiada do que a outra. Independentemente de a causa imediata de um sofrimento ser uma doença, a opressão política ou simplesmente a velhice, tudo isso consiste em um campo de batalhas de um acidente divino. Nosso ponto de vista convencional, de que certas modalidades de morte são melhores ou piores do que outras, nos serve de conforto à medida que nos esquivamos da responsabilidade de enfrentar a passagem do tempo a cada minuto. Pascal era dotado de uma sensibilidade mórbida. Porém, não devemos considerar a sua perturbadora visão sobre a fragilidade da vida como o sinal de uma postura pessimista. Em vez disso, isso deveria nos incutir um espírito de redenção e de leveza, tal como ocorreu com Sócrates e com o herói de *A vida é bela*. Cada único momento é precioso, sendo a evidência de uma vida pela qual somos responsáveis, uma vida que é bela, sedutora, ameaçadora e inspiradora, neste exato lugar e neste exato instante.

3
Amizade

No final do semestre, às vezes sou perguntado de que maneiras a filosofia mudou meu estilo de vida — se é que isso aconteceu. Eu costumava dar uma resposta mais genérica, sobre a virtude da capacidade de reflexão e a possibilidade de ter adquirido um olhar crítico sobre a sabedoria convencional. Entretanto, ao refletir melhor sobre a pergunta e ao considerar o que diria a mim mesmo, caso fosse aluno de graduação, minha resposta seria mais específica: a filosofia fez com que eu passasse a valorizar mais a amizade.

Se, com base em meus estudos, eu tivesse de dar um único conselho a ambiciosos alunos de graduação que estão em busca de caminhos profissionais, seria este: façam um esforço para ter amigos, e não somente aliados. Um aliado é alguém que compartilha um interesse com você e o ajudará a conquistar um objetivo — assim como a pessoa que trabalha a seu lado no conselho editorial do jornal de um Centro Acadêmico, ou que luta junto a você em prol de uma causa que visa à justiça social. Um amigo é alguém que o ajudará a colocar um objetivo em sua perspectiva, a superar o medo do fracasso e a lembrá-lo de que na vida há muito mais coisas do que as conquistas.

Enquanto uma aliança sempre tem como inspiração a conquista de um produto final — a publicação de um artigo, a implementação de uma reforma, o alcance de um resultado —, a amizade não tem como objetivo nada além de si mesma. O "fruto", por assim dizer, de uma amizade é uma fortalecida sensação da lembrança de que você poderá sempre contar com a proteção de uma pessoa, e ela, com a sua. Isso não quer dizer que aliados não podem ser amigos, e vice-versa. Alguns dos meus amigos mais próximos são também colegas de treinos e de trabalho. Mas, à medida que você envelhece e se concentra em uma carreira, é fácil se perceber cercado de pessoas dispostas a estar ao seu lado quando se trata de serem apresentadas a alguém ou a falar de negócios em encontros de amigos, mas que dizem estar "ocupadas demais" para comparecer ao seu casamento. É difícil deixar de sucumbir a essa forma instrumentalizada de amizade. A verdade é que a amizade não combina muito bem com conquista de objetivos. Apressados para terminar logo as coisas, tendemos a buscar aliados, em vez de amigos autênticos.

Esse problema não é uma questão apenas contemporânea. Aristóteles tinha consciência dessa distinção entre amigos que buscam encontrar na companhia de uma pessoa algum tipo de benefício — "amigos úteis, que têm alguma serventia" —, e aqueles que são atraídos um pelo outro em razão de um mútuo comprometimento com a virtude. Amigos úteis não amam um ao outro "por si mesmos", mas apenas em nome dos produtos ou serviços que o outro é capaz de lhes oferecer. Essas pessoas se afastam assim que um deixa de ser útil ao outro.[1] Como esse relacionamento se baseia em transações comerciais, ou está limitado a um objetivo específico, envolve frequentes evocações à justiça; quando estão juntos, sempre avaliam se o outro está cumprindo com sua parte, ou se a troca entre os dois está sendo justa.

Por outro lado, os amigos no sentido autêntico da palavra desfrutam da companhia uns dos outros pelo puro prazer dessa companhia, sem conexão com possíveis frutos desse relacionamento. Eles são atraídos uns pelos outros por valorizarem a virtude e em razão da grandiosidade contida na alma de cada um. Enquanto outros tipos de relacionamento são rompidos quando os interesses de uma das partes muda, a amizade que visa à virtude perdura pelo tempo que os amigos continuarem sendo quem são. Tal relação se encontra em um plano mais elevado do que a justiça, já que ambos se oferecem de modo espontâneo ao outro, como se estivessem se apoiando. A questão de haver ou não justiça em suas trocas nunca vem à tona. "Entre amigos, não há necessidade de justiça."[2]

Embora estejamos acostumados a usar o termo genérico "amizade", tanto para designar relações de utilidade quanto relações virtuosas, estamos aqui falando de dois tipos diferentes de relação: uma é voltada à conquista de um objetivo, e "acidental", como Aristóteles a denomina (pois, nesse caso, não é necessário que haja um objetivo determinado), e uma com valor intrínseco.

A amizade com valor intrínseco, argumenta Aristóteles, equivale à felicidade total: "Nenhuma pessoa escolheria viver sem amigos, mesmo que pudesse ter todas as outras coisas boas do mundo."[3]

A amizade e o domínio de si

Chega a ser difícil compreender o domínio de si sem associá-lo à amizade. Quando consideramos os momentos nos quais defendemos a nós próprios, em que exercemos nosso julgamento, ou redimimos as adversidades e as fatalidades, constatamos que, muitas vezes, contamos com o apoio de amigos. Amigos verdadeiros, escreve Aristóteles, "tornam-se pessoas melhores ao se envolverem juntos em uma atividade e ao contribuírem para manter o outro no caminho correto".[4]

As atitudes que revelam um maior autodomínio de nossa parte também costumam ser em prol de amigos (ou de pessoas que amamos, com quem mantemos um relacionamento que pode ser chamado de amistoso). A maneira pela qual o herói de *A vida é bela* preserva sua integridade e sua alegria de viver, em meio às circunstâncias mais ameaçadoras, é inseparável da devoção que ele mostra em relação à esposa e ao filho. Ele revela muito da própria integridade ao se declarar para Dora e nos gestos criativos e rebeldes, em benefício de Giosué. Quando Sócrates afirma que "uma vida que não é examinada é uma vida que não vale a pena viver", e se recusa a pedir desculpa por seu estilo de vida, está defendendo a si mesmo e, ao mesmo tempo, os seus discípulos. Diante da cidade de Atenas, ele tenta justificar o uso da filosofia para proteger e inspirar as pessoas que poderiam se interessar por ela.

Mesmo quando não agimos de forma explícita em benefício de um amigo, as atividades que nos proporcionam prazer e que nos permitem compreender a nós mesmos são, muitas vezes, sutis comprovações de formas de amizade. A devoção de Sócrates à filosofia é um exemplo disso. A natureza dialógica desse campo, tal como Sócrates a concebe, pode ser considerada intrinsecamente amistosa. Ao contrário da modalidade antagonista de discurso típica do sofismo e da retórica judicial, em que um indivíduo tenta se mostrar mais ardiloso do que o adversário, o diálogo socrático visa ao fortalecimento mútuo. Ele envolve um comprometimento recíproco e que busca esclarecer o significado de vida plena por meio de uma autoinvestigação sincera, respondendo e formulando questões com base naquilo que o indivíduo considera ser verdadeiro ou enigmático, e resistindo à tentação de apresentar objeções hipotéticas pelo mero prazer de debater. Ciente desse comprometimento mútuo, Sócrates muitas vezes se refere à filosofia como uma forma de amizade. Até a famosa ironia das suas falas, que o distingue de interlocutores crédulos, a conecta com a relação amistosa de debatedores astutos. A mútua valorização da ironia, que implica uma atitude moral compartilhada, é uma boa ilustração da amizade com valor intrínseco.

Portanto, embora o domínio de si possa implicar a ideia de independência ou de individualidade — conforme é sugerido por Aristóteles pelo uso do termo *autarkeia*, ou "autogoverno", que ele considera como parte integrante da grandiosidade da alma —, tal independência é compatível com a amizade. Ter o domínio de si, segundo a compreensão aristotélica, não significa viver como um indivíduo isolado, mas adotar uma postura crítica diante das convenções sociais predominantes, das opiniões do senso comum e de demonstrações de deferência. Nesse sentido, um amigo pode nos ajudar. Muitas vezes, é ele que nos lembra da necessidade de sermos nós mesmos apesar das pressões do ambiente social, ou que, com delicadeza, nos aponta os caminhos em que, sem perceber, nos distanciamos de quem realmente somos.

Quando Aristóteles escreve que a pessoa dotada de uma alma grandiosa jamais "viveria de acordo com as necessidades de outra pessoa", ele acrescenta um atributo significativo: "A menos que esta pessoa seja um amigo".[5] Em sua explicação sobre a grandiosidade da alma, ele faz referências sutis à amizade, assunto que retomará e desenvolverá nos capítulos dedicados ao tema. Por exemplo, a pessoa dotada de uma alma grandiosa aprecia a prática de boas ações e, portanto, precisa de alguém que se beneficie delas. O verdadeiro beneficiário, como é sugerido por Aristóteles, é um amigo — uma pessoa que recebe o benefício da sabedoria e, por sua vez, a desenvolve.

Até mesmo nos momentos em que nos vemos sozinhos diante de uma dificuldade, ou de algo que nos cause uma perturbação interior, aconselhamos a nós próprios por meio do diálogo — formulando perguntas a nós mesmos, repetindo palavras motivacionais, em silêncio ou em voz alta — como se estivéssemos falando com um amigo. Aristóteles chega a sugerir que um indivíduo pode ser amigo de si mesmo, pois um ser humano é caracterizado pela "dualidade e pela multiplicidade".[6] Essa afirmação meio enigmática faz referência a uma experiência comum: por mais inteiros que nos sintamos, e por maior que seja a harmonia de nossa alma, não podemos evitar os momentos de fragmentação interior. Às vezes, ficamos divididos entre um procedimento que sabemos estar correto e uma tentação de fazer outra coisa. Nesse caso, ser um amigo para si mesmo significa a capacidade de agir em benefício do bem — talvez ao olhar fixamente para o próprio reflexo no espelho, dizendo "Você conseguiu isso!", ou recorrer a uma imagem ou fotografia em um quadro acima da escrivaninha que possa nos motivar. Haverá situações em que talvez não saibamos qual é a melhor decisão. Nós nos vemos atormentados por compromissos que competem por nossa atenção, que tendem a exigir muito de nós para encontrarmos o melhor caminho. Enquanto buscamos um modo de nos mantermos fiéis a tantos compromissos distintos e simultâneos, sopesando-os em relação à situação com a qual estamos lidando e considerando o contexto mais amplo de nossas vidas, estamos agindo como amigos em benefício de nós próprios.

Essa amizade interior implica a compreensão de que a amizade e o domínio de si são, na verdade, duas maneiras de olhar para a mesma virtude. Os cuidados típicos de um relacionamento como esse que o indivíduo tem consigo também são essenciais no domínio de si. Não que o autodomínio seja mais facilmente alcançado com o apoio de amigos; ele é um tipo de relação amistosa entre as vozes distintas que existem no interior de cada pessoa. Assim, Sócrates se refere à alma harmoniosa como aquela cujas partes são "amistosas" umas com as outras, na qual o amor pelo aprendizado e pela sabedoria é mais importante do que o amor pela honra e pelo lucro. A conclusão de Aristóteles é que a pessoa boa é, acima de tudo, amiga de si, e que essa é a forma mais essencial da virtude.[7]

O que costumamos chamar de amizade, a relação íntima entre dois indivíduos, pode ser considerada uma extensão da amizade que devemos ter com nós mesmos. Enquanto nossa casa não estiver em ordem, por assim dizer, e não tivermos uma noção de como equilibrar nossos comprometimentos, como colocar as perdas na devida perspectiva e como nos defendermos, não conseguiremos ser bons amigos. Isso porque nos faltariam os elementos essenciais para oferecer aos outros o encorajamento e o aconselhamento que permitem o surgimento da amizade. Um indivíduo que tende a alimentar sentimentos como ressentimento, vingança, raiva, obsessão ou outras formas de vício seria incapaz de proporcionar o apoio que é parte integral de uma amizade.

Aristóteles argumenta que somente os virtuosos podem ser amigos autênticos e estabelece o modelo para um bom amigo com base na atitude que uma boa pessoa demonstra ter em relação a si mesma.

> As marcas que definem as amizades parecem proceder das relações de um homem para consigo mesmo. Com efeito, definimos um amigo como aquele que deseja e faz, ou parece desejar e fazer, o bem no interesse do outro; ou como o amigo que deseja que o outro exista e viva por ele mesmo [...]. Ora, cada característica dessa é verdadeira do homem bom em relação a si mesmo [...]. Com efeito, as opiniões são harmônicas e ele deseja de toda a sua alma as mesmas coisas; por conseguinte, deseja para si o que é bom e o que parece sê-lo [...] e assim procede no seu próprio interesse (isto é, no interesse do elemento intelectual que possui em si e que é considerado como sendo o próprio homem); e a si mesmo deseja a vida e a preservação, em especial do elemento em virtude do qual pensa.[8]

Podemos nos perguntar se Aristóteles tem razão ao estabelecer uma conexão tão estreita entre o autocontrole e a amizade. Não é verdade que, por vezes, somos rigorosos ou desrespeitosos com nós mesmos, e ainda assim nos revelamos bons amigos para os outros? Será que a autodepreciação e a falta de autoconfiança diminuem o valor que podemos atribuir a uma pessoa?

Aristóteles devia ter em mente algo como: o próprio fato de nos percebermos em situações em que fazemos uma rigorosa autocrítica, sabendo que isso não é bom, indica, no mínimo, uma aspiração a sermos amigos de nós mesmos. Ter essa aspiração significa já estar familiarizado com uma verdadeira autoestima. É a esse costume que implicitamente damos uma direção — e fortalecemos — sempre que prestamos uma verdadeira ajuda a um amigo. O mero fato de termos breves lapsos de virtude em relação a nós mesmos e aos outros não nos impede de sermos bons amigos. Ninguém é perfeito. Quando agimos como bons amigos, estamos nos valendo de uma amizade que, de alguma maneira, estamos dedicando a nós próprios. Como passamos cada momento de nossa existência em nossa própria companhia, tendemos a perder de vista a amizade que predomina em nosso interior e exagerar a dimensão dos momentos em que nos entregamos a um sentimento de ódio por nós próprios. Talvez tenhamos uma nítida lembrança dos excepcionais momentos em que a vida nos parece carecer de um propósito, momentos de obsessão ou de desespero, e ignoremos quando o autocontrole predomina. Portanto, é impossível sermos amigos dos outros e, ao mesmo tempo, inimigos de nós próprios. O fato de conseguirmos colocar as coisas em perspectiva para um amigo é um sinal de que temos uma força interior, que está pronta para ser usada em benefício próprio, de uma maneira que talvez não compreendamos totalmente.

Um dos grandes benefícios de um amigo é a possibilidade de ele enfatizar nossa autoestima ao nos apontar e nos lembrar das virtudes que temos, mas que tendemos a esquecer. Aristóteles apresenta essa vantagem da amizade ao responder à pergunta: "Por que os virtuosos precisam buscar amigos se já são pessoas virtuosas, e supostamente não precisam de mais nada?" Por mais que um indivíduo tenha alcançado a virtude, compreender o ponto de vista sob o qual ele é virtuoso exige dele uma reflexão sobre os demais pontos de vista. O raciocínio de Aristóteles é o seguinte:

> Se a felicidade consiste em viver e em ser ativo, e a atividade de um homem bom é virtuosa e aprazível em si mesma [...] e se podemos contemplar o próximo melhor do que a nós mesmos, e suas ações melhor do que as nossas [...] se assim for, o homem

sumamente feliz necessitará de amigos dessa espécie, já que o seu propósito é contemplar ações dignas e suas, e as de um homem bom que seja seu amigo possuem ambas essas qualidades [...] e isso se verificará se viverem em comum e compartilharem discussões e pensamentos.[9]

A ideia de Aristóteles, de que temos uma maior facilidade em contemplar e valorizar os indivíduos ao nosso redor do que a nós mesmos, está em gritante contraste, como veremos mais adiante, com a tese dos estoicos, que sugere que nos conheçamos e tendamos ao amor-próprio, que deve ser fortalecido se quisermos ser bons para os outros. O fato de sermos capazes de nos conhecermos e alimentarmos nosso amor-próprio independentemente das demais pessoas tem implicações significativas, como logo veremos, na relação entre a amizade e a identidade pessoal, e na relação entre a amizade e a justiça.

Aristóteles afirma que somos capazes de valorizar a nós mesmos quando vemos nossas próprias ações corporificadas nas de um amigo. Embora mostremos uma impressionante virtude por meio de nossa conduta — pelos sacrifícios que fazemos, riscos que corremos e a maneira como nos comportamos em circunstâncias que deixariam a maioria das pessoas perturbadas —, tendemos a esquecer tal virtude quando nos habituamos a ser nós mesmos. Talvez nos vejamos enredados em uma ausência de autoconfiança, ao mesmo tempo que exibimos ao restante do mundo a integridade de nosso estilo de vida. É nessa altura que é útil ter um amigo para nos apoiar e nos lembrar daquilo que não conseguimos enxergar por estar perto demais de nós mesmos. Nietzsche, que muito raramente cita Aristóteles, chegou à mesma compreensão. Ele descreve o amigo como a boia de salvação que impede que o ermitão afunde no desespero em razão de seu diálogo interno: "Eu e eu estamos sempre muito envolvidos em uma conversa. Como suportar isso, se não houver um amigo? Para o eremita, o amigo é sempre o terceiro: o terceiro é a cortiça que não deixa que afunde a conversa dos dois. Ah, existem profundezas demais para todos os eremitas. Por isso eles tanto anseiam por um amigo e suas alturas."[10]

A amizade com valor intrínseco

Tente relembrar uma história que lhe serve como perfeita ilustração de uma amizade. Há grandes chances de ela envolver uma dificuldade, grande ou pequena. A amizade, pelo menos da maneira que me vem à mente, consiste em estar preso em um congestionamento em Bangalore, na Índia, duas horas atrasado para uma cerimônia de casamento após ter viajado metade do mundo, tirando o máximo proveito de uma situação de total impotência ao me deparar com o bom humor do motorista que contratamos — muito bem-vestido e aparentemente um ótimo profissional, mas sem a menor ideia da direção para a qual estávamos seguindo. A amizade significa estar em uma competição direta com um atleta na qual somente os dois sabem quem é o vencedor e na qual o verdadeiro objetivo é fazer com que o outro tenha a melhor performance possível. Quando a competição termina, os dois caem estatelados no gramado fora da academia e passam a conversar sobre os detalhes da competição de que participaram.

Tais gestos não são simples meios para atingir um fim; não conduzem à realização de nada que seja extrínseco a eles mesmos. Nas palavras de Aristóteles, são ações cujo significado está *en energeia*, "na ação", e não em um resultado final qualquer. Compreendidos dessa maneira, gestos de amizade se distinguem dos voltados à produção — por exemplo, a manufatura de sapatos, cujo valor está no produto acabado (um par pronto para ser usado). Quando você faz pouco-caso da adversidade de estar preso com alguém em um congestionamento, ou oferece uma toalha para o adversário ao terminar uma competição, a intenção não é conquistar coisa alguma, e sim ser você mesmo e fortalecer a outra pessoa. Essas situações de apoio mútuo, que muitas vezes envolvem uma criativa redenção das dificuldades, são o que definem uma amizade. Elas indicam que a amizade surge como consequência de uma jornada. Um amigo é alguém que compartilha da mesma história que eu, uma pessoa em cuja presença eu alcanço meu autodomínio enquanto enfrentamos juntos as idas e vindas da vida. Um amigo próximo é uma pessoa sem a qual me seria difícil — talvez impossível — contar a minha história de vida.

Além disso, embora os gestos de amizade não visem alcançar nada além deles mesmos e sejam realizados, por assim dizer, "no momento", eles também contêm um senso de perenidade que um produto como o par de sapatos jamais terá. Uma vez que o par de sapatos foi fabricado, já atingiu o auge de seu valor. A partir de então, os sapatos se desgastam na medida em que são usados. Em contraste com isso, um gesto de amizade continua a viver e a prosperar. Ele se abre para um cenário futuro, tornando-se um ponto de referência e contribuindo para a compreensão de situações futuras. Na próxima vez que se vir preso em um congestionamento, por exemplo, poderá relembrar "aquela vez em Bangalore..." e se livrar da frustração que está sentindo ao comparar a atual situação com um episódio semelhante que, como uma expressão da amizade, tornou-se parte da sua inesquecível jornada.

Levar a sério a relação entre amizade e a jornada pessoal significa reconhecer que não há como compreender, de maneira abstrata e em termos de boas qualidades, o que faz de alguém um amigo. Há muitas pessoas no mundo cuja bondade se revela em sua empatia, generosidade e senso de justiça. Mas nem todas são amigas nossas — e não necessariamente desejamos ser amigos delas. Embora possamos admirar uma figura como Nelson Mandela pela imensa coragem e pelo espírito de reconciliação, não poderíamos ser amigos dele antes de sabermos mais sobre seu estilo de vida e como nossos hábitos se relacionam, o que facilmente poderia acontecer se passássemos um tempo ao lado dele, compartilhando histórias e conversando.

A amizade envolve mais do que valorizar uma pessoa que seja boa em um sentido geral. Ela envolve a lealdade mútua e uma experiência compartilhada. Podemos dizer que a virtude que a amizade deseja alcançar não é uma concepção geral sobre o que é o bem, mas a coerência entre a vida de um indivíduo e o modo como ela foi, de fato, vivida.

A amizade está em sintonia com a ideia de que uma vida virtuosa consiste em buscar o bem para si mesmo, e não de um modo abstrato. Embora Aristóteles pareça descrever uma vida plena como se ela fosse algo idêntico para todas as pessoas, o filósofo apresenta um ponto de vista mais matizado a esse respeito, em sua explicação sobre o assunto. Ao definir um bom amigo, Aristóteles leva em consideração a relação entre *o bem* e o bem da *própria* pessoa: "Ninguém optaria por ter todas as coisas boas tornando-se outra pessoa." Até a forma como "Deus detém o bem" se revela "ao ser da maneira que ele deseja ser".[11] Essa observação um tanto obscura encontra ressonância na insinuação aristotélica de que a virtude, em certo sentido, existe em proporção a nós próprios. Tendo definido a virtude como um ponto intermediário entre dois extremos, assim como o é a coragem entre a imprudência e a covardia; e a grandiosidade da alma entre a vaidade e a resignação, o filósofo indaga se tal ponto intermediário é absoluto ou "existe em proporção a nós próprios", e conclui que essa segunda alternativa é a correta.[12]

Eis a conclusão à qual, ao que tudo indica, Aristóteles deseja chegar: embora a virtude possa, em todas as situações, se conformar a uma estrutura geral — que inclui a busca pela coerência e as capacidades de deliberação, de julgamento e de colocar as situações adversas e as fatalidades em perspectiva —, os comprometimentos específicos e as relações envolvidas em cada ato de deliberação, julgamento ou redenção dizem respeito *a você*. A importância que você decide atribuir, por exemplo, à família, ao trabalho ou a um hobby dependerá das suas circunstâncias e do lugar que cada um desses comprometimentos ocupa em sua vida, de modo geral. Em todos esses casos, contudo, a virtude exige que o indivíduo considere todos os seus comprometimentos, que os sopese diante da situação que está em jogo e que aja de uma maneira verdadeira consigo mesmo, como um todo. Embora o princípio do "todo", ou da coerência, seja o mesmo para todas as pessoas, seu arranjo específico não é. Em razão de nossas diferentes circunstâncias e histórias de vida, teremos amigos diferentes, mesmo que estejamos igualmente comprometidos com a virtude.

Em outras palavras, a razão pela qual uma pessoa é nossa amiga, em vez de amiga de outro alguém, não está necessariamente baseada na virtude relativa que possa ser mensurada de acordo com algum parâmetro universal. Pode acontecer de, considerando a variedade particular de comprometimentos em que estamos imersos, uma pessoa se revelar adequada para nos dar apoio e nos aconselhar. Apesar de Aristóteles defender a ideia de que só pode haver uma autêntica amizade entre pessoas virtuosas, ele jamais afirma que todos os virtuosos têm virtudes idênticas, ou que qualquer pessoa virtuosa poderá ser amiga de outro alguém.

Há ainda outra razão pela qual a bondade em seu sentido abstrato não pode servir de justificativa para a bondade de um bom amigo. Embora todos busquemos uma vida integral, nenhum de nós é perfeito. Se fôssemos, não teríamos a necessidade de buscar o autoconhecimento, tampouco precisaríamos do apoio e do reconhecimento de amigos. Certo desassossego é intrínseco à atividade típica de uma vida plena — não o esforço para conquistar mais coisas, mas para chegar a um nível maior de autocontrole. O que nos impede de alcançar o domínio de si varia de uma pessoa para outra. Há quem seja suscetível à raiva, à autopiedade, a obsessões, a doenças. Há indivíduos que esgotam sua energia a serviço dos outros e reservam pouco tempo para os próprios projetos. Outros estão obcecados com suas profissões a ponto de perderem a generosidade da alma em relação às demais. Uma vez que nosso interesse é o de nos aperfeiçoarmos, vamos buscar amigos cujos pontos fortes equivalem a nossos pontos fracos, aqueles com os quais podemos aprender e evoluir. Gravitamos ao redor daquelas pessoas que se revelam adequadas para nós, não daqueles que são pessoas boas de maneira geral.

A amizade não se resume a uma virtude de maneira abstrata no que diz respeito à dimensão ativa e criativa. Não se trata de algo que esteja dado desde o início — ela é construída por meio de gestos de comprometimento — nem que duas pessoas inteiras se encontram, cada uma delas comprometida com a virtude à sua maneira, mas com pontos fracos e fortes que se complementam e então, de modo instantâneo, tornam-se amigas. Esse tipo de empatia talvez represente o início de uma amizade, mas não é a amizade em si. É somente por meio da convivência — enfrentando dilemas, dispondo-se a apoiar o outro, decidindo ficar ao lado dele, afirmando e ratificando o comprometimento — que ela pode florescer. Como afirma Aristóteles, a verdadeira amizade "requer a passagem do tempo e hábitos que são criados por meio da convivência". Segundo ele, as pessoas não podem se tornar amigas antes de, no mínimo, partilharem uma refeição. Somente por meio da construção de uma história de experiências compartilhadas e de apoio mútuo é que "cada uma das partes se apresenta à outra como uma pessoa amável e digna de confiança".[13]

O amor mais profundo, afirma o filósofo, não é simplesmente descoberto, mas construído. Ele contesta a ideia de um amor à primeira vista, não apenas em razão da necessidade de saber mais sobre o outro antes de acolhê-lo como amigo, mas porque a nossa própria postura ativa diante desse relacionamento — de que modo contribuímos com ele por meio de gestos de comprometimento — é que define sua natureza. Amamos mais as coisas que, em certa medida, nós mesmos criamos. Aristóteles faz uma analogia entre isso e os artesãos que amam seu trabalho, e os poetas que amam seus poemas: "Existimos em meio à atividade [...] e, nela, o criador de algo, em certa medida, *é* o trabalho. Portanto, ele sente afeto por seu trabalho pelo fato de sentir afeto pela existência."[14] É por esse motivo, prossegue, que as mães sentem um afeto tão profundo por seus filhos: eles contribuíram para a existência delas e passaram pelo sofrimento de vir ao mundo pelo nascimento. É claro que não criamos nem damos à luz nossos amigos. Nós os encontramos ao longo da vida. Contudo, contribuímos com o que eles são, à medida que os conhecemos melhor — por meio de gestos de apoio, deliberação e aconselhamento. É por meio de gestos mútuos de doação que amigos passam a amar uns aos outros como se fossem uma extensão deles próprios.

A tensão entre a amizade e a justiça: Holly Martins e Harry Lime em *O terceiro homem*

O aspecto ativo e comprometido de uma amizade implica a possível necessidade de complexas trocas e concessões de natureza moral. Damos uma verdadeira prova de amizade no momento que decidimos permanecer ao lado de uma pessoa, em vez de estar em outro lugar. Ser um bom amigo talvez implique adiar compromissos, ou então correr riscos para ajudar um amigo que precisa de ajuda. Ser um bom amigo pode até implicar a necessidade de fazer concessões em relação a um projeto altruísta ou contornar certas regras sociais. Se estivermos em uma situação em que precisamos contratar alguém para uma vaga de emprego, provavelmente seria um erro não darmos, em alguma medida, prioridade a um amigo que esteja precisando do trabalho. Sob a perspectiva de uma justiça imparcial, tal prioridade pode parecer uma forma de corrupção. Mas, sob a perspectiva da amizade, talvez seja a atitude correta. O mesmo se aplica à situação em que se mostra a um amigo os bastidores de uma situação que conhecemos bem, mas que é desconhecida do grande público. Em certa medida, a amizade pode até implicar ocultar uma ação condenável praticada por um amigo.

O imperativo particular da amizade se destaca quando ela entra em conflito com a justiça. Ora, alguém poderia afirmar que uma coisa não pode se opor à outra, pelo menos no caso da amizade que existe em benefício da virtude. O próprio Aristóteles defende a ideia de que a pessoa virtuosa, com os atributos necessários para ser um verdadeiro amigo — dotada de uma alma grandiosa —, não cometeria uma injustiça. Alguém dotado de uma alma grandiosa dá pouca importância às coisas pelas quais a maioria dos indivíduos compete e que os impedem de ser leais uns com os outros. A pessoa íntegra dotada de uma alma grandiosa não é suscetível a ressentimentos ou a vinganças, mesmo em situações que envolvem mágoas e insultos. Porém, afirmar que a grandiosidade da alma ou o domínio de si impede o surgimento da injustiça, e que amigos realmente bons sempre serão justos pode passar a impressão de que a vida é fácil demais. Para começo de conversa, todos somos imperfeitos. Mesmo que, na maioria das vezes, possamos viver de modo virtuoso, também sucumbimos a sentimentos como medo, ressentimento, raiva e desespero. Nessas situações, talvez tratemos os outros de maneira injusta. Como o mundo é imperfeito a despeito de nossas melhores intenções, as pessoas com domínio de si talvez sejam obrigadas a praticar gestos de lealdade que são considerados injustos. Em que medida devemos manter lealdade a um amigo que pratica um ato injusto, e talvez até mesmo ajudá-lo a escapar da justiça? Essa é uma das questões mais difíceis de responder. Entretanto, trata-se de uma questão somente à medida que reconhecemos a amizade como uma virtude significativa em si mesma.

Encontramos um exemplo instigante do significado e do valor de uma amizade no filme *O terceiro homem*, de Carol Reed. Nele, um jovem escritor em crise, Holly Martins (Joseph Cotten), viaja dos Estados Unidos à Áustria do pós-guerra para aceitar uma oferta de trabalho de um amigo de infância, Harry Lime (Orson Welles). Ao chegar em Viena, Martins leva um choque ao descobrir que o amigo está desaparecido. Logo fica sabendo que Lime foi atropelado em um misterioso acidente de trânsito. Alimentando a suspeita de se tratar de um crime, Martins decide ficar na cidade e investigar. Sem demora, ele encontra um chefe de polícia britânico taciturno, que lhe pede para interromper tal investigação privada. Lime, diz o chefe de polícia, era um bandido, um vigarista impiedoso, e o mundo está melhor sem ele.

Suspeitando do envolvimento de Lime com algum esquema relativamente inofensivo, relacionado ao contrabando de pneus ou cigarros, Martins decide sair em defesa do amigo e se torna implacável na investigação.

Após surpreendentes reviravoltas, Martins fica sabendo de uma verdade terrível: Harry Lime está vivo. Ele simulou a própria morte para evitar ser preso em um esquema cruel montado pelo crime organizado e ainda mais desumano do que a fala do chefe de polícia dava a entender: Lime e seus comparsas vinham roubando penicilina dos hospitais da cidade em grandes quantidades, diluindo-a até reduzir ao máximo sua eficácia e vendendo-a no mercado de contrabando a pacientes desesperados — homens com pernas gangrenadas por ferimentos de guerra, mulheres que contraíram infecções durante o trabalho de parto, crianças acometidas de meningite.

Durante um confronto com Lime no topo de uma ameaçadora roda-gigante, em um bairro vienense devastado pela guerra, Martins fica sabendo a que ponto chega a crueldade do amigo: sentados em um compartimento instável no topo do aparelho, Lime aponta para o chão lá embaixo, em que as pessoas aparecem como pequeninos pontos. Ele pergunta a Martins se ficaria preocupado se um daqueles pontinhos parasse de se mover para sempre: "Se eu lhe oferecesse 20 mil libras para cada pontinho que parasse de se mover, você me diria, meu velho, para eu ficar com o dinheiro? Ou passaria a calcular quantos pontinhos se permitiria poupar?" Com essa justificativa sombria, ele propõe a Martins uma colaboração no esquema — caso contrário, o amigo deveria deixá-lo em paz.

Com integridade, Martins fica indignado e recusa a oferta. Fica arrasado ao descobrir o cínico cruel em que seu amigo se transformou. No entanto, não colabora com o chefe de polícia para levar Lime à justiça.

O espectador fica sabendo, por uma fala de Martins, que ele e Lime cresceram juntos nos Estados Unidos. Quando crianças, viveram todo tipo de aventuras e se envolveram com malandragens. Lime sempre encontrava um meio de escapar das punições (até naquela época, como Martins se dá conta olhando em retrospecto, Lime sempre se colocava como prioridade). O adulto Lime, de maneira perversa, está disposto a defender Martins; pagou pelo seu bilhete de avião rumo a Viena, avaliando que o amigo poderia se juntar àquele esquema abominável. À luz da emaranhada história de vida dos dois, Martins não está disposto a trair Lime. "Harry Lime pode até merecer a morte por enforcamento", diz Martins ao chefe de polícia, "mas não espere que eu prepare o nó na corda".

A namorada de Lime, Anna Schmidt, adota uma postura semelhante, embora Lime a tenha traído quando sumiu para participar da falcatrua. Contestando Martins, que está prestes a mudar de ideia, disposto a ajudar a polícia a prender Lime, Anna ratifica sua lealdade: "Não quero mais saber dele. Não quero mais encontrá-lo nem ouvir falar dele, mas ele ainda é parte de mim, isso é fato. Eu não seria capaz de mover um dedo para prejudicá-lo." O chefe de polícia descobriu que Anna estava morando em Viena com um passaporte ilegal, falsificado por Lime. O policial a ameaça com a deportação se ela não ajudar na captura do parceiro, mas ela revela a disposição de ser deportada para o Oriente, caso isso beneficie Lime.

No final, Martins e Anna decidem seguir com suas vidas. Em uma última tentativa, o chefe de polícia leva Martins a um hospital lotado com crianças acometidas de lesão cerebral permanente em razão dos efeitos da penicilina diluída de Lime. Finalmente persuadido, Martins ajuda o chefe de polícia a atrair o amigo para fora do esconderijo. No fim de uma dramática cena de perseguição, Martins encontra Lime, que foi baleado por um policial. Sem qualquer chance de escapar, o homem olha no fundo dos olhos do amigo e diz: "Acabou. Puxe o gatilho." Enquanto a câmera se afasta dos dois homens, um tiro ressoa, indicando que Martins atendeu ao pedido, desferindo nele o golpe final.

Nesse meio-tempo, Anna permaneceu fiel a Lime. Ela até tentou alertá-lo sobre a cilada que estava sendo preparada. O filme termina com Anna e Martins no funeral de Lime — o verdadeiro funeral. Na cena final, a mulher passa indiferente ao lado de Martins, sem nem sequer reconhecer sua presença, enquanto ele tenta interagir com ela.

O desfecho deixa para nós, espectadores, a pergunta: Martins ou Anna tomaram a atitude correta? Não há a menor certeza de que a decisão de Martins — em última instância alinhada com a justiça — foi mais nobre do que a de Anna, alinhada com a amizade. A única certeza é a de que ambos os personagens carregam consigo uma trágica consciência das afirmações antagônicas que fazem dessas duas virtudes. Só é possível ter tal consciência à medida que se reconhece a amizade como uma virtude significativa em si mesma — situada ao lado da justiça, não abaixo desta.

Um teste para determinar o melhor meio de equilibrar amizade e justiça é saber em que medida a desonestidade ou as fraudes de um amigo podem contaminar a amizade propriamente dita. É difícil imaginar que um indivíduo que sempre tenta levar vantagem sobre as outras pessoas não tente também levar vantagem sobre os próprios amigos. Em parte, o que leva Martins a cooperar com a polícia é que Lime revelou ser um amigo desleal, e não apenas uma pessoa injusta. No encontro sombrio dos dois na roda-gigante, Lime ameaça Martins e revela também o fato de estar usando Anna como um mero instrumento — ela acha que Lime a ama de verdade. Martins se dá conta de que, mesmo em seus tempos de amizade na infância, o parceiro sempre deu prioridade aos próprios interesses.

Também é plausível imaginar um amigo cujos atos injustos têm um alvo específico e limitado — infrações que violam "o sistema" ou abstratas normas de justiça que não colocariam a amizade em risco. Basta vermos como prevalece uma relação de *bons amis* entre os ladrões do filme *Onze homens e um segredo*, ou na sólida ligação entre Bonnie e Clyde enquanto roubam bancos juntos no Meio-Oeste dos Estados Unidos. As injustiças praticadas pelos dois aparentemente não afetam a amizade. Embora a natureza dessas relações talvez não seja particularmente elevada, elas são, em alguma medida, amizades que têm como alicerce uma virtude de caráter. Não podem ser descartadas como utilitárias. De um modo paradoxal, os atos injustos parecem até fortalecê-las, na medida que se transformam em oportunidades para que amigos façam planos e reflitam juntos, que defendam um ao outro e que compartilhem um estilo de vida.

A possibilidade de desenvolver uma amizade com uma pessoa que cometeu um crime grave e escapou da justiça é manifestada de maneira poderosa no livro *Crime e castigo*, de Fiodor Dostoiévski, no amor de Sonya por Raskolnikov. Quando a mulher fica sabendo, por meio da confissão do próprio, que ele assassinou a velha agiota e também a irmã adotiva dela, ela o perdoa. Embora horrorizada com o crime, e mal consiga acreditar no que aconteceu, se mantém fiel a Raskolnikov pela lealdade que ele sempre lhe demonstrou. Apesar de sua total desorientação e da imoralidade que o levaram a cometer tal repugnante crime duplo, como um modo perverso de testar o próprio poder e independência, Raskolnikov revela o seu inabalável compromisso com Sonya enquanto tenta se recompor logo após o crime. Enquanto a maioria dos (ostensivamente) respeitáveis membros da sociedade de São Petersburgo menospreza Sonya, que recorreu à prostituição para sustentar a família pobre e as irmãs mais novas, Raskolnikov consegue embrenhar-se na pureza do coração dela. Ele a ama e sente compaixão pelo pai dela, Marmeledov, um ex-funcionário público que passa por sérias dificuldades e cujo alcoolismo o levou a esgotar todos os recursos financeiros da família. Quando o pai de sua amada sofre um acidente terrível, sendo atropelado por uma charrete, Raskolnikov corre para ajudá-lo e tenta salvar sua vida. Logo após a morte de Marmeledov, o homem doa a Sonya o pouco que lhe resta. Ele também a defende das acusações de um homem que tenta manchar a sua reputação, acusando-a falsamente de roubo. Tendo sido apoiada e amada por Raskolnikov, um amor por meio do qual ele próprio acabará sendo redimido, Sonya se mantém fiel, embora Lizaveta, uma das mulheres assassinadas por ele, fosse sua amiga.

Assim como Raskolnikov enxerga o bem em Sonya, ela enxerga o bem nele. Com uma clareza muito maior do que o amado é capaz de perceber, paralisado como está em sua abalada autoconfiança, Sonya compreende que ele é um bom homem que perdeu o rumo por um momento. Ela lhe implora que se arrependa e que "beije a terra" que acaba de profanar. Mesmo quando Raskolnikov se recusa, o amor dela permanece firme. No final, Raskolnikov se entrega à polícia e é condenado a uma pena de oito anos de trabalhos forçados (uma sentença relativamente branda pelo crime de assassinato, uma vez que o juiz, se revelando incapaz de compreender a verdadeira motivação do acusado, acaba considerando-o insano). Sonya se muda com ele para a Sibéria e o visita na prisão diariamente. Por meio desse amor, Raskolnikov acaba se redimindo. A história termina com o renascimento dele nos braços da amada, compartilhando com ela objetivos e anseios de vida.

Tivesse Sonya simplesmente mostrado um compromisso com a justiça, ela o teria entregado à polícia tão logo soube do crime, ou, no mínimo, rompido os laços enquanto Raskolnikov estivesse escapando da aplicação das leis. No entanto, a amizade e o amor por Raskolnikov acabam prevalecendo. Com base em nossa grande admiração por Sonya em razão de sua lealdade, não é fácil reconhecermos que a justiça deve ter prioridade em relação à amizade.

O preconceito moderno em relação à amizade, em benefício da justiça

Bem no fundo, a maioria de nós reconhece a importância da amizade como uma virtude em si mesma. Entretanto, quando nos sentimos pressionados por nossa carreira, nos mostrando incapazes de encontrar tempo para os amigos, ou quando percebemos que nossa esperança de nutrir tais relações está sendo destruída por traições, acabamos nos convencendo de que a amizade não tem grande importância no cenário mais amplo. Devido a uma tradição filosófica moderna que costuma desonrá-la e favorecer interesses supostamente universais, nos deparamos com um imenso número de argumentos contrários à amizade, e que envolvem hipocrisia e arrogância.

Encontrei um livro de autoajuda sobre o estoicismo contemporâneo, cuja tese é de que a amizade é um "indiferente preferido", algo que gostaríamos de ter, mas que não é essencial para conquistar uma vida plena. O autor explica que a única coisa que não é um "indiferente preferido" é o caráter moral. Ele considera a amizade e o caráter moral coisas distintas, sendo que a amizade se assemelha muito ao mero egoísmo. Em um trecho revelador, escreve que "é impossível haver algo como a amizade (estoica) entre criminosos, tendo em vista que, toda vez que um criminoso ajuda seu comparsa para, digamos, escapar da Justiça, ele coloca a amizade que tem pelo colega acima da integridade moral — justamente o contrário do conjunto de prioridades dos estoicos".[15]

O que está sendo ignorado nessa explicação estoica é que a integridade moral é algo consideravelmente mais amplo do que a justiça. Conforme Aristóteles nos recorda, a justiça pode até ser considerada uma virtude medicinal. Evocamos as regras da justiça somente depois que laços mais estreitos foram rompidos. Em um ponto mais elevado que a justiça, encontramos a grandiosidade da alma e a amizade, sem falar da coragem e da generosidade, consideradas por Aristóteles como virtudes por si mesmas. O simples fato de um indivíduo ser um criminoso não faz dele uma pessoa má ou um mau amigo. Argumentar que Bonnie e Clyde não eram verdadeiros amigos pelo fato de eles cometerem injustiças não faz muito sentido, a menos que tais injustiças passem a destruir a lealdade mútua que existe entre eles.

Afirmar, simplesmente, que a busca pela justiça é um critério para identificar uma "verdadeira" amizade significa não compreender as complexidades das demais virtudes. Conforme nos é mostrado no caso de Martins e Lime, ajudar um amigo a escapar das leis da Justiça pode, em si, representar uma espécie de integridade moral. Isso é verdadeiro nos casos em que um parceiro pode ser favorecido ao denunciar seu comparsa à polícia. Há um motivo que nos leva a torcer pelos criminosos em filmes como *O poderoso chefão*. Embora consideremos seus crimes atos condenáveis, admiramos sua inabalável lealdade à família e aos amigos. Não podemos descartar tal lealdade, considerando-a meramente utilitária ou egoísta. Ela é o testemunho de um tipo de virtude de caráter, a prova de uma amizade com valor intrínseco.

A suposição de que uma verdadeira amizade não pode existir entre criminosos desconsidera a reivindicação moral de que as partes estão se defendendo. Conforme Sócrates observa na *República* de Platão, pode haver determinada virtude entre ladrões, na medida que eles se mantêm unidos para cometer um crime. Embora possamos reprovar o crime em si, não podemos desconsiderar com a mesma facilidade as manifestações de lealdade criadas e preservadas ao longo do processo.

O aviltamento da amizade que encontramos nesse autor estoico está longe de ser uma aberração na filosofia moral contemporânea. Uma perspectiva incrivelmente comum entre os filósofos contemporâneos concebe a amizade como um tipo de afinidade emocional — e com uma visão estreita — pelas pessoas de nosso círculo social. A amizade, do ponto de vista de muitos deles, é uma espécie de lealdade habitual baseada apenas nas contingências das pessoas ao lado de quem você cresceu, ou que por acaso encontrou em seu cotidiano. Para eles, o que realmente importa, e que requer o emprego da razão, é a justiça imparcial. Esses filósofos afirmam que, enquanto a decisão de ser um bom amigo surge de modo quase natural, como uma propensão instintiva em favor das pessoas próximas a nós, ser uma *boa pessoa*, ser bom para as pessoas de modo geral, exige empenho. De acordo com essa visão, alcançar uma consciência moral mais ampla implica resistirmos à atração exercida por tendências egoístas, entre elas a amizade.

Tal preconceito tem raízes que nos remetem a Adam Smith, filósofo iluminista escocês. Ele define este tipo de relação como uma "empatia limitada" que emerge a partir de uma identificação intensa com as pessoas com quem temos um contato regular — familiares, acima de tudo, vizinhos e, a seguir, cidadãos de seu país.[16] Partindo do princípio do amor por si mesmo, Smith se mostra sintonizado com os estoicos ao estabelecer círculos de interesse que se ampliam de forma gradual, cada um deles definido por uma "empatia habitual" cada vez mais atenuada, até que o indivíduo se livra da influência dos hábitos e alcança um sentimento de empatia universal por desconhecidos, considerado o sentimento moral mais elevado: "O homem sábio e virtuoso [...] considera todas as adversidades com que possa se deparar, seus amigos, sua sociedade e seu país, como necessárias para a prosperidade do universo."[17] Um sentimento praticamente idêntico é expressado por Montesquieu, pensador iluminista francês, que afirma: "Se os homens fossem perfeitamente virtuosos, não teriam amigos."[18]

Entretanto, considerar a amizade como uma atitude de visão estreita e meramente emocional, sem qualquer correspondência com a razão e a reflexão, é um erro. O próprio fato de que podemos levar a sério as reivindicações da Justiça e, ao mesmo tempo, nos mantermos fiéis a um amigo (como Anna Schmidt faz em *O terceiro homem*) indica que a amizade envolve deliberações profundas e sacrifícios dolorosos. Ser amigo de alguém significa equilibrar compromissos, e não uma fidelidade ou uma concordância cegas.

Mesmo nos casos em que a relação não se alinha com a justiça, dando origem à necessidade da reflexão, mas se desenvolve no decorrer da vida cotidiana, ela envolve uma capacidade criativa e interpretativa. Tome o exemplo de gestos corriqueiros a partir dos quais se desenvolve uma amizade, como ouvir uma piada da pessoa com quem se está preso em um congestionamento. Desenvolver uma amizade desse jeito significa estar atento a uma situação de interesse mútuo, de um modo que é fiel à sua atitude normal do dia a dia e que ao mesmo tempo revela uma sensibilidade em relação ao senso de humor dessa pessoa. É necessário ser capaz de enxergar o absurdo da situação de um motorista vestindo um uniforme impecável, dando uma exibição de autoconfiança em um momento em que não faz ideia de para onde está dirigindo. Lembre-se também de que esse absurdo é o que o seu amigo valoriza naquele momento. Essa é uma sabedoria de natureza prática, não se trata de mera afinidade emocional baseada na proximidade geográfica. Há inúmeras pessoas das quais — depois da experiência de ficar confinado com elas durante três horas em um congestionamento em Bangalore — você, sem dúvida, prefere *manter distância*.

Embora as pessoas que acabam se tornando amigas talvez se encontrem por acaso — por terem nascido na mesma cidade, ou por torcerem por um mesmo time —, o relacionamento criado por elas não pode ser considerado uma mera contingência. Quando reduzimos a amizade a laços criados por proximidade geográfica enquanto pensamos em como o mundo é enorme — tentando imaginar quem seriam nossos amigos caso nossos caminhos se cruzassem —, ignoramos o fato óbvio de que, quando se trata de pessoas muito próximas a nós, aquelas com quem nos encontramos literalmente todos os dias, nos mantemos distantes de muitas delas. Em alguns casos, por um bom motivo. Considere o exemplo de um vizinho encrenqueiro: quanto mais vocês se relacionam, menos você gosta dele. Decidimos nos manter fiéis somente a certas pessoas próximas, aquelas que demonstram fidelidade a nós e nos ajudam a manter nosso autocontrole.

O aprendizado e o reconhecimento mútuos contidos em uma relação de amizade são aspectos negligenciados pela visão sentimental de Adam Smith. Enquanto o ponto de partida de Aristóteles é a atividade compartilhada, e a ideia de que somente desenvolvemos um senso de identidade por meio do diálogo com os outros, o de Adam Smith é o ego individual, que, como de hábito, pode (ou não) incluir inúmeros relacionamentos. Enquanto o filósofo grego afirma que o autoconhecimento e o amor por si próprio só podem existir por meio da amizade, e que somos seres humanos inteiros, valorizando a nós próprios apenas quando temos amigos, o escocês parte do princípio do amor a si mesmo, o qual podemos alcançar até antes de amarmos nossa família. Somente por meio das contingências dos hábitos e dos costumes, afirma Smith, podemos amar nossa família e nossos amigos. Ele interpreta tal afeição como uma espécie de atenuado amor por si mesmo.

Quando Smith se refere aos "amigos da virtude", está se referindo às pessoas que estão conectadas por um sentimento compartilhado de amor pela humanidade de modo geral. Ele ignora a existência do tipo de virtude que envolve o desenvolvimento de uma sabedoria de natureza prática, do julgamento e do domínio de si, quando se está na companhia de outra pessoa.

As alegações da amizade e do interesse universal

A ideia de que uma empatia universal pela humanidade deveria ter prioridade em relação à amizade ignora a possibilidade de que a amizade carrega consigo, para começo de conversa, a definição do que é ser humano. A crítica convencional que se faz à amizade pressupõe que ela é algo acidental, que podemos ou não desenvolver ao longo da vida. Aquilo que somos como seres humanos, por outro lado, é algo necessário ou natural, que pode ser identificado e compreendido sem qualquer relação com a amizade. Tendo ou não amigos, somos humanos e capazes de identificar outros seres humanos como tal por meio de algum atributo básico, como a racionalidade, o idioma, a senciência ou então alguma combinação de critérios. Adam Smith faz referência a uma "sociedade de seres sensíveis e inteligíveis", insinuando que a sensação e a inteligência é que definem o que é humano e digno de respeito.[19] De acordo com esse ponto de vista, a essência humana é mais importante que a amizade.

Segundo Aristóteles, o que é humano não pode ser separado de atividades compartilhadas por meio das quais podemos chegar ao autodomínio. A virtude dessa característica, que, como já vimos, implica a existência da amizade, não é propriedade de um ser pré-definido como humano de acordo com outro critério. Ser humano *significa* buscar domínio de si mesmo, e também ser um amigo — seja de si mesmo ou de outra pessoa. Como afirma Aristóteles, um ser humano não pode ser definido sem que se faça referência à atividade humana característica (*ergon*), a atividade da alma que busca a virtude.

Aristóteles argumenta que um ser humano não é uma coisa que possa ser observada em sua humanidade, ou conhecida de modo objetivo, e sim uma força ativa inteligível apenas a partir de uma perspectiva que contém envolvimento e comprometimentos. No início de *Ética*, Aristóteles afirma que somente o leitor previamente comprometido com uma vida ética será capaz de compreender seu livro, com suas explanações sobre "virtude", "sabedoria de natureza prática" e "julgamento". Somente quando nos empenhamos para estar à altura de nossa humanidade em parceria com amigos podemos compreender o que significa ser humano.

Por esse motivo, toda e qualquer explicação que contraponha a amizade a um amor universal pela humanidade está equivocada. Passamos a valorizar as pessoas distantes de nós apenas quando imaginamos de que modo poderemos inseri-las no equilíbrio de direitos e reivindicações que define nossa própria vida ativa. Passamos a respeitar estranhos em sua condição de seres humanos somente quando imaginamos meios de incluí-los em nosso círculo de amigos. Podemos imaginar a inclusão de desconhecidos apenas à medida que ouvimos o que eles têm a dizer e, considerando qual será a nossa reação, começamos a tratá-los como pessoas próximas a nós. É somente por meio da amizade que a humanidade e o respeito para com os outros podem vir à tona.

Aceitar o fato de que a amizade não é uma espécie de relação acidental entre seres humanos, mas uma dimensão constitutiva do que significa sê-lo, implica reconhecer a insensatez de perguntar se a humanidade, de modo geral, deve ser prioridade em relação à amizade. Para além de amigos e das reivindicações que eles nos fazem em meio à busca pelo autodomínio, não podemos, de modo algum, alcançar a humanidade.

Quando Adam Smith faz referência a uma "sociedade de seres sensíveis e inteligíveis", está implicitamente pressupondo uma concepção de ser humano que ignora a importância de uma atividade compartilhada, uma concepção segundo a qual um ser humano é algo que pode ser valorizado em razão de algum atributo comum a membros de uma espécie, como por exemplo a senciência ou a inteligência. Embora em um sentido formal e abstrato Adam Smith possa ter razão, os critérios que ele evoca não podem ser observados ou verificados teoricamente. A razão, por exemplo, é inseparável da prática da troca de ideias e de argumentos na tentativa de esclarecer um tema de interesse mútuo. A linguagem é inseparável das ideias que encontram expressão no diálogo.

Assim que formulamos a pergunta (muito comum hoje, entre biólogos, antropólogos e até filósofos) "Uma espécie ou um animal é dotado de linguagem ou de razão, sendo assim semelhante a um ser humano?", já perdemos contato com a atitude comprometida que, logo de partida, nos garantiria o acesso a atributos como a linguagem e a razão. Sob um ponto de vista teórico ou empírico, a linguagem ou a razão com que nos deparamos têm, na melhor das hipóteses, uma natureza calculista, uma tentativa de predizer de que modo determinada ação levará a certo resultado, como na situação em que um chimpanzé usa um graveto para retirar cupins de um ninho, ou em que certo som provoca um gesto (por exemplo, o grito agudo de um macaco se torna um alerta para os demais do bando se dispersarem, fugindo de uma cobra). Mas esse não é o tipo de razão ou de linguagem que nos leva a considerar a humanidade como intrinsecamente digna de respeito. Encontramos a comunidade humana que se expressa por meio da linguagem e da razão em um compromisso compartilhado com o conteúdo do que é verbalizado. Para além de palavras de inspiração e de aconselhamento que nos permitem alcançar o autodomínio — debates sobre o que é bom ou ruim, justo ou injusto —, não pode haver nenhuma conexão humana.

A percepção de que a linguagem, a razão ou qualquer outro critério supostamente "humano" não poder ser objeto de uma análise objetiva e de uma identificação empírica foi bem compreendida por Hans-Georg Gadamer, filósofo alemão do século XX, que afirma que, a cada vez que temos uma experiência com a linguagem, ela já reivindicou algo de nós, já trouxe à tona um significado que deve ser questionado e entendido no contexto de nossa busca pela coerência. Se a linguagem estiver desconectada da maneira como nos *cativa* e insta a questionar nossas vidas, ela não é nada. Dominar uma linguagem ou um idioma, ou então ser capaz de usá-lo, significa já estar atendendo às suas necessidades.[20]

A relação necessariamente comprometida que temos com a linguagem implica o fato de ela jamais poder ser transformada em um objeto, definida em termos meramente descritivos ou reduzida a um sistema de signos que possamos controlar. A linguagem é que fala conosco, e nós apenas respondemos. As perguntas e respostas contidas nela só podem ocorrer entre amigos, pessoas que participam de um projeto compartilhado de autocompreensão.

Tal análise nos leva a crer que a humanidade, no sentido a que nos referimos quando tratamos de um interesse universal, não pode ser transformada em um objeto que se estima e valoriza a partir de um lugar distante. Qualquer atributo que consideremos como humano pressupõe a amizade, o que significa que essa é o único alicerce que nos permite ter amor pela humanidade.

O aviltamento da amizade à luz do pensamento baseado na providência divina

Por mais influente que possa ser, especialmente no ambiente acadêmico, a crítica convencional que se faz à amizade tem mais a ver com um ponto de vista intelectual do que com a verdadeira razão que nos leva a negligenciá-la. Oposta à amizade de uma maneira muito mais incisiva do que o ideal abstrato de um amor universal, encontramos uma atitude voltada à conquista de objetivos que surgiu a partir do Iluminismo, junto com uma ética cosmopolitana: a crença de que o mundo caminha rumo a um ideal de justiça, liberdade, felicidade e progresso tecnológico, e de que a vocação humana mais elevada é a de contribuir para que esse ideal seja alcançado. Poderíamos chamá-la de uma perspectiva voltada à conquista de objetivos, uma visão cujo alicerce está na providência divina ou histórica. Ela encontra sua expressão coloquial em desejos tais como "fazer deste mundo um lugar melhor" e "estar do lado certo da história".

Essa perspectiva baseada na providência divina coloca a amizade em segundo plano em relação a alianças: na melhor das hipóteses, ela é uma fonte de estímulo para trilharmos o caminho rumo ao mundo ideal, uma forma de conexão que um dia será substituída por uma "irmandade de homens". Não é coincidência que o principal filósofo a falar sobre a providência histórica, Karl Marx, tenha escrito vários livros sobre a solidariedade da classe trabalhadora e sobre a "espécie humana", mas nenhum sobre a amizade. Em seu modelo do progresso mundial, este tipo de relação adquire apenas o sentido de uma aliança em prol de uma sociedade livre da exploração.

A rejeição da amizade em favor de uma aliança desconsidera uma possibilidade que o pensamento da Antiguidade, particularmente aquele descrito pela poesia das tragédias gregas, está disposto a reconhecer: a de que a opressão —

na forma de desastres, calamidades e de sofrimentos injustos — é um aspecto essencial da existência humana, não um acidente social passível de reformas.

A queda e a redenção de Édipo é um clássico exemplo disso. O mais sábio dos homens, capaz de solucionar o enigma da feroz Esfinge e, com isso, salvar a cidade de Tebas — um homem que, como recompensa por seu heroísmo, ascende ao trono, a partir do qual governa com a melhor das intenções, é atirado pelo destino em um abismo que envolve um assassinato involuntário e um incesto. Sua sabedoria e sua bondade excepcionais são os atributos que o conduzem a uma queda trágica. O significado dessa história, e da tragédia grega de modo geral, é que as pessoas não conseguem ter o que merecem. Apesar dessa assustadora série de lapsos, Édipo, o homem responsável por uma completa ruína moral e que, no momento que fica sabendo do que fizera, arranca os próprios olhos e relega a si mesmo ao exílio, acaba encontrando a redenção por meio da bênção que concede à cidade de Atenas, uma cidade disposta a aceitá-lo apesar de seu destino amaldiçoado.

Em um mundo de tragédias, não regido pela Providência, no qual nossos maiores objetivos fracassam e nossas melhores intenções saem pela culatra de maneiras além de nossa visão limitada, no qual reviravoltas repentinas e incompreensíveis são essenciais à vida, e não consistem em uma sutil confirmação de nosso objetivo essencial, a amizade se eleva acima da justiça. A virtude mais necessária em um universo marcado por um imenso sofrimento é a de redimir acidentes em uma narrativa que nos inspira a continuar vivendo. Sem pessoas dispostas a nos apoiar, nos aceitando apesar de nossos defeitos, é difícil preservar, ou até mesmo compreender, essa capacidade de redenção.

A visão antiprovidencial de vida, da qual a tragédia é testemunha, pode também ser manifestada em termos que enfatizam uma espécie de capacidade humana — não a capacidade de premonição ou de planejamento, mas de criatividade. É somente em um universo no qual o propósito da vida não esteja visível em nosso horizonte próximo que a autêntica criatividade — o nascimento do novo, o início de uma vida transformada — se torna possível. Nesse sentido, a criatividade não consiste em uma reunião de pequenas peças a partir do nada — que sempre tem diante de si, mesmo que de maneira implícita, uma determinada forma —, mas uma *reação* criativa diante do sofrimento, diante do inesperado. A tragédia revela que o que estamos fazendo enquanto vivemos para conquistar algo não é simplesmente a busca de um objetivo já definido e visível no horizonte, mas tentando compreender o significado de todos os possíveis objetivos. A alegria exuberante de não sermos definidos por um objetivo é o que nos impele a buscar amigos, aqueles que poderão receber e dar sua interpretação às nossas criações, mantendo viva a atividade da criação.

Não houve um filósofo que mostrasse uma sintonia maior com a dimensão exuberante e extática da tragédia do que Nietzsche. Em *O nascimento da tragédia*, seu argumento é que aquilo que os eruditos de sua época consideravam ser a "alegria dos gregos", a felicidade de viver e o aparente otimismo dos gregos antigos tal qual se refletiam em seus belos templos e nas estátuas de mármore de deuses, era o fruto de uma profunda percepção da tragédia e da necessidade de redimir o "sofrimento primordial" contido no âmago da existência. Nietzsche chega a essa percepção ao tentar compreender como um povo que dedicava tamanha atenção à ordem, às proporções e à simetria em suas esculturas e representações dos deuses também era capaz de criar mitos terríveis como o da história de Édipo, que parecia destruir todos os conceitos de estabilidade e de harmonia. O alemão conclui que ambas as atitudes estavam interligadas: a "capacidade de dar forma às coisas" dos gregos, que encontrou uma expressão paradigmática na arquitetura, chamada de "apolínea", derivada do deus Apolo, teve origem na necessidade de dar uma forma à caótica força dionisíaca, em constante produção, presente no âmago da existência. O modo definitivo empregado pelos gregos para dar uma forma ao que provêm de Dionísio, argumenta Nietzsche, foi retratá-lo diretamente, por assim dizer, na imagem do poema trágico. Ao incorporar a incipiente força dionisíaca, representada pelo coro, à unidade apolínea de uma história, os gregos promoviam a unidade entre caos e ordem, criando uma forma de arte que redimia o sofrimento das pessoas, inspirando novos atos de criação.

A partir do exemplo do mito da tragédia grega, Nietzsche chega a uma compreensão mais ampla: o sofrimento é inseparável da exuberância criativa que faz com que uma vida mereça ser vivida. Não se trata, simplesmente, de que o sofrimento nos livra da autocondescendência e nos leva a criar, e sim de que o próprio impulso criativo, sempre que nos impele, envolve uma tensão interna e um desacordo, uma forma de sofrimento que, ao mesmo tempo, confirma o valor da vida. O filósofo afirma: "É preciso ainda ter caos dentro de si para poder dar à luz a uma estrela dançante."[21] Essa estrela dançante é, em essência, uma oferta a amigos em potencial, aqueles que são inspirados por essa radiância para, por sua vez, também "dar à luz". "Ó, grande astro!", escreve Nietzsche referindo-se ao sol nascente, "que seria de sua felicidade se não tivesse aqueles que ilumina?".[22] Conforme veremos em nossa investigação sobre o tempo (Capítulo 5), não é uma coincidência que Nietzsche, sintonizado com o aspecto criativo e trágico da existência, considere a virtude dadivosa como a mais elevada das virtudes. Ao fazê-lo, ele implicitamente está concordando com Aristóteles, que coloca a amizade nessa mesma posição.

Uma redenção que se dá por meio da amizade: a história de *Pacto de sangue*

Quando tudo dá errado, nossos objetivos acabam em desastre e nos rendemos ao desespero e à imoralidade, a amizade é capaz de redimir a vida e fazê-la digna de ser vivida. Essa é a moral do clássico filme noir *Pacto de sangue*. Considerado uma confirmação do valor da amizade, a obra é um antídoto inspirador para nossa concepção do bem voltada à conquista de objetivos.

Pacto de sangue narra a história de Walter Neff (Fred MacMurray), um agente de seguros de trinta e poucos anos que trabalha para a Pacific All Risk Insurance, em Los Angeles. Entediado com a eterna obediência às necessidades da empresa e com o próprio discurso de vendedor, Neff se apaixona por Phyllis Dietrichson (Barbara Stanwyck), a jovem e atraente esposa de um cliente velho e rabugento que ele encontra em uma visita rotineira.

Phyllis se revela a arquetípica *femme fatale*. Recorrendo à sua habilidade de sedução e manipulação, ela enreda Neff em um esquema perverso: vender para o marido dela uma apólice de seguro de vida que contém uma cláusula de indenização por morte acidental — e, na sequência, matá-lo, simulando uma situação em que ele teria caído de um trem em movimento. Apaixonado por Phyllis e ansioso para "dar um golpe" na empresa em que trabalha, Neff aceita participar daquele sofisticado esquema.

No final, Phyllis o trai. Ela planeja abandoná-lo, fugir levando o dinheiro e então tramar como assassiná-lo. No confronto final dos dois, ela saca uma pistola debaixo da almofada de sua cadeira e dispara, atingindo-o no peito, desferindo o que parece ser um golpe mortal. Entretanto, no último instante, Neff reúne forças para encará-la e ameaçá-la: "É melhor você tentar [atirar] de novo, querida." Diante da incapacidade de Phyllis de atirar novamente, o personagem arranca a arma da mão dela, aponta em sua direção e a mata: "Adeus, querida!" E assim termina uma história que parece ser sombria.

Porém, o verdadeiro drama e a profundidade do filme se encontram para além do caso amoroso, vergonhoso e mutuamente destrutivo entre o casal. Encontramos esses elementos na contraditória amizade que emerge entre Neff e seu colega na empresa de seguros, Barton Keyes (Edward G. Robinson), um brilhante investigador de falsos sinistros com um conhecimento enciclopédico sobre estatísticas de acidentes.

Bem no início do filme, ficamos sabendo que Neff está narrando toda a saga do envolvimento com Dietrichson e registrando-a em um pequeno gravador, sozinho e tarde da noite, no escritório de Keyes. Neff faz ao colega uma confissão detalhada: "Você quer saber quem matou Dietrichson? Segure firme o seu charuto barato... fui *eu*." Com isso, ele dá início a uma sinuosa história que inclui assassinatos e mentiras.

Assistimos à exibição de uma improvável amizade entre os dois enquanto eles têm uma conversa descontraída no escritório. Keyes é praticamente tudo que Neff não é. O segundo é um rapaz alto e bonito, com uma fala fluente, sedutora e de improviso. Keyes é um homem de meia-idade, baixo e troncudo, dotado de uma mente brilhante para a solução de casos que envolvem falsos sinistros. Seu discurso é disparado como uma metralhadora verbal, na medida que ele vai desemaranhando a complicada série de acontecimentos que lhe permite identificar os trapaceiros. É esse contraste entre Keyes e Neff que caracteriza a amizade entre eles. Em suas tiradas sinceras, carregadas de insultos brincalhões e espirituosas demonstrações de superioridade, Keyes e Neff se entendem muito bem. A convivência deles não se confunde com uma mera diplomacia entre colegas de escola, ou com alguma aliança estratégica. Keyes chega a zombar de Neff por ter lhe causado dores de cabeça com seu trabalho de vendedor: "Me enche o saco tentar entender um bando de vendedores falando rápido, e estúpidos o bastante para tentar vender um seguro de vida a um cara que dorme em uma cama ao lado de quatro cascavéis."

Neff, por sua vez, o ridiculariza por sua obsessão maníaca por investigações: "Você adora isso, mas se preocupa muito com essa porra... Você é meticuloso demais, vai acabar ficando louco. Não consegue nem dizer que hoje é terça-feira antes de checar no calendário. Daí, verifica se o calendário é deste ano ou do ano passado. Depois, quer saber quem foi que editou o calendário."

No entanto, um gosta do outro por seu jeito diferente. Esse reconhecimento mútuo é sintetizado em um ritual característico: Keyes tira da caixa um charuto barato e dá baforadas enquanto reflete sobre a investigação de um caso. Neff o acende para ele. Este é um gesto de autêntica amizade em que cada uma das partes pode ser o que realmente é sem qualquer tipo de motivação. Neff pode estender sua mão firme para um cumprimento sem a necessidade de vender algo. Keyes pode demonstrar sua capacidade de dedução lógica como uma habilidade em si, como algo que está além de um instrumento para solucionar uma investigação. Ambos têm apreço pelo que o outro demonstra ser, não pelas suas conquistas.

Sem Neff, Keyes estaria confinado a uma vida de produção de resultados (apanhar os vigaristas), sem conseguir demonstrar o brilhante processo pelo qual ele passa para alcançar o que deseja. Sem Keyes, Neff estaria limitado à necessidade de bajular clientes na expectativa de concretizar mais uma venda, sem ter ninguém para apreciar seu charme.

É somente no finalzinho do filme, contudo, quando tudo dá errado, que Neff e Keyes conseguem reconhecer o que um representa para o outro. Até então, a preocupação de Neff era a de enganar Keyes, que tinha certeza de que a morte de Dietrichson não tinha sido acidental e estava muito perto de conseguir apanhar o misterioso assassino do homem. Havia deduzido, também, que Dietrichson deve ter sido morto antes de embarcar no trem, e que o crime fora praticado por uma dupla de conspiradores, não por uma única pessoa. Porém, Keyes não leva a sério a hipótese de que Neff, seu amigo de longa data, esteja envolvido no caso, mesmo que ele tenha sido responsável por vender a apólice de seguros ao falecido.

Traído por Phyllis, Neff toma uma atitude que desafia toda e qualquer probabilidade, um gesto que é a garantia de que ele será pego: sangrando com o ferimento do tiro que levou, ele reúne energia suficiente para dirigir até o escritório e grava, tarde da noite, uma confissão para Keyes. Essa é uma demonstração de autodomínio diante de um desastre. É também o reconhecimento de tudo que para ele sempre teve importância, mas acabou se perdendo em meio à sua obsessão com o *affair*: sua amizade com Keyes.

Enquanto narra a saga no microfone do gravador, a reverência em relação ao amigo é exposta e, em uma impressionante reversão de papéis, Neff é quem revela para Keyes todas as reviravoltas da investigação, assim como o outro costumava fazer nas conversas que os dois tinham.

Quando Neff está prestes a concluir a gravação do relato, Keyes surge e escuta o suficiente para compreender o que está vindo à tona. Diante dele está o esquivo criminoso — o assassino de Dietrichson, que ele perseguia de modo obstinado. A chocante reviravolta da história é que se trata de seu melhor amigo. Pela primeira vez, não foi a perspicácia de Keyes que o levou a apanhar o vigarista. Porém, ao fracassar, ele também chega a uma compreensão mais profunda: há limites para todas as ciências atuariais e forenses existentes no mundo diante de uma amizade. A razão pela qual Keyes se mostrou incapaz de decifrar o enigma é o fato de o criminoso ser uma pessoa em quem confiava. Ele sabe que Neff decidiu lhe confessar o crime por um motivo: redimir a amizade entre eles e reconhecer que Keyes encontrou a solução para a investigação com uma sagacidade impressionante, com exceção da reviravolta final da trama.

Neff deixa claro para o colega o seu propósito em suas últimas palavras, que saem de sua boca com uma respiração pesada: "Você sabe por que não conseguiu solucionar este caso, Keyes? Eu vou lhe dizer: o cara que você procurava estava perto demais de você. Estava do outro lado da sua escrivaninha." "Mais perto do que isso, Walter", responde o outro. Os olhares de ambos se encontram, e Neff se reconcilia com o amigo que enganou: "Eu também amo você, Keyes." Reconhecendo a sinceridade e a profundidade da resposta, em seu típico estilo sucinto, Keyes completa a inversão dos papéis com um gesto silencioso: com todo o sangue que perde, Neff está à beira da morte, mas faz um esforço para levar um cigarro à boca, e então o colega o acende para ele. Essa inversão deixa claro o genuíno apreço que um tem pelo outro.

No final, nenhum dos dois encontra satisfação em seus projetos. Conforme Neff afirma no início da confissão: "Eu matei Dietrichson por causa do dinheiro e de uma mulher. Não consegui o dinheiro... e também acabei sem a mulher." De sua parte, Keyes não consegue solucionar o caso. Ele descobre a identidade do misterioso assassino somente no momento da devastadora revelação. Sob a perspectiva de busca voltada à conquista de objetivos, *Pacto de sangue* é o perfeito exemplo de um filme noir. Porém, sua mensagem mais profunda é que o sucesso ou o fracasso não são o que realmente importam na vida. O que importa são as ações que não alcançam quaisquer conquistas, mas que personificam o domínio de si mesmo e a amizade.

Esse filme é, de fato, um alerta contra a obsessão e a paixão desvairada, independentemente do fato de tais vícios conduzirem ou não aos caminhos do assassinato, da enganação ou da justiça. De certo modo, todos nós corremos o risco de nos transformarmos em Walter Neff, e jamais estaremos imunes ao dilema vivido por ele. Talvez não nos apaixonemos por uma srta. Dietrichson. Porém, enquanto estivermos vivos e em busca de algo, estaremos sendo tentados por objetivos sedutores, "conseguir o dinheiro ou conquistar a mulher", por assim dizer, quer isso represente a solução de uma investigação criminosa, a conquista do emprego dos sonhos, ou um marco significativo que alcançamos. O destino de Neff e de Keys nos implora para mantermos distância dessas fontes de paixão desvairada e para que estejamos atentos às coisas que estão perto de nós a tal ponto que nos passam despercebidas.

A relação entre a amizade e a competição

Uma lição adicional que aprendemos com a amizade entre Neff e Keyes é que o senso de igualdade existente entre verdadeiros amigos não consiste em uma mera semelhança, mas em uma forma de diferença — e até mesmo uma oposição — em que as partes se fortalecem mutuamente. Os dois passaram a gostar um do outro e se reconhecer nas agradáveis trocas de tiradas espirituosas, que refletem o estilo único e a postura de cada um. O aspecto antagônico contido na amizade é algo que passei a valorizar no universo dos esportes, ao me deparar com o relacionamento entre competidores que conseguem se respeitar.

À primeira vista, pode parecer que a amizade e a competição são coisas diametralmente opostas. Presumimos que a competição visa à conquista de vitórias e à dominação. A amizade, em contraste, visaria ao encorajamento mútuo. Tendemos a achar que, na melhor das hipóteses, a competição é uma versão saudável da inimizade: uma válvula de escape contida para os instintos agressivos que encontram o ponto alto de expressão na violência e na guerra. Como Sigmund Freud talvez diria, os esportes são uma maneira de sublimar uma "pulsão de morte" destrutiva que é inerente à psique humana. De acordo com essa visão sobre a competição, o que os seres humanos realmente desejam é dominar o outro. Os esportes nos permitem ceder a esses impulsos sem a necessidade de irmos longe demais.

Por mais plausível que essa explicação possa parecer, especialmente quando consideramos esportes de contato físico como o boxe e o futebol americano, ou quando testemunhamos brigas no campo de beisebol, considero-a uma explicação superficial. Em sua forma mais elevada, a competição não se limita a uma destruição mútua; sua essência é um desenvolvimento compartilhado.

Em todos os esportes, há uma tensão entre o desejo de vencer — aniquilar ou deter um adversário, que é o imperativo das guerras — e o desejo de extrair o que um jogo tem de melhor. Essa tensão foi expressada no célebre grito de guerra de Muhammad Ali: "Voe como uma borboleta, ferroe como uma abelha. Lute, meu jovem, lute." Enquanto "lute" e seu grito de guerra evoca a imagem de duras pancadas e de uma vitória por nocaute, "Voe como uma borboleta" sugere graça, leveza e beleza — uma dança sincronizada na qual cada uma das partes busca superar a outra com seu talento artístico. O trecho "ferroe como uma abelha" parece estar em um ponto intermediário entre os dois. Ela evoca o golpe rápido e preciso de Muhammad Ali, que, de um modo milagroso, partia para cima do adversário, ao mesmo tempo que se afastava dele.

Embora Muhammad Ali tenha ficado famoso por aquilo que muitos consideravam ser um instinto assassino, capturado pela icônica imagem em que ele se posiciona imponente diante de Sonny Liston logo depois de nocauteá-lo no primeiro round da revanche em que disputava o título de campeão dos pesos-pesados, ele insistia que a destruição de seu adversário não era o objetivo principal. O que ele queria, na verdade, era apresentar um show: lutar contra um adversário que pudesse extrair dele o reflexo, a precisão técnica e a resiliência de uma nova forma artística de luta:

> Quando me iniciei no boxe... não se esperava dos boxeadores nenhuma demonstração de humanidade ou inteligência. Eram só dois brutos que estavam lá para entreter e saciar a sede de sangue de uma multidão. Dois animais para rasgar a pele um do outro, para quebrar o nariz um do outro [...] Comigo, a imagem de um boxeador aos olhos do mundo mudaria [...] Eu odiava ver pela TV a imagem de dois pesos-pesados enormes, desajeitados, se arrastando e perseguindo um ao outro como dois Frankensteins se agarrando e se esmurrando. Eu sabia que poderia fazer melhor que aquilo. Eu seria rápido como um peso-pena, andando em círculos, dançando, andando lentamente, batendo e me movimentando, *zip-zip-pop-pop*, dando um golpe e logo me afastando, e dançando novamente, fazendo arte a partir daquilo.[23]

A postura de Muhammad Ali demonstra que, até mesmo no mais brutal e belicoso dos esportes, um verdadeiro atleta aspira não apenas à conquista de uma simples vitória no sentido da destruição (o nocaute), mas a uma luta na qual se leva o adversário a seus limites, obrigando-o a exibir a beleza de uma atividade compartilhada. Em sua versão mais inteligente, os esportes competitivos consistem em um empoderamento mútuo, não em destruição. Nesse sentido, eles são o terreno ideal para a amizade. A questão não é saber qual dos dois cairá, mas quem dará uma demonstração em seu nível mais elevado, trazendo à tona novas e inéditas formas de sutileza e de graça.

Para um atleta comprometido e para um verdadeiro amante do esporte, não há nada mais decepcionante do que uma vitória "de lavada" — com grande margem sobre o adversário —, com exceção de uma derrota "de lavada", ou, pior ainda, a situação em que o boxeador abandona a luta. A vitória mais gratificante é aquela em que ambos os lados competem nos *innings* [entradas, no beisebol] extras e nos *tiebreakers* do beisebol, ou na prorrogação das partidas, cada um tentando obter vantagem sobre o outro, na perfeição do jogo.

Tal vitória, paradoxalmente, é conquistada durante o desenrolar da ação, e não em seu resultado. No clímax da competição, o que os esportistas desejam é continuar competindo. O final — seja a derrota ou a vitória — é marcado tanto pela nostalgia quanto pelo alívio e pela satisfação. Como Roger Federer, o famoso tenista, revelou certa vez em uma entrevista logo após ter conquistado uma vitória suada sobre o arquirrival Rafael Nadal, seu desejo, enquanto jogava, era que aquela partida não terminasse nunca. Atletas de verdade esperam que o adversário se supere cada vez mais, de modo que ambos possam dar o melhor de si no jogo. Quando Federer e Nadal aplicam *forehands* destruidores, Nadal com seu *topspin* característico e Federer com sua precisão seca, cada um rebatendo a bola com mais força e em um ângulo mais fechado do que o outro, defendendo e atacando, eles se envolvem em uma batalha entre iguais, cada qual com estilo próprio e habilidades que se complementam. Cada um deles alcança o êxito ao reagir ao desafio proposto pelo adversário.

A natureza antagonista da amizade é algo a que Nietzsche estava atento. "Como abóboda e arcos divinamente se interceptam em combate", escreve ele, referindo-se à arquitetura grega, "como pelejam entre si com luz e sombra, esses divinos pelejadores — de maneira assim bela e segura sejamos também inimigos, meus amigos!".[24] Nietzsche conclui que a "guerra" se faz presente em todo tipo de beleza e de amizade. Ele compreende a essência dela como um empoderamento mútuo — não uma oposição na qual a vitória de um lado significa, necessariamente, a derrota do outro.

Talvez nos ocorra perguntar se, ao escrever "guerra", o filósofo está empregando a palavra em uma acepção mais ampla ou de modo hiperbólico. Afinal, a oposição hostil e autodestrutiva presente no campo de batalhas — que tendemos a considerar como a "verdadeira" guerra — parece ser o que há de mais distante de uma amizade, mesmo nas situações em que esta envolve certa intensidade de competição. Porém, se considerarmos a relação entre a amizade e a competição, poderemos entender a "verdadeira" guerra sob uma nova perspectiva. O que Nietzsche talvez esteja querendo nos mostrar é que a "verdadeira" guerra, por assim dizer, ao ser analisada mais de perto, consiste em uma busca grosseira e inadequada pelo reconhecimento que se faz presente entre adversários amistosos em um ringue ou na quadra de tênis. Talvez a nossa visão habitual, de que o esporte representa o auge da agressividade que se vê em uma guerra, possa ser interpretada no sentido inverso. Talvez os instintos agressivos que encontram expressão na guerra representem, de modo implícito, à aspiração a uma amistosa competição esportiva.

Conforme Hegel — um dos filósofos predecessores de Nietzsche — traz à luz em sua análise sobre a origem da escravidão na Antiguidade, há algo de insaciável e frustrante em uma vida voltada à mera destruição ou negação do adversário. Hegel afirma que até o mais cruel dos conquistadores se sente na obrigação de, no fim das contas, poupar o adversário que derrotou, a fim de preservar uma realidade em que é possível reconhecer a superioridade desse. Tal postura faz surgir a prática da escravidão: um modo pelo qual o conquistador tenta romper o círculo vicioso de destruição e de vazio ao provar sua valentia diante de alguém que sobreviveu para render louvores a essa virtude: "Eu venci! Agora, como forma de reconhecimento à minha superioridade, e em troca da sua vida, você terá que me servir!" Em vez de destruir a pessoa que derrotou, o conquistador o transforma em escravizado. O problema nisso, porém, é que o reconhecimento coercitivo, quando arrancado de alguém que você considera inferior, não tem nada de reconhecimento. Ao sujeitar uma pessoa a atender aos seus desejos — reduzindo-a a um mero objeto, ou um instrumento à sua disposição, privando-a assim de sua própria personalidade diante de você —, você solapa o valor de qualquer tipo de respeito que ela possa ter. Além disso, qualquer demonstração de respeito que o escravizado exibir sempre será, da perspectiva do amo, suspeita, pois nunca conseguirá ter certeza se tal respeito é ou não uma farsa encenada em nome da sobrevivência. Portanto, o amo que busca a confirmação de seu valor por meio da dominação dos outros perde nesse processo a sua própria personalidade e seu senso de identidade.

O autêntico reconhecimento, ensina Hegel, só pode surgir em meio a um estilo de vida que envolva a busca complementar que acontece entre pessoas iguais, na qual cada uma delas exibe um nível notável de excelência que apoia e inspira o outro. Hegel postula que um tal reconhecimento predomina em um sistema econômico em que cada membro da sociedade pertence a uma profissão específica dotada de sua própria dignidade, inseridos em um sistema de interdependência.

Encontramos uma impressionante ilustração de como o anseio pela amizade é subliminar à forma mais hostil de oposição na série televisiva *Fargo*, inspirada no filme homônimo dos irmãos Coen. O antagonista, Lorne Malvo (Billy Bob Thornton), um assassino de aluguel "sem nenhum amigo" que se deleita ao semear o caos em sua decadente comunidade nos subúrbios de classe média de Minnesota, acaba de derrotar dois pistoleiros rivais que vinham tentando matá-lo. Ele apanha um deles em uma emboscada e o esfaqueia até a morte em meio a um tiroteio; o outro é baleado e preso por policiais, que o conduzem a um hospital, onde ficará submetido à vigilância constante por ordem judicial. Para terminar o serviço — pelo menos é o que o espectador conclui —, Malvo entra de fininho no hospital e estrangula o policial que está de guarda no quarto onde o pistoleiro rival se recuperava. Malvo se aproxima da cama do rival e, ameaçador, senta-se ao lado dela. Imaginamos que ele está prestes a desferir o golpe definitivo. Em vez disso, Malvo exibe um par de chaves que acaba de roubar do policial — as das algemas que o prendem à cama do hospital. Malvo joga as chaves na direção dele, reconhecendo de modo agressivo: "Você chegou perto [de me matar]. Mais perto do que qualquer outra pessoa. Não sei se foi você ou o seu parceiro, mas ouça: se quando estiver curado, ainda sentir que isso tudo ainda dói muito, me procure." Então ele sai do quarto.

Até Malvo, que despreza seres humanos e sente certo prazer com manipulações e assassinatos, se revela incapaz de tolerar uma vida de mera destruição. Ele busca o reconhecimento e, com isso, um parceiro para os crimes. Não consegue resistir à sedução de algo parecido com uma amizade. A infelicidade de sua vida está na incapacidade de saciar o desejo de reconhecimento que é constantemente frustrado por suas tentativas de dominar os outros.

Em contraste, *Fargo* apresenta uma heroína improvável que parece personificar o autodomínio que nasce de uma autêntica amizade e que Malvo tenta alcançar, sem sucesso. Trata-se da jovem detetive Molly Solverson (Allison Tolman), que empreende uma perseguição implacável ao assassino ao longo de toda a série. Por mais diferentes que possam parecer, Solverson e Malvo, herói e anti-herói, não são meros adversários. Ambos enxergam através da superficialidade dos gestos e da moral do cotidiano que predominam entre os bons cidadãos em meio à crueldade constantemente à espera de um momento para se manifestar entre eles (na série, há uma quantidade abundante de demonstrações sutis de pequenez, hostilidade e apatia sob o verniz de uma vida saudável no Meio-Oeste dos Estados Unidos). Ambos tentam ser autênticos diante de um mundo do qual eles próprios se sentem alienados. No entanto, enquanto Malvo acredita que não há alternativa para uma vida de conformidade bovina, e sim a dominação predatória da sociedade, Solverson acredita na possibilidade de uma autêntica comunidade existir. A crença dela deriva de alguns oásis de firme lealdade, que incluem, acima de tudo, o amor e o aconselhamento do pai, um ex-policial encarquilhado dono de uma lanchonete onde ele mesmo cozinha e serve as refeições. Acompanhada dele, de sua querida colega de Duluth e de sua ousada filha adolescente, Solverson encontra a motivação necessária para proteger uma comunidade na qual ela jamais se encaixa por inteiro e com a qual mal consegue se identificar. A partir da perspectiva desse restrito círculo de amizades, ela consegue olhar para fora, na expectativa de que tal lealdade e amizade possam encontrar expressão na vida das demais pessoas. Essa esperança de Solverson, que surge daqueles próximos a ela, deixa-a em uma situação mais empoderada do que a de Malvo. Enquanto ele busca a autonomia de um mundo que despreza, opondo-se a essa realidade com um retumbante "Não!", que se manifesta em gestos de manipulação e por meio de assassinatos, permanecendo preso à autodestrutiva oscilação entre a destruição e o vazio, Solverson exibe seu autodomínio na medida em que percebe ao seu redor o vislumbre de um estilo de vida que ela ajuda a promover.

Os opostos se atraem? Ou são idênticos?

O movimento de vaivém entre adversários dedicados a fazer do jogo a melhor experiência possível revela em que medida a afinidade e a oposição caminham juntas em uma relação de amizade. Federer e Nadal são semelhantes no sentido de que ambos se dedicam a extrair toda a beleza que uma partida de tênis pode proporcionar. Ambos valorizam mais esse aspecto do que as próprias vitórias e derrotas. Porém, eles são diferentes no que se refere a estilos particulares de jogar e nas diferentes formas graciosas e de inteligência estratégica que mostram ao se movimentarem em quadra. Parece haver algo com essa mesma unidade e oposição, identidade e diferença, em todas as relações de amizade, sejam elas abertamente competitivas ou não.

Tanto Aristóteles quanto Platão enfatizam a percepção de que os amigos precisam ser semelhantes. Ao citar a *Odisseia* de Homero, Sócrates sugere que "Deus sempre conduz o semelhante ao semelhante", algo que ele interpreta como o bem que conduz ao bem.[25] Contrariando a visão de que os opostos se atraem, Aristóteles evoca as distinções entre as amizades "úteis", de prazer e de virtude. Se tudo o que buscamos for a utilidade ou o prazer, então a frase "os opostos se atraem" faz todo o sentido. Quando se trata de aliados e parceiros comerciais, você tende a buscar alguém que possa oferecer algo diferente para a transação, alguém que possa compensar aquilo que lhe falta. Nas amizades baseadas no prazer, se você for uma pessoa tímida e comedida, poderá se deleitar na companhia de uma pessoa brincalhona. Porém, quando se trata de uma amizade baseada na virtude, a frase "os opostos se atraem" perde força. Se você busca um amigo que possa apoiá-lo no que diz respeito à grandiosidade da alma, não será atraído por alguém que é o oposto disso, que revela pequenez, covardia, propenso a ressentimentos ou à irritação. Talvez você se sinta impelido a ajudar essa pessoa se ela lhe pedir orientações, mas não a procurará. Tenderá a se cercar de pessoas igualmente comprometidas com a virtude e que tenham uma trajetória que revela uma firmeza de caráter.

Até nas amizades baseadas na virtude encontramos um contraste implícito ou uma diferença em um sentido semelhante ao contraste entre Federer e Nadal. Isso porque o que nos leva a buscar uma amizade não é que nossa virtude seja exaltada em uma frase elogiosa — "Que belo gesto, você agiu muito bem" —, mas também enfatizar para nós o próprio significado do que estamos exibindo. Um amigo é uma pessoa capaz de encontrar palavras para compreender e valorizar nossa virtude de uma maneira mais eficiente do que nós mesmos, e é capaz de nos motivar a continuarmos sendo autênticos em situações que envolvem fraquezas, confusão, miopia ou obsessões. Acima de tudo, é uma pessoa que, ao valorizar o nosso caráter, nos orienta, trazendo-nos de volta a nós mesmos quando nos perdemos. Há certa dose de verdade na ideia de que "os opostos se atraem", conforme foi descrito em um trecho de Heráclito citado por Aristóteles: "A mais bela harmonia surge a partir daquilo que é diferente."²⁶ Quando dois amigos, comprometidos com o bem, mas cada qual com sua firmeza de caráter, encorajam um ao outro para que possam se fortalecer, estão manifestando uma unidade a partir daquilo que é diferente entre eles.

4

Conexão com a natureza

No final da minha pós-graduação, decidi dar adeus ao ambiente das competições em flexão de braço em barra fixa por duas razões: meu quadril e meus músculos peitorais sofreram um estiramento como decorrência de anos de exercícios de agachamento e de levantamento de peso, e eu já estava sentindo falta de praticar esportes ao ar livre. Seria possível dizer que a natureza me enviou um alerta e também um convite. Com dores crônicas, meu corpo me incentivou a considerar um novo desafio mais adequado à minha constituição física. Foi então que o céu azul, a brisa de verão e a grama recém-aparada dos campos de atletismo me acenaram com um convite para eu abandonar a academia.

É claro que eu poderia ter resistido a esses incentivos da natureza. Quando se trata de viver nossa própria vida, simplesmente nunca cabe à natureza dar a palavra final. Ela pode encorajá-lo e até implorar, mas jamais forçá-lo a algo. Fui relembrado disso quando testemunhei a reação desafiadora de um colega de exercício diante de um acidente bizarro que ele sofreu durante uma competição. No meio de sua primeira tentativa com o levantamento terra [*deadlift*], um exercício que consiste em erguer do chão um haltere bastante pesado, até manter-se em pé, em posição ereta, o tendão do bíceps do braço que ele usava para segurar o peso por baixo se rompeu. A angustiante visão de seu músculo se descolando do osso e lhe saltando ao longo do braço, formando uma pequena bola comprimida na base do ombro, aliada ao horrível ruído de velcro sendo rompido, compõem uma cena que não esqueceremos tão facilmente. Se esse episódio não foi um recado que a natureza lhe enviou, mandando-o largar tudo e seguir para o hospital, não sei o que mais pode ser. Porém, meu colega havia dedicado seu máximo empenho àquela competição, chegando ao ponto de interromper sua pós-graduação para dedicar total atenção ao levantamento de peso. Em um gesto de absoluta determinação, envolveu o braço ferido com uma atadura elástica, trocou de mãos, completou sua segunda tentativa no *deadlift* e venceu a competição.

Não estou insinuando que esse gesto tenha sido aconselhável ou um bom exemplo do tipo de conexão com a natureza que proponho neste livro. Trago aqui essa história apenas para ilustrar em que medida somos capazes de ir contra a natureza, mesmo quando somos prejudicados. É isso que quero dizer quando afirmo que à natureza nunca cabe a palavra final (conforme examinaremos no Capítulo 5, até mesmo a morte, que tendemos a considerar como o obstáculo natural derradeiro à nossa busca, não é um fenômeno diante do qual somos impotentes. A interpretação que damos à morte faz parte do próprio significado da morte).

Em última análise, se quisermos viver bem e descobrir onde estão nossas verdadeiras paixões, precisamos dar ouvidos à natureza e fazer acordos com ela. Até meu ousado colega precisou fazer pequenas concessões ao colocar uma atadura elástica no local da lesão e alternar o braço que segurava o peso. Diante de minhas próprias lesões, relativamente menos sérias, mas ainda assim incômodas, eu talvez tivesse feito uma grande barganha com a natureza, e tivesse insistido com o levantamento de peso, tentando alcançar a pomposa marca de 184 quilos no *squat* e 142 quilos no *bench press*. Em compensação, eu precisaria fazer exercícios extras para as articulações e de alongamentos antes e depois de cada sessão de treinamento. Eu teria atingido meu objetivo. Só que decidi que não era aquilo que eu queria. Eu concluí que a natureza estava me encaminhando por outra direção, mais promissora: rumo a um novo desafio que combinava força, resistência e contentamento com atividades ao ar livre.

Portanto, decidi fazer um novo experimento em minha jornada de atleta: continuaria treinando com o levantamento de peso, mas com um peso menor e fazendo uma série maior de exercícios. Enquanto isso, passaria a correr ao ar livre. Minha meta era reduzir para menos de cinco minutos o tempo que eu levava para percorrer uma milha e, ao mesmo tempo, me manter forte o suficiente para fazer uma série de vinte repetições nos *squats*, no *bench press* e no *power clean* [movimento que trabalha a potência do quadril]. Nesse meio-tempo, eu aumentaria minha resistência com a corrida, sob chuva ou sob o sol.

Em pouco tempo, eu já conseguia resistir ao cansaço extremo de um exercício pesado na pista e levantar um peso relativamente pesado durante um período prolongado. Embora não percebesse isso no início, estava desenvolvendo as habilidades que muito em breve me levariam a uma nova modalidade: a flexão de braço em barra fixa e a calistenia.

O mais importante era que eu estava começando a gostar mais das atividades ao ar livre. Na terceira e na quarta voltas, um momento extenuante no percurso de aproximadamente 1,5 quilômetro, eu já estava aprendendo a lutar contra o vento, a usá-lo como aliado, aceitando-o sem prejudicar minha forma física. Começava a reparar em aspectos da paisagem ao meu redor que eu antes ignorava no caminho para o trabalho, ou que encarava como um mero estorvo. Nunca senti tamanha gratidão por uma repentina pancada de chuva em um dia quente de verão. O que eu antes encarava como motivo de frustração no meio da tarde, passei a acolher como uma oportunidade abençoada de me refrescar na décima milha de uma corrida longa.

Ter feito as pazes com os limites do meu corpo depois de anos levantando pesos me ensinou uma lição importante sobre o esforço humano e as forças da natureza: embora muitas vezes achemos que ambos estão em um eterno conflito pelo poder, devemos considerá-los como parceiros em uma atividade compartilhada e passar a encarar a natureza não como um mero adversário, mas como uma amiga com quem podemos dialogar — ou, no mínimo, uma adversária com quem podemos negociar e tentar persuadir. Em minha transição do levantamento de pesos aos exercícios de força e de resistência, me envolvi em um tipo de diálogo com ela. Deixei de encarar minhas incômodas lesões como insultos ou obstáculos que surgiam no meu caminho. Assim como as opiniões mordazes expressadas por um personagem encrenqueiro de um diálogo de Platão, elas se transformaram em ponto de partida para uma reflexão sobre minhas habilidades e meus objetivos, oportunidades para a busca da alma e para o autoconhecimento.

O conceito de "natureza"

Antes de continuarmos com a análise sobre a conexão com o mundo lá fora, proponho fazermos uma pausa para refletir sobre uma dificuldade: qual é, para nós, o exato significado da palavra "natureza"? Ao relatar minha transição, usei a palavra em um sentido mais vago, que inclui uma série de diferentes significados: as limitações do corpo, os pontos fortes e fracos de um indivíduo e os fenômenos climáticos — o sol, o vento e a chuva. A essa concepção que nos é familiar podemos acrescentar outras. A natureza a que nos referimos na expressão "ciências naturais", por exemplo, não se refere apenas ao que está ao ar livre ou às coisas da terra e do céu, mas, em certo sentido, a tudo o que "existe" e que pode ser conhecido. O físico lida na mesma medida com árvores e rochas e com rádios e aviões. Essa ampla acepção de "natureza" remete à palavra *physis*, do grego antigo, da qual derivou para nós a palavra "física". De acordo com o uso comum de *physis* nos textos de Platão e Aristóteles, ela significa "tudo aquilo que é". Nesse sentido, é praticamente intercambiável com a palavra "ser/existir" — em grego, *to on*.

Para além da natureza que é o objeto da física, nos referimos à de um ou de outro tema específico — a da justiça, da lei, da física, como áreas de estudos. Nesse sentido, "natureza" significa algo como o "caráter" ou a "essência", e pode ser aplicada a uma ideia ou então a algo material.

Portanto, estamos nos deparando com uma variedade tão grande de sentidos de uma única palavra, que qualquer tentativa de compreender a natureza *enquanto tal* parece inútil. No entanto, há algo em comum nessa variedade de significados. Em todos os casos que apresentamos, a natureza se refere, em alguma medida, àquilo que confrontamos ou com o que nos deparamos por acaso, queiramos ou não. A natureza se refere àquilo que nos é *dado*.

Mais do que em qualquer outro contexto, isso tudo fica evidente quando a associamos ao caminho percorrido pelo sol e às mudanças do clima. Embora seja possível prever tais fenômenos e nos adaptarmos a eles de variadas formas, não podemos provocar a sua existência. Eles não se curvam às nossas vontades. Mesmo no caso de coisas imateriais como a justiça ou a lei, que costumamos considerar como produtos da criação e do trabalho humanos em contraste com a natureza, no momento que tentamos compreendê-las com relação àquilo que elas *são* ("O que *é* a justiça?", "O que *é* a lei?"), já estamos lidando com algo enigmático, algo *a partir de onde* nossa investigação começa. Portanto, ainda estamos falando em examinar a natureza de tais coisas.

Em todos esses sentidos, a palavra está relacionada à condição de estar limitado, ou de finitude, mais do que de onipotência. Ela se refere à percepção de que estamos sempre no meio das coisas, tendo que encontrar nosso caminho entre elas. O contraponto à natureza são os produtos da criação e do trabalho humanos, ou aquilo que passa a existir por meio de uma ação ou uma vontade. Uma pessoa artística ou criativa desenvolve o ambiente ao seu redor partindo do zero e, com isso, coloca-o diante da natureza.

A questão que eu gostaria de investigar neste capítulo pode ser formulada da seguinte maneira: como compreender aquilo que nos é dado e nos relacionarmos com isso? Aquilo que nos é dado é externo a nós, uma força que age sobre nós e que constitui o "modo como as coisas são", algo completamente distinto da vida que vivemos? Ou será que o que nos é dado é, em um sentido paradoxal, *o que damos a nós mesmos* — ao mesmo tempo a origem e o fruto de nossa capacidade hermenêutica?

Um modo alternativo de apresentar essa questão é: "Existe uma coisa chamada natureza que não esteja associada ao modo como nós a compreendemos e interpretamos?" Tal questão também poderia ser formulada no sentido inverso: é possível desassociar o meu *self* da maneira como eu reajo aos estímulos da natureza?

A ideia de que a natureza é externa a nós, seguindo seu curso independentemente de tudo o que fazemos ou pensamos, já nos é familiar. Quando consideramos o nascer e o pôr do sol, o caminho percorrido pelas estrelas e a mudança das estações, já estamos acostumados a encarar tais fenômenos como regularidades que ocorrem, queiramos ou não, indiferentes ao fato de prestarmos ou não atenção neles. É assim que os estoicos compreendiam a natureza: como um ordenamento que poderemos um dia compreender, e ao qual podemos nos adaptar, mas que não depende de nós de maneira alguma. A natureza "é", independentemente de como podemos nos relacionar com ela. "Viver de acordo com a natureza" era o famoso lema estoico, que sugere que ela é que manda em tudo. Em vez de resistir, teimosa e inutilmente, à necessária ordem das coisas — desenvolvimento e decadência, nascimento e morte —, devemos nos atentar à percepção de que tudo se quebra, se fragmenta e volta a se recompor, e passar a valorizá-la como um ciclo infinito no qual nós, junto com todas as demais coisas, somos varridos.

No entanto, além dessa visão — aparentemente típica do senso comum — da natureza como independente de nós e de tudo o mais, existe a percepção de que nós, seres humanos, cumprimos o papel de modelar a ordem natural. A consciência de que as emissões de carbono das indústrias contribuem para o aquecimento global e para a alteração das estações do ano indica que forças autônomas são influenciadas por nossas ações. Em um sentido mais profundo, nossa predisposição, baseada na tecnologia, de considerar que as coisas *nos são dadas* e que podemos usá-las como bem entendemos, implica o conceito de uma natureza que é infinitamente maleável. Até a mudança de estações do ano, da perspectiva tecnológica, é algo que poderíamos alterar, se encontrássemos uma maneira de colocar em movimento a cadeia de causas que provoca o aquecimento e o resfriamento da atmosfera. Compreendida dessa maneira, a natureza não tem uma ordem fixa ou inconquistável. Podemos dissolver ou recombinar as coisas para atender a quaisquer objetivos. A natureza é algo externo a nós apenas de modo temporário e provisório — na medida de nossa ignorância e ingenuidade. Para a consciência "iluminada", o que se encontra fora de nós, em última análise, pode ser submetido a qualquer forma que desejemos lhe impor. O que se apresenta como fora de nosso controle é algo que, em princípio, podemos controlar.

Da perspectiva tecnológica, a natureza se torna o objeto de nossa vontade. Enquanto a visão dos estoicos sobre ela induz uma atitude humana que, em última análise, é passiva, a compreensão influenciada pela tecnologia sugere uma atitude manipulativa, voltada à conquista de objetivos. A natureza não é algo a ser compreendido, mas conquistado.

Poderá nos parecer que a compreensão dos estoicos e a compreensão influenciada pela tecnologia são diametralmente opostas. Porém, ambas estão conectadas. Encarar a natureza como nossa mestra, à maneira dos estoicos, significa já ter o desejo de se libertar dela, se é que isso é possível. A máxima estoica "viver de acordo com a natureza" só adquire algum sentido se tivermos como pano de fundo a tentação de lutar contra ela — por exemplo, tentando ludibriar as doenças ou a morte. Caso contrário, "viver de acordo com a natureza" se torna uma frase redundante. Significaria nos implorar para que vivamos de uma maneira à qual já estamos predispostos. Na passividade dos estoicos está implícito um ativismo incipiente que vem à tona quando nos entregamos às nossas aspirações prometeicas, de querermos controlar o ambiente que nos cerca e de termos êxito.

Porém, enquanto estamos deslumbrados diante da perspectiva de conquistar a natureza, o mundo inteiro diante de nós assume uma aparência estranha e desumana; ele se torna uma área que contém simples matéria, à espera da imposição de nossa vontade, para poder "ser" alguma coisa. Tão logo alteramos o estado das coisas, elas se transformam, uma vez mais, em meros objetos de uma potencial reconstrução. Derrubamos florestas para dar espaço a áreas cultiváveis e destruímos áreas agrícolas para a construção de um aeroporto. Cada um dos atos de criação produz algo que é, em si, potencial matéria-prima para um projeto novo. Em momento algum prestamos atenção ao que está diante de nós como algo que merece ser respeitado, preservado ou desenvolvido como fontes de significado e de continuidade. Influenciada pela tecnologia, nossa atitude nos mantém presos a um ciclo de imposições e de alienação. Para a nossa subsistência e para continuarmos a exercer nossa vontade, dependemos de uma realidade externa que consideramos intrinsecamente inútil. Viver em tal dependência significa perder o exercício das capacidades humanas com as quais estamos comprometidos. A atitude que poderia nos libertar da subserviência estoica à natureza nos mergulha em uma nova forma de escravidão. Quando encaramos a natureza como objeto da nossa vontade, ela continua sendo externa a nós, da mesma maneira que o escravizado continua sendo um elemento externo ao seu amo.

Podemos aqui relembrar a crítica de Hegel à dominação e à servidão, que examinamos ao abordar o tema da amizade: a tentativa de valorizar a si mesmo se comportando como alguém superior aos demais torna as pessoas dependentes de uma realidade que só merece nosso desprezo, e que resulta em uma forma de escravidão autoimposta. O verdadeiro exercício das capacidades humanas exige um comprometimento com o "outro" que tem como bases a valorização mútua e o aprendizado.

Pode parecer que o único modo de romper esse ciclo de imposições e alienação característico da postura influenciada pela tecnologia seria permitir que a natureza, à sua própria maneira, se apresente como um potencial parceiro de diálogos, na medida que buscamos alcançar o autodomínio. É essa relação que pretendo desenvolver a seguir.

O conceito de natureza que proponho visa recuperar uma percepção segundo a qual "o que nos é dado" não é externo a nós, mas algo *que damos a nós próprios*. Não se trata de uma coisa que não conseguimos interpretar ou modelar, tampouco está inteiramente sob nosso controle. A partir do momento que nos confronta, a natureza nos apresenta uma variedade de significados a serem interpretados e aplicados ao longo da jornada da vida. Embora por vezes ela possa parecer uma força estranha, em conflito com nossas aspirações e indiferente ao nosso destino, ela é, quando a examinamos mais de perto, uma potencial parceira de diálogo em nossa busca pelo autodomínio. Apesar de a concebermos como objeto de nossa vontade, a ser usada para alcançarmos quaisquer objetivos que desejemos lhe impor, tal visão objetificadora é prova de uma busca voltada à conquista de metas que perdeu de vista a atividade com valor intrínseco. Uma compreensão da natureza que está baseada na tecnologia é, como veremos adiante, apenas uma perspectiva — e bastante limitada — de como são as coisas. Ela não é mais válida ou mais verdadeira do que infinitas outras maneiras de conceber o universo. Nossa abordagem voltada à tecnologia, centrada nas previsões e no controle, não solucionou de modo algum o mistério da natureza; pelo contrário, só o obscureceu.

Uma crítica à atitude moderna e antagonista em relação à natureza

Na era tecnológica contemporânea, nossa atitude predominante em relação à natureza é de antagonismo. Nós a consideramos uma força estranha que subjugamos, submetendo-a a nossos propósitos, ou então a aceitamos com uma resignação temporária, até que a tecnologia seja aprimorada. Quando nosso corpo grita de dor, tendemos a bombardeá-lo com os remédios mais modernos e com os tratamentos mais avançados para podermos retomar, o mais rápido possível, o estilo de vida que muitas vezes nos levou a lesioná-lo. Quando o clima se torna tempestuoso, apesar do que está sendo indicado pelo aplicativo de previsão do tempo, amaldiçoamos os limites da capacidade de previsão, pegamos o guarda-chuva e corremos para nos proteger, mal reservando um minuto para admirar a beleza da formação das nuvens e o efeito teatral do aguaceiro que está prestes a cair. Quando percebemos que somos "altos demais" ou "baixos demais", encaramos essa condição como um obstáculo e buscamos técnicas genéticas de aperfeiçoamento que possam alterar o "lamentável" destino, ignorando que essa condição pode ser uma bênção disfarçada. Tratamos a natureza como um obstáculo no caminho de nossas rotinas estáveis e de nossos objetivos. Deixamos de considerar o fato de que ela talvez esteja apresentando uma *crítica* aos objetivos que visamos alcançar — que as lesões, as doenças, o clima tempestuoso e as limitações do corpo talvez sejam um convite para mudarmos nosso estilo de vida, parceiros de diálogo em nossa busca pelo autodomínio.

Nossa relação antagonista com a natureza está enraizada na filosofia moderna. Ela remonta ao século XVII, por meio das ideias do filósofo John Locke, para quem a natureza é inútil até o trabalho humano transformá-la em útil. Segundo Locke, a expansão das áreas de natureza selvagem é inútil quando comparada à terra que é desmatada para o uso da agricultura, tornando-se assim produtiva. O trabalho, segundo ele, atribui valor a todas as coisas. Locke recorre a essa premissa básica para justificar a origem ao direito natural à propriedade, anterior ao estabelecimento dos Estados e à aprovação de leis que garantem a distinção entre "meu e seu". Temos a legítima posse "natural" daquilo com que "misturamos o nosso trabalho", uma vez que o nosso trabalho, e somente ele, é que confere um valor às coisas. A natureza em si não tem valor algum.[1]

A abordagem que Locke nos apresenta atinge seu auge com Marx, que considera a totalidade da história humana uma progressiva "conquista" da natureza. Ele antevê uma fase final da história na qual teremos tido tamanho êxito na apropriação da natureza por meio da nossa força de trabalho, que seremos capazes de oferecer os meios de subsistência a todas as pessoas com o simples movimento de uma alavanca. Porém, para Marx, a verdadeira conquista, e a marca registrada da modernidade, é uma compreensão metafísica: a consciência de que todas as coisas da Terra e do céu são, em si, nada mais do que uma matéria ainda não formada, a ser moldada pelas mãos humanas e utilizada para a reprodução da espécie. Considerar a natureza significativa em si mesma, com direitos que merecem ser respeitados, segundo Marx, significa estar submetido a uma maneira atrasada e pré-científica de enxergar as coisas.

O problema com o desejo de conquistar a natureza não está apenas no fato de a tecnologia se deparar com limites em situações que não podem ser controladas — desastres naturais, doenças misteriosas, a morte. O verdadeiro problema é que, ao a considerarmos submissa a nossos planos e nossas intenções, ignoramos os estímulos e as sugestões que ela *nos* oferece. Quando a usamos visando a uma busca voltada à conquista de objetivos, ignoramos sua beleza e seu caráter sublime, com os quais podemos recriar o estilo de vida que nos leva a buscar certos objetivos.

Os incentivos oferecidos pela natureza que tenho em mente não são verdades óbvias, como se ela consistisse em um texto com sentido inequívoco. Estão mais para sugestões a serem consideradas, interpretadas e testadas na busca pelo autodomínio. Minha ideia é que adotemos uma atitude de investigação e de interpretação da natureza em suas inúmeras facetas, uma atitude que poderíamos chamar de "socrática", em contraste com uma atitude antagonista. Da mesma maneira que Sócrates tentava encontrar algum tipo de compreensão na opinião de cada interlocutor, por mais estreita ou antagonista que fosse, podemos também abordar a natureza assim.

Os povos da Antiguidade costumavam adotar esse tipo de atitude, encarando a natureza como um repositório infinito de símbolos e pontos de referência na jornada da vida humana. Tome como exemplo a *Odisseia* de Homero: nela, a natureza aparece tanto como uma força viva com vida própria quanto como uma parceira da atividade humana sobre a Terra: "Tendo deixado o oceano esplêndido, o sol lançou-se no céu de bronze, deixando a bela superfície da água, para dar luz aos imortais e aos homens na terra dadora de cereais."[2] Posteriormente, quando a ninfa Calipso chega para libertar Ulisses da ilha de Calipso, permitindo-lhe voltar para casa: "[Calipso lhe serve de guia] ao ponto da ilha postremo, onde espessa floresta crescera, com muitos choupos e amieiros e abetos, que o céu atingiam, todos sem seiva e já secos, que leves no mar o levassem."[3] Embora nessa passagem Homero esteja descrevendo os troncos de árvores "sem seiva e já secos", que poderiam transportar Ulisses mar adentro, o que poderia insinuar uma versão exótica de apropriação tecnológica, ele está se referindo, quando examinamos mais detalhadamente, a uma compreensão muito diferente. A altura das árvores, que "atingiam o céu", sugere um propósito particular que elas deverão atender, e não um mero objetivo que um arrogante mortal pudesse lhes impor. Homero insinua que os abetos "que o céu atingiam", e que anseiam por seu parceiro, o céu, com o qual ele partilha uma sensação de pertencimento, são destinados a servir de mastro que sustenta uma vela, que, por sua vez, receberá o vento, transportando Ulisses em sua viagem de volta. Com isso, Homero nos apresenta uma natureza que, de variadas formas, está conectada em sintonia com os esforços dos mortais e dos deuses.

Não deverá nos causar surpresa o fato de Sócrates ter se conectado com a natureza da mesma maneira que se conectou com as pessoas com as quais dialogava — recorrendo à terra e ao céu para esclarecer o sentido de virtude e do bem. Em uma famosa passagem da *República* de Platão, por exemplo, ele tenta expressar a "ideia do bem" fazendo referência ao sol: assim como ele dá visibilidade a tudo que pode ser visto, o bem faz com que tudo que pode ser pensado se torne passível de ser conhecido.[4] Essa metáfora nos leva a considerar que a ideia do bem — o parâmetro segundo o qual poderíamos viver visando a uma verdadeira felicidade — não é a mais elevada que pode ser conhecida independentemente das inúmeras opiniões cotidianas que possamos ter, ou das ações que denominamos "boas" ou "más"; trata-se de uma ideia que de algum modo está manifestada, mesmo que nunca totalmente, nas inúmeras "ideias" (opiniões, concepções, ações) que ela mesma possibilita. Pois o sol alcança majestade e esplendor na forma de luz apenas quando brilha sobre o mundo, permitindo-lhe se mostrar em infinita diversidade. Quando fazemos uma observação sobre a beleza do astro, o que temos em vista não é apenas uma esfera brilhante sobre nossas cabeças, mas o cenário completo que ela ilumina. Concebido em termos de sua relação com o bem, ele é, segundo a própria *essência*, visivelmente mais do que uma partícula de matéria, uma definição a que pode ser reduzido segundo a compreensão da física moderna. O sol é uma imagem de nós mesmos, e nós, na medida que recorremos a ele para encontrar um sentido para nós próprios, somos sua imagem.

Para o entendimento moderno, esse modo metafórico de considerar a natureza algo que nos ajuda a compreender como viver pode parecer ingênuo e exótico. Tendemos a enxergá-la como uma matéria neutra, e para os significados como um produto da mente humana. Aquilo que o sol "realmente é", presumimos, é um tema empírico que pode ser explicado pela física; o modo como o consideramos é um tema subjetivo que nada tem a ver com o astro propriamente dito. Encaramos qualquer significado que encontramos na natureza como uma mera projeção de valores humanos subjetivos em um mundo moralmente indiferente.

Porém, nenhuma ciência, por mais avançada que seja, pode invalidar a experiência do indivíduo que é impactado diante das coisas belas e sublimes da natureza, sendo levado a refletir na dimensão em que ela é, em sua própria aparência, bela ou sublime. Considerar tal experiência como uma simples reação subjetiva a um mundo que na verdade não passa de matéria sem significado implica ignorar o modo pelo qual a natureza — nas inúmeras formas com que nos deparamos com ela, muito antes de teorizar a seu respeito, segundo as leis da física moderna — coloca diante de nós, observadores, o desafio de interpretá-la de *determinadas* maneiras, não apenas da maneira que escolhemos. Implica, também, ignorar a possibilidade de aprendermos, ou de termos contato com *novos* valores, em nosso empenho para interpretar as coisas que despertam curiosidade e espírito de reverência.

Talvez eu consiga ilustrar melhor esse argumento com o relato de uma experiência pessoal: um encontro com a natureza nas Cataratas do Iguaçu, na fronteira entre Brasil e Argentina. Fascinado pelas magníficas cascatas que caíam de diferentes ângulos na bacia fluvial e buscando uma descrição que fizesse jus à cena que eu contemplava, me peguei pensando: o que faz com que essas cataratas sejam tão impressionantes?

Caminhando, eu tentava dar sentido àquilo que via: as águas serenas acima do penhasco de repente rugem, mergulham furiosamente na gigante bacia fluvial lá embaixo e então deslizam serenamente rio abaixo, como se intocada e alheia às cascatas. Por acaso, nessa época eu vinha lendo muitos textos de tragédia grega. Refletindo sobre a catarata e sobre o destino de Édipo, cheguei à percepção de que a natureza, em sua forma prodigiosa, tinha uma sabedoria a transmitir: por trás da segurança e da obviedade da vida cotidiana — as calmas águas do rio lá em cima — fervilha o desastre iminente, a repentina queda. À medida que as águas retomam a sua tranquilidade e se movem delicadamente rio abaixo, elas nos ensinam a fluirmos junto com os golpes do destino, a lidar com as súbitas mudanças de nossa sina, que podem ocorrer a qualquer momento. Compreendidas dessa maneira, as cataratas colocam em xeque a soberba com que exibimos nossas conquistas e buscamos uma carreira respeitável. Será que estamos remando nas águas serenas à beira de um penhasco? Logo após uma repentina queda, conseguiremos retomar a tranquilidade das águas lá embaixo?

Você poderia dizer que, influenciado por *Édipo*, eu estava ali apenas projetando meus próprios significados sobre as cataratas, que são, em si mesmas, um mero fenômeno cujo valor é neutro. Porém, isso significaria ignorar a percepção de que as cataratas, com sua dimensão, seus sons e movimentos particulares, nos convidam a fazer uma variedade de interpretações, excluindo outras maneiras de considerá-las. Uma variedade infinita de descrições seria tão inapropriada para esse fenômeno, que mal nos ocorreria a ideia de considerá-las possíveis. (Uma "serenidade simples" é apenas um exemplo, que não daria conta de descrever a fúria daquelas águas.) As cataratas, *à própria maneira*, anseiam ser interpretadas em termos da história de Édipo, assim como sua história nos predispõe a um modo particular de contemplar essa queda d'água. Isso significa que, não importando que tipo de insight o indivíduo possa ter com a leitura de *Édipo*, ele encontrará uma nova expressão nas cataratas. Pois, nas páginas de Sófocles, o leitor jamais encontrará um rio que despenca de um penhasco e que, de algum modo, recupera a serenidade. Assim, pode-se dizer que as cataratas, da maneira como elas se apresentam, enriquecem a história de Édipo, e vice-versa. Em última análise, a interpretação que temos sobre a natureza é inseparável da interpretação que fazemos sobre nós próprios.

Talvez seja difícil abalar a convicção de que esse tipo de compreensão pessoal e conectada com a natureza reflete uma visão de mundo exótica e "meramente metafórica", mantendo-se aquém das explicações "literais" ou "objetivas" oferecidas pela ciência. Talvez consideremos que as cataratas "verdadeiras" são um produto de processos geológicos e de forças da gravidade. No entanto, devemos lembrar que certos tipos de compreensão que deixamos de examinar estão por trás de conceitos como "processos geológicos", "gravidade" e outras maneiras impessoais de tentar dar sentido ao mundo.

O simples fato de, séculos após a revolução copernicana, ainda dizermos, sem pensar duas vezes, que o sol nasce e se põe, e de ainda não termos substituído essa concepção ingênua por uma formulação mais precisa sobre o que realmente ocorre, indica uma ausência de sentido e uma insanidade na tentativa de compreender as coisas tal como elas aparentam ser, antes de aprendermos a enxergá-las sob uma perspectiva privilegiada ou de tentarmos enxergar o mundo sem referência à nossa perspectiva "simplesmente humana". Na medida que o nascer e o pôr do sol implicam algum significado para a estrutura e o ritmo de um dia bem vivido e podem nos ensinar algo sobre o transcorrer da vida a cada momento, como por exemplo uma partida e um retorno, eles expressam uma verdade que é imune a refutações que qualquer ciência "nova" possa apresentar.

A insistência, tão comum no mundo pós-copernicano, de que na verdade a Terra é que gravita em torno do sol, e não o contrário, representa um dogmatismo que revela uma visão tão estreita quanto a relutância de considerar as coisas sob a perspectiva copernicana. A perspectiva realmente abrangente é aquela a partir da qual podemos considerar e comparar os diferentes tipos de compreensão proporcionados por cada uma das diferentes perspectivas.

As bases morais da moderna ciência natural

Com base em tipos questionáveis de compreensão que sustentam aquilo que julgamos ser explicações "desprovidas de valor" sobre o mundo, podemos considerar a interpretação newtoniana para um fenômeno como o do caminho percorrido pela lua ao redor da Terra: um corpo que não é imenso, o satélite, que, se deixado por conta própria, tenderia a se deslocar em uma direção tangente, é atraído por um corpo gigantesco, a Terra. A velocidade do suposto movimento linear da lua é suficiente para evitar que ela caia diretamente sobre a Terra. Portanto, ocorre o contrário: o caminho linear que a lua percorre a coloca na órbita terrestre. Estamos acostumados a considerar essa explicação sobre o movimento lunar racional e científica quando a comparamos, por exemplo, com o conceito aristotélico de que os corpos que se movem em uma direção circular o fazem por conta própria, pelo fato de serem autossuficientes, de não buscarem nada fora deles próprios e de constantemente retornarem ao ponto de origem. Um exame detalhado de cada uma dessas explicações, no entanto, revela que ambas se baseiam em hipóteses questionáveis, cujas raízes remetem a concepções divergentes sobre como se deve viver. Nenhuma delas é mais objetiva ou verdadeira do que a outra no que diz respeito a "como as coisas *são*".[5]

A explicação newtoniana se baseia no célebre axioma, encontrado hoje em livros didáticos de física do Ensino Médio, conhecido como a lei da inércia: se deixado em estado de repouso, um corpo permanece onde está, ou então seguirá um movimento retilíneo, a menos que alguma força externa atue sobre ele. No axioma de Newton, duas hipóteses ganham destaque: a noção de um corpo "deixado por conta própria", isto é, sem uma relação específica com qualquer outro corpo; e a noção do movimento retilíneo, que serve de referência para qualquer outro movimento. Para qualquer observador, será praticamente impossível comprovar que os corpos podem ser concebidos dessa maneira. O próprio axioma já determina a maneira como esses corpos serão observados, e isso estabelece as bases para qualquer observação ou experimento que se deseje fazer.[6] O termo "axioma" deriva de *axio*, palavra do grego antigo, "estabelecer" ou "criar leis". A afirmação de Newton pode ser considerada um ato legislativo. Ela decide o que pode ser considerado como um corpo a ser observado e quais serão os procedimentos do experimento. Somente baseando-se no corpo "deixado por conta própria" faria sentido, por exemplo, pegar uma bola de bilhar e a pena de um pássaro — dois objetos distintos — colocá-los juntos no mesmo experimento, jogá-los juntos e lado a lado dentro de uma câmara sem oxigênio, e então observar que ambos caem na mesma velocidade. É somente quando se concebe essas coisas como não pertencentes a nenhum espaço específico, e como semelhantes em sua completa homogeneidade, que um experimento como este pode se tornar conceitualmente possível.

Eis uma maneira alternativa de olharmos para isso: no momento que colocamos *juntas* bolas de bilhar e penas, de modo implícito estamos alterando o sentido em que elas são compreendidas. Reconhecendo ou não tal fato, estamos considerando-as como "corpos deixados por conta própria", uma conclusão a que chegamos somente por meio de um ato de abstração, o que tanto pode consistir em *desviar o olhar* quanto *olhar para* esses objetos. Deixamos de concebê-los como penas e bolas de bilhar que no passado foram usadas como bicos de pena ou componentes de um jogo de mesa. Desviamos o olhar do significado que tinham quando estavam inseridas em um contexto e, com isso, perdemos de vista características dos objetos tais como peso e textura, que se relacionam a alguma maneira de se revelarem úteis, e associamos tais características a qualquer objeto que ocupe um lugar no espaço vazio tridimensional.

Aquilo que consideramos ser as leis da gravidade, que descrevem o mundo tal como ele é, independentemente de nós, é deixado de lado quando passamos a considerar uma interpretação do corpo pela qual somos responsáveis. Podemos chamar isso de interpretação poética, no sentido de que se trata de uma construção imaginária das coisas com base em uma determinada atitude sobre a vida que nós, observadores, estamos vivendo.

A "poesia" intrínseca ao ponto de vista newtoniano se torna mais visível quando consideramos a concepção do cientista sobre outras perspectivas plausíveis. Antes de Newton, as pessoas também observavam o mundo natural com cuidado e atenção. No entanto, elas explicavam o movimento em termos distintos, baseados em diferentes axiomas e concepções sobre o corpo. Podemos retomar o exemplo da doutrina de Aristóteles sobre o movimento: os corpos se movem de acordo com o próprio lugar. Os corpos que se movem em círculo, tais como os corpos celestes, pertencem a si mesmos. Eles constantemente retornam a si mesmos, em vez de se deslocarem rumo a outra direção, em busca de algo mais. O movimento deles é a prova de certa noção de autossuficiência. Os corpos que se movem em círculos não dependem de nada que lhes seja externo. Eles representam a vida do autogoverno, da qual somos relembrados a cada vez que olhamos para o céu. As coisas que se desviam de um movimento circular, que se movem em linha reta, por exemplo, não estão "integradas" consigo mesmas; estão tentando estar em outro lugar. O fogo se movimenta para cima, buscando estar em contato com o sol. Uma pedra cai para se juntar à terra.

Concluir que um estudo empírico qualquer seria capaz de refutar a teoria de Aristóteles sobre o movimento implica ignorar que todo tipo de observação já está orientada por uma perspectiva fundamental. A partir de nossa tese (influenciada por Newton), podemos nos sentir tentados a refutar a teoria aristotélica, dizendo que, na superfície da lua, as pedras não caem. Porém, essa observação não teria levado Aristóteles a revisar sua teoria essencial sobre o movimento em termos de lugar. Talvez ele fosse levado a revisar sua concepção sobre o lugar apropriado para *uma pedra*. Ou então seria levado a concluir que as pedras na superfície lunar são, quando examinadas mais de perto (com seus tipos diferentes de movimento), seres diferentes dos seres terrenos. Tal exemplo é ligeiramente artificial no sentido de que o próprio projeto de ir à lua para observar como as coisas funcionam lá em cima faz pouco sentido do ponto de vista de Aristóteles. A lua, tal como o filósofo a compreende, não é um lugar para onde um ser humano viaja, e sim um símbolo a ser compreendido à medida que o indivíduo busca o domínio de si aqui na Terra. O fato é que há um número infinito de provas que podem se encaixar no quadro de referências de Aristóteles. Enquanto o indivíduo estiver comprometido com o imperativo espiritual que serve de motivação a esse quadro de referências, não há limites empíricos a ele.

Embora seja possível rejeitar a doutrina de Aristóteles sobre o movimento, considerando-a exótica, devemos reconhecer que ela é tão verdadeira em relação "aos fatos" quanto a de Newton. Baseados na perspectiva pela qual as coisas buscam alcançar o seu lugar próprio e, também, em um sentido mais amplo, na ideia de uma ordem harmoniosa, podemos apresentar uma explicação sobre o modo como as coisas se movimentam que é tão coerente quanto a de Newton. Poderíamos até dizer que a doutrina de Aristóteles compreende o corpo e o movimento como diretamente manifestados em nosso cotidiano antes mesmo de os livros didáticos nos ensinarem a confinar o mundo nos limites de abstrações hipotéticas: o trem atravessa as colinas, sem esforço, rumo a seu destino. O movimento desse trem está sintonizado com seu objetivo: transportar os viajantes de modo confortável de uma cidade a outra. A árvore se curva de maneira flexível diante dos ventos uivantes. Ela mantém sua integridade em meio à tempestade que ameaça derrubá-la. Se o trem tiver que fazer uma parada repentina, ou desviar de curso, ou se a árvore for derrubada pela tempestade, essas mudanças ficarão imediatamente aparentes, sendo vistas como um alarmante desvio do objetivo daquilo que estiver em questão.

Para que as leis newtonianas sobre o movimento se tornassem possíveis, foi preciso uma mudança na maneira como compreendemos a nós próprios. A ideia de que as coisas buscam o seu lugar adequado, e que o movimento circular personifica a perfeição precisava ser contestada. Em outras palavras, era preciso haver uma mudança moral que acompanhasse a mudança científica.

Se reexaminarmos o axioma de Newton, poderemos tentar compreender essa mudança. Um corpo deixado por conta própria, que pode ocupar um lugar qualquer no espaço tridimensional, em um tempo, um corpo semelhante a outros corpos somente em sua homogeneidade e sua desconexão com tais corpos, consiste em uma interpretação do corpo que serve como confirmação da ideia — característica do Iluminismo democrático — de que as pessoas não estão mais em uma relação bem-definida umas com as outras; que elas são, desde o nascimento, livres e iguais. A prioridade dada ao movimento linear representa o ideal moderno de progresso: a infinita conquista da natureza e da sociedade. Hoje em dia, o movimento circular é sinônimo de condescendência. Ele passa a ser considerado algo atrasado, um desvio da norma. A trajetória circular da lua é concebida em termos de um movimento linear cuja rota foi desviada. O quadro de referências newtoniano, óbvio em sua aparência, serve para confirmar e aprofundar um ponto de vista moral tão questionável quanto o de Aristóteles. Sua validade enquanto descrição do mundo é diretamente proporcional à premissa moral em que ela se baseia. À medida que essa premissa moral é questionável, todas as leis de gravidade que a acompanham são igualmente questionáveis.

Em última análise, as leis de movimento de Newton se revelam tão poéticas e sujeitas às aspirações humanas quanto as de Aristóteles. Ambas dependem de percepções do desenvolvimento humano, que são questionáveis. Quando se examina as concepções básicas que embasam qualquer teoria sobre o universo, encontra-se algum tipo de perspectiva moral. Isso significa dizer que todas as formas de enxergar o mundo e de tentar explicá-lo estão sujeitas à nossa busca universal pelo autoconhecimento.

A consciência sobre as bases morais da ciência deveria ser libertadora. Ela deveria nos libertar da aceitação passiva da postura de "É assim que as coisas são", que, examinada mais de perto, atende às necessidades de uma autoimagem cercada de dúvidas e devolve dignidade ao projeto de buscar um significado humano na terra e nos céus. Ela também pode nos incentivar a assumirmos nossa responsabilidade pelo planeta, a cuidar dele por motivos que vão além de nossa saúde e segurança. Devemos proteger a natureza e permitir que ela se expresse como uma parceira em nossa busca pelo autodomínio.

A gravidade e o esforço humano

De acordo com a física moderna, é impossível afirmar que um peso exerce determinada pressão, ou que uma pedra cai. A gravidade nada mais é que uma força calculável, segundo a qual uma massa maior atrai a menor. A massa não é sinônimo de peso; ela é um peso numérico. Porém, vista da perspectiva da Terra, a gravidade se coloca diante de nós como algo pesado e inexorável — a lei segundo a qual tudo que sobe, desce. Nas palavras do filósofo-protagonista Zaratustra, enquanto ele escala rumo a seu "pico mais elevado": "Mudos, andando sobre o zombeteiro chiar do cascalho, pisando os pedregulhos que os faziam deslizar: assim meus pés forçavam o caminho para o alto. Para o alto: não obstante o espírito que os puxava para baixo, para o abismo, o espírito de gravidade, meu demônio e arqui-inimigo [...]. 'Ó, Zaratustra', cochichou zombeteiramente, sílaba por sílaba, 'ó, pedra da sabedoria! Você me arremessou para cima, mas toda pedra arremessada — tem de cair!'"[7]

O cochicho zombeteiro da gravidade, enunciado sílaba por sílaba, que indica sua natureza desumana e mecânica, é visto inicialmente por Zaratustra como uma força que está além do seu controle. Porém, ele não está se referindo à gravidade, e sim ao *espírito de gravidade*, que implica um peso existente dentro dele, na mesma medida em que se encontra sobre ele. Compreendida como uma força espiritual, a gravidade puxa Zaratustra para baixo, não apenas na direção da Terra, mas "para o abismo". A pedra sobre a qual o espírito de gravidade age não é a rocha que poderíamos arremessar com toda força, só para vê-la cair, mas a "pedra da sabedoria", que, de acordo com a lenda, é capaz de transformar metais em ouro e que simboliza o nosso poder de restabelecer esplendor e significado àquilo que é comum e acidental.

Conexão com a natureza

Nietzsche afirma que a força natural da gravidade, que às vezes parece ser uma necessidade estranha a que estamos sujeitos, é na verdade uma interpretação da natureza sob a perspectiva de nosso desespero: uma visão da natureza a partir do ponto de vista privilegiado de um fim — um fracasso, um desastre, ou uma vitória que já se tornou obsoleta.

Nietzsche deixa isso explícito algumas linhas depois. À beira da exaustão, Zaratustra enfrenta o espírito de gravidade: "Mas eu sou o mais forte de nós dois — você não conhece o meu pensamento abismal. *Esse* — não poderia suportar!"[8] O pensamento abismal, tal como será desenvolvido por Nietzsche um pouco mais adiante, tem a ver com a atrofia espiritual, com a resignação diante do sofrimento e com o niilismo. Colocando em prática este "pensamento abismal", Zaratustra se impõe contra a gravidade física e corporal que exercem força sobre ele, à medida que sobe a montanha. A "gravidade da terra", afirma, nada mais é do que um emblema, uma manifestação física do pensamento abismal.

Compreendida dessa maneira, a gravidade jamais nos confronta como uma força natural diante da qual nos mostramos impotentes. Somos nós, em meio a nossos esforços e à nossa resignação, que interpretamos a gravidade como uma força que age sobre nós a partir de fora. Porém, tão logo encontramos a gravidade dentro de nós, ou no modo como reagimos diante do sofrimento, podemos reinterpretar a gravidade, passando a considerá-la como uma resistência inspiradora.

Inspirado pela concepção de Nietzsche sobre a gravidade, e pelo seu projeto mais amplo de buscar o espiritual dentro do mundano, cheguei a uma nova compreensão sobre alguns dos aspectos aparentemente menos filosóficos da minha vida, entre eles um exercício esportivo que pratiquei recentemente: o treino Tabata, de "desafio gravitacional", na barra fixa. O treino Tabata consiste em períodos intensos de vinte segundos de um exercício determinado, seguidos de dez segundos de descanso. Essa prática é dividida em rodadas de quatro minutos. Assim, eu faria o maior número possível de flexões na barra fixa, dentro desse intervalo.

Da perspectiva do *resultado* que se busca alcançar, o desafio se revela uma luta brutal *contra* a gravidade. No final do exercício, os braços gritam de dor, dos ombros às pontas dos dedos. Os músculos das costas fazem um esforço enorme para encontrar a energia para uma flexão a mais. A essa altura, a gravidade parece ser uma arqui-inimiga — uma força implacável que, no final, pode derrubá-lo. Porém, sob um ponto de vista diferente, o que se encontra no *meio* do desafio, à medida que você se balança na cadência do ritmo das flexões, a gravidade deixa de ser uma simples adversária e se transforma em parceira. É a força gravitacional que permite que nos ergamos acima da altura da barra enquanto agarramos a superfície de metal e nos projetamos para o alto; é ela que nos permite descer fácil e rapidamente, de modo a estarmos pronto para uma nova flexão. Portanto, a gravidade e a força do nosso corpo trabalham juntas, cada uma delas permitindo à outra ser a força que é. Sem a gravidade, você não teria como projetar seu corpo para cima. Sem o seu esforço, a gravidade não teria uma força de oposição sobre a qual agir. Mesmo quando você está prestes a concluir a série de exercícios e se vê lutando contra a mais pesada das flexões, quando a gravidade se impõe do modo mais implacável, é nossa própria força de oposição que possibilita a realização dessa obrigação aparentemente externa. Assim que você solta a barra e se entrega à força da gravidade, ela desaparece.

Uma crítica à concepção estoica sobre a natureza

Aquilo que denominei uma compreensão socrática da natureza, segundo a qual as forças aparentemente externas que nos confrontam podem se tornar parceiras, na medida em que buscamos o autodomínio, pode ser colocado em contraste não apenas com a postura antagonista diante da natureza, hoje predominante, mas também com uma atitude mais antiga que ressurgiu recentemente: a concepção estoica sobre a natureza, que preconiza uma aceitação passiva, em vez de resistência.

De acordo com a visão dos estoicos, devemos "viver de acordo com a natureza", o que implica aceitar aquilo que a natureza nos oferece como parte de um processo mais amplo, que segue um curso, alheio às nossas expectativas e aspirações. À medida que observamos as regularidades no mundo que nos cerca, tais como a passagem das estações do ano, o crescimento e a decadência dos seres vivos, compreendemos a natureza como um eterno ciclo, no qual tudo, incluindo nós mesmos, em última análise é preservado e concebido como rearranjos de uma mesma matéria, a partir da qual tudo é formado.

Diante dos prejuízos, das doenças e até da morte, ensinam os estoicos, é possível obtermos conforto ao reconhecer que esses eventos representam apenas o funcionamento de uma ordem necessária e inteligível que, em si, nunca se altera. Conforme Sêneca, filósofo estoico, escreve:

> Observe o ciclo das coisas que retornam a si mesmas: você verá que nada nesse mundo se extingue, mas alternadamente declina e ressurge. O verão passou, mas o próximo ano somará mais um. O inverno acabou: os meses certos trarão mais um. A noite encobriu o dia, mas o dia, de imediato, empurrará a noite. As estrelas repetem o percurso que fizeram: continuamente uma parte do céu se eleva, uma parte submerge.[9]

Sempre que nos percebemos temendo aspectos da natureza que possam frustrar os nossos esforços, devemos recordar que tais aspectos fazem parte do eterno processo de decadência e de renovação. Em uma carta endereçada a Marcia, amiga que acabara de perder um filho, Sêneca escreve que as adversidades e fatalidades humanas e até o mais cataclísmico dos eventos que afetam toda a Terra são necessários para tal processo eterno: "Quando for chegada a hora em que o mundo deve ser aniquilado para se renovar por completo, toda substância se destruirá, os astros se chocarão, o fogo queimará o universo, e todos esses corpos luminosos, que brilham em uma ordem tão bela hoje, não formarão senão a chama de um vasto e único incêndio. [...]. Nós não seremos, no meio do caos geral, senão um detalhe a mais na grande catástrofe, e voltaremos a nos perder no seio dos elementos primeiros."[10]

Alguns estoicos, como o imperador romano Marco Aurélio, interpretaram o processo da natureza em termos de uma divina providência:

> Assim como o mundo se constitui em um único corpo que contém todos os demais corpos, o destino também constitui um único propósito que contém todos os demais propósitos [...].

> Observe a realização dos planos da natureza sob este prisma [...] e aceite o que está acontecendo (mesmo que isso pareça difícil de aceitar). Aceite-o em nome daquilo a que esse evento está conduzindo: a boa saúde do mundo, e o bem-estar e a prosperidade do próprio Zeus, que não teria causado nada disso não fosse por seu desejo de trazer benefícios ao mundo como um todo.[11]

O que a visão providencial de Marco Aurélio sobre a natureza e a concepção mais materialista de Sêneca têm em comum é a ideia de que, independentemente do que façamos ou do que pensemos, ela segue o próprio curso. Toda e qualquer tentativa de controlá-la, mudá-la ou afetá-la é inútil. Em vez disso, devemos compreendê-la e nos contentarmos em saber como ela funciona. O que unifica as variadas concepções dos estoicos sobre a natureza é o conceito de destino. Nas palavras de Marco Aurélio: "Algo acontece a você. Isso é bom. Foi algo intencional da parte da natureza em relação a você, algo tecido no plano geral desde o princípio."[12]

A atração exercida por essa concepção fatalista das coisas é inegável como contraponto à inutilidade da nossa busca voltada à conquista de objetivos. Ela expõe fracassos e perdas aos quais essa busca está predestinada como parte de um plano maior. Não é de surpreender que o estoicismo tenha exercido uma atração tão grande em inúmeras personagens históricas envolvidas com assuntos mundanos tempestuosos e de grande visibilidade. Para essas pessoas, o estoicismo representava uma ilha de serenidade em meio ao burburinho da vida política. Na visão de Marco Aurélio, era uma filosofia de autoajuda à qual ele podia recorrer em momentos de necessidade enquanto comandava o Império Romano. Diante do que deve ter sido uma exaustiva tarefa de lidar com a bajulação e a falsidade das pessoas que o cercavam, além de projetos que fracassaram por motivos que fugiam do seu controle, Marco Aurélio buscava uma ideia que pudesse libertá-lo das ambições e da competitividade da vida humana. Os seus escritos, que consistiam em anotações para si mesmo sem a aparente intenção de serem publicados, mas que hoje circulam no livro intitulado *Meditações*, estão repletos de críticas à vaidade, à obsessão e à preocupação com a obtenção de conquistas — críticas tão relevantes hoje quanto em sua época.

Por exemplo, Marco Aurélio estava familiarizado com a tendência de estar sempre "ocupado demais" para responder a uma carta ou se encontrar com um amigo. Em um dos bilhetes que escreveu para si mesmo, ele incluiu o lembrete de "não ficar o tempo todo dizendo (ou escrevendo para dizer) às pessoas que estou muito ocupado, a menos que eu realmente esteja. Da mesma maneira, não ficar delegando aos outros as minhas responsabilidades sob o pretexto de estar lidando com 'negócios urgentes'". [13]

Marco Aurélio também era dotado de uma aguda percepção em relação ao modo como a preocupação com a reputação pode se transformar em uma vaidade autodestrutiva e tentava colocar a aparência física e a fama em sua devida perspectiva: "Ou será que a sua reputação é que o está incomodando? Ora, veja como todos nós seremos logo esquecidos. O abismo do tempo infinito que engole a todos nós. O vazio de todos aqueles que nos aplaudem [...]. O minúsculo espaço [do mundo] em que isso tudo está acontecendo." [14]

Porém, embora o estoicismo dê grande ênfase às imperfeições da busca voltada à conquista de objetivos, essa escola de pensamento nunca escapa por completo da perspectiva voltada a tal conquista. Ela transpõe tal perspectiva para a natureza, na forma de um providencialismo explícito (a "prosperidade de Zeus"), ou no aspecto "saudável" e na "renovação" do mundo. O estoicismo não é capaz de imaginar uma concepção alternativa de ações que atenda a nosso anseio de exercer as capacidades humanas, ou que faça justiça ao comprometimento e aos projetos por meio dos quais passamos a compreender o sentido das nossas vidas. Na sua tentativa de lidar com a impermanência das conquistas, ou de qualquer estado temporário do mundo, e de buscar um ponto de vista sobre as coisas que nos permita desfrutar de uma felicidade duradoura, o estoicismo renuncia ao exercício das capacidades humanas. Ele delega tal exercício à natureza. Com isso, acaba ignorando a possibilidade de uma forma de ação que não aguarda um futuro para se justificar e, com isso, torna-se invulnerável à decadência "no tempo". Em vez de lidar com a atividade em si, por meio do autodomínio e da amizade que examinamos anteriormente, e de tentar olhar para a natureza sob a perspectiva dessas virtudes, o estoicismo concebe a natureza como a antítese do exercício das capacidades humanas: como uma força eterna e todo-poderosa que não tem a menor preocupação com aquilo que fazemos ou pensamos, ou então a usa em benefício próprio. A contemplação teórica de um sistema como esse é a única eternidade pela qual podemos aspirar. Dessa forma, o estoicismo se mantém emaranhado em uma atitude voltada à conquista de objetivos e faz com que nossa condição seja alterada: de agentes, passamos a instrumentos de um plano maior. Espera-se que nos consolemos com a lembrança de que, qualquer que seja o nosso destino, este é meio pelo qual Deus está criando o bem maior do mundo.

É revelador que os estoicos usem a expressão "assuntos humanos" de um modo que abrange um amplo leque de atividades — proferir uma palestra em público, elaborar uma estratégia em uma batalha, atacar a reputação de alguém ou cuidar de um filho — cuja totalidade é implicitamente compreendida em termos de uma tentativa de alcançar um objetivo e que, portanto, assume a aparência de uma forma transitória e instável de existência. "Todos os assuntos humanos são breves e efêmeros", escreve Sêneca. "O tempo fará com que a unidade e o companheirismo da raça humana se dissolvam."[15] Ao abordar os assuntos humanos de forma tão superficial, ele ignora a distinção entre assuntos voltados à criação, produção e manutenção, e aqueles que, nas palavras de Aristóteles, têm finalidade própria. Sêneca tampouco é capaz de distinguir entre o companheirismo entendido como uma aliança e o companheirismo entendido como amizade. Ao ignorar essas distinções essenciais, o estoicismo se mostra incapaz de perceber o modo como diferentes formas de atividades estão relacionadas com o tempo. O estoicismo nem chega a indagar se faz sentido falarmos de uma vida dedicada ao domínio de si ou à amizade como coisas que existem ou se desenvolvem com o tempo, ou se uma vida como esta pode ser considerada temporal, em uma acepção diferente.

Como esta filosofia é incapaz de imaginar a atividade humana em termos de sabedoria prática e de uma busca pela inteireza, também se revela incapaz, na mesma medida, de encontrar na natureza algum indício dessa atividade. Qualquer significado que a natureza expresse não é uma coisa pela qual nós somos, de algum modo, responsáveis enquanto intérpretes. "O plano de Deus" ou "o ciclo da natureza" são coisas a serem distinguidas e aceitas. "Olhe e você verá", escreve Marco Aurélio na introdução do texto que contém suas análises sobre a natureza. Os seus repetidos apelos, ao longo das reflexões, para que o leitor "olhe" e "veja" são uma comprovação da postura passiva que, em última análise, o estoicismo adota. Nossa relação com a natureza é, em última instância, é de recebermos, em vez de dialogarmos. Espera-se que, ao olharmos para as estrelas, possamos enxergar a vasta extensão de um cosmos predeterminado, no qual a Terra não passa de um grão de poeira. Nas palavras de Sêneca: "Nós consideramos esta Terra com suas cidades, seus povos e rios, rodeados por um conjunto de oceanos, como um ponto minúsculo."[16] Achamos que as estrelas — fontes de luz distantes — estão destinadas a atenuar as nossas paixões ao nos fazer recordar a absoluta insignificância da vida na Terra.

Em última análise, o estoicismo nos impele a buscar uma relação com a natureza que possa fazer justiça tanto a ela quanto a nós próprios. Que espécie de tributo rendemos às estrelas ao considerá-las evidências de um vasto universo que domina e desdenha de nosso mundo? Em vez disso, por que não tentarmos compreendê-las como fontes de orientação em meio a uma viagem noturna, ou como fontes luminosas de inspiração para a exploração de terras distantes que representem um patamar mais elevado de autodomínio e de amizade? Nietzsche, um veemente crítico do estoicismo, apresenta um notável contraste à visão de Sêneca sobre as estrelas. Para o alemão, o céu acima de nós é parceiro em nossos esforços de nos superarmos, um amigo que inspira orgulho:

> Ó, céu acima de mim, céu puro, profundo! Ó, abismo de luz. Olhando-o, estremeço de divinos desejos [...]. Juntos aprendemos a subir acima de nós, até nós mesmos, e a sorrir desanuviados — sorrir desanuviados para baixo, de olhos luminosos e de imensa distância, quando abaixo de nós coação, finalidade e culpa embaciam como chuva [...]. E, subindo montanhas, quem buscava eu, senão a você, pelas montanhas? [...] somente *voar* deseja a minha vontade, voar para dentro *de você*! [...] Mas sou alguém que abençoa e diz Sim quando você está ao meu redor [...] para isso, pelejei muito tempo e fui um lutador, de modo a um dia ter as mãos livres para abençoar [...] estar sobre cada coisa como o próprio céu, o seu teto abobadado, a sua redoma de cor anil, a sua perene certeza.[17]

O que Nietzsche exemplifica, por meio das palavras de Zaratustra, é uma forma de comprometimento com a natureza que ele, em outro trecho do livro, apresenta como a interpretação disso "em prol de seu autorreconhecimento":

> Todos os experimentos da natureza têm valor apenas na medida em que o artista acaba por antever seus balbucios, encontra-se com a natureza no meio do caminho e dá expressão àquilo que realmente deseja com tais experimentos [...]. Portanto, a natureza também precisa do santo, cujo ego se dissolveu por completo, e cuja vida de sofrimentos — praticamente — deixou de ser sentida de modo individual, mas apenas como o sentimento mais profundo de igualdade, comunhão e união com todos os seres vivos; o santo em quem o milagre da transformação ocorre [...] aquele ser supremo prestes a tornar-se humano, rumo a quem toda a natureza é impelida, em nome de sua própria salvação.[18]

Segundo essa concepção, Nietzsche inverte, por assim dizer, o sentido da expressão estoica "viver de acordo com a natureza" sem se render ao simples oposto, "usar a natureza para qualquer que seja o seu objetivo". A natureza precisa do artista e do santo para expressar as próprias intenções em seus balbucios e experimentos. No entanto, é a própria natureza que impele e que precisa ser encontrada no meio do caminho pelo indivíduo interessado em cumprir as promessas feitas por ela. Não há como separar o significado da natureza e o de nossas vidas. A natureza só atinge sua dignidade mais elevada ao "tornar-se humana"; porém, o ser humano, por sua vez, só se realiza por meio da dissolução do ego e da comunhão transformadora "com todos os seres vivos".

A Little League de beisebol e o clima rigoroso

Uma das poucas vezes em que senti medo na vida foi durante um treino de beisebol na Little League, quando atuei como técnico de uma das equipes itinerantes da minha cidade. O que me deixou aterrorizado não foi um confronto com um pai insatisfeito — embora esse pudesse muito bem ser o caso. Foi o clima: um temporal que, vindo do oeste, varreu a cidade em uma tarde de julho em que o céu não tinha nuvens.

Com o passar dos anos, virei uma espécie de especialista no clima. Não tenho dificuldades em distinguir um temporal comum de outro mais rigoroso em um radar Doppler e aprendi a interpretar os modelos computacionais básicos consultados pelos meteorologistas nas previsões do clima. O que me dá um orgulho maior, no entanto, é minha capacidade de interpretação dos sinais do céu. Em geral, consigo perceber quando um temporal está se aproximando a 1,5 quilômetro de distância. A majestosa massa de densas nuvens *cirrus*, que se espalha a partir do topo de uma ondulante nuvem cúmulo-nimbo, é inconfundível, ainda mais por desenhar uma nítida linha em um céu azul de verão.

Porém, naquela tarde, eu estava concentrado no treino. As árvores ao redor do campo impediam a visão do horizonte. Aquele temporal se aproximava com uma velocidade incomum. Bastou eu olhar para o céu que ia escurecendo para que roncos de trovão, praticamente um a cada vinte segundos, depois um a cada dez segundos, se fizessem audíveis, mesmo que parte do céu ainda estivesse azul.

Comecei a recolher equipamentos e a conduzir as crianças até os carros. Eu deveria ter entrado no meu carro. Só que resolvi pegar o maior número possível de bolas para que não pegassem chuva. Quando me dei conta, raios despencavam das nuvens. Caíram dois deles, quase que imediatamente seguidos de estrondosos estalos de trovão.

Fui tomado pelo horror e por um misto de espanto e admiração. De repente, as bolas encharcadas e as bolsas molhadas me pareceram insignificantes, assim como o próprio treino, para o qual eu havia feito um meticuloso planejamento na noite anterior. Até as vitórias e as derrotas não pareciam ter mais sentido algum — embora nossa equipe, à época, fosse detentora de um recorde que eu queria manter. Enquanto os raios caíam em todas as direções, me ocorreu um pensamento: "Não é necessário... não é necessário fazermos um treino hoje, nem mesmo que eu esteja vivo para comandar um treino amanhã." Por um breve instante, o significado de cada objetivo meu foi suspenso. Uma sensação terrível, mas fortalecedora. "Uma força mais poderosa", pensei: não apenas o imenso temporal, mas o seu poder — a plenitude da sua vida aqui e agora, nesse exato momento.

De repente, meu instinto e um conhecimento vago me deram o alerta: a gaiola de batedura [*batting cage*], a poucos metros dali, uma área cercada, seria o lugar mais seguro para me abrigar durante um temporal com raios. Eu havia aprendido isso ainda criança, em uma visita a um museu de ciências, aonde meus pais costumavam me levar: a eletricidade é conduzida somente sobre a superfície externa de uma área de metal cercada e na sequência se dirige para o chão, sem causar danos. Pode-se até tocar no interior da gaiola enquanto a eletricidade está sendo conduzida e sair ileso. Enquanto eu corria na direção de algo similar a uma gaiola, me veio à mente a imagem do homem no museu de ciências trabalhando no gerador Van de Graaf — uma enorme máquina que simula raios gerados pela eletricidade estática. O homem dentro daquele cercado tocava a superfície de metal com os dedos, a partir de dentro, enquanto raios violentos atingiam a superfície externa. Ao me lembrar disso tudo em uma fração de segundo, corri para dentro da área cercada da gaiola e fechei — sem que houvesse a menor necessidade — a pequena porta.

Já abrigado em um local seguro, retomei o pensamento que a chuva fizera brotar em mim: a força maior. Não o temporal, mas a proverbial vida que passa inteira diante dos nossos olhos em um momento de terror. Que vida era aquela? Não se tratava de uma lista de sucessos e fracassos, tampouco dos meus objetivos. O temporal havia invalidado todas aquelas coisas diante de uma possível morte iminente. Não, não se tratava de conquistas, mas do *self* — o repentino reconhecimento da plenitude da vida aqui e agora —, uma rara ocasião em que a frase (repleta de expectativas, mas incerta) "Um dia eu serei..." é substituída por uma afirmação determinada: "Eu sou!" Treinos com duas horas de duração, vitórias, conquistas, o que eu espero conseguir com tudo isso? Que eu seja mais feliz, mais completo? Não. O máximo que tais coisas podem me oferecer é uma oportunidade para uma batalha — uma jornada por meio da qual poderei receber mais de mim mesmo — mais de quem (e do que) eu já sou.

Ao refletir sobre aquilo que percebi naquele breve instante de terror, um trecho de Nietzsche me vem à mente: "Passou o tempo em que podiam me suceder acasos. Ele apenas retorna para casa, regressa para mim — meu próprio Eu, e o que dele há muito tempo se achava no estrangeiro, disperso entre coisas e acasos."[19]

Será que a experiência que vivi naquele dia — um treino interrompido; um "acidente" — não me trouxe de volta a mim mesmo? O temporal me transportou de volta ao meu passado — o garoto que observava aquele homem no cercado de metal no museu de ciências, apertando a mão da minha mãe, com muito medo. Na maioria das situações cotidianas, aquele homem poderia aparecer como uma mera lembrança — algo que aconteceu naquela época. Porém, no meio do temporal, a lembrança ganhou vida por meio de minha própria ação. De repente, eu me transformei no homem do cercado; a diferença era que o objetivo era escapar de um temporal de verdade. A única coisa que faltava, naquela situação, era um raio que atingisse meu cercado provisório.

Olhando em retrospecto para aquele evento, aprendi mais uma coisa, uma lição mais generalizada sobre a natureza, os ambientes externos e a jornada de vida — algo que digo a mim mesmo com frequência, mas que lamentavelmente não chego a concretizar. Os eventos da terra e do céu, que acontecem bem diante da janela da sua casa, estão repletos de oportunidades de aventura, cheios de prováveis histórias cujo significado não é nada menor do que aqueles com que você se depara em seu ambiente de trabalho, ou noticiados nos jornais — bastaria prestar um pouquinho mais de atenção!

Embora seja possível exagerar ao falar sobre a diferença entre ambientes internos e externos, os últimos têm uma vantagem: de modo geral, pelo menos em nossa época, eles são mais selvagens e silvestres, mais caóticos e menos previsíveis do que os ambientes internos; portanto, mais propícios a aventuras. O ambiente confinado de um edifício de escritórios ou uma casa é regulado — desde a temperatura que se pode ajustar apertando um botão, até a luz que está disponível com o toque no interruptor. Praticamente tudo no ambiente interno é previsível e está à nossa disposição. Se quisermos encontrar aventuras em ambientes externos, será preciso que algo quebre e atrapalhe a rotina. As tentativas de consertar objetos podem formar o caráter e render boas histórias. Nas situações em que nossa limitação com habilidades práticas fica aparente, faríamos bem se voltássemos o olhar para fora — sair do ambiente interno e encarar os elementos da natureza.

Esportes ao ar livre como o beisebol ou a corrida fazem com que a conexão com a natureza se torne inevitável. O simples gesto de abrir a porta no fim da tarde para saudar um sereno pôr do sol também cumpre essa função. Isso pode nos incentivar a identificar um significado mais elevado do que o de conquistas e objetivos. Na esfera de luz carmim que submerge no horizonte e nas nuvens douradas que se movimentam discretas em nossa direção, podemos encontrar o esplendor de uma vida cuja expansão final é responsabilidade nossa, dos sobreviventes. Ou então poderemos chegar ao fim da jornada do dia de hoje, cujos últimos raios, que chegam até nós através de nuvens passageiras, nos lembram silenciosamente: "Amanhã começa um novo capítulo!"

Em relação a momentos como estes, lembro a mim mesmo: o potencial para a aventura e para uma nova vida está bem à sua frente. Valorize o que encontra nos ambientes externos e faça algo com isso. Corra, caminhe, escale a montanha mais alta da região em que vive e contemple o horizonte. Se isso não lhe bastar, corra o mais rápido que puder. Faça flexões até os braços arderem de dor, nade no mar, caminhe a distância mais longa que puder até começar a sentir medo de ir além, ou deite na grama e contemple as estrelas. Ninguém o impede de fazer isso. "Há mil veredas que não foram percorridas; mil [...] ilhas recônditas da vida. Inesgotados e inexplorados estão ainda o homem e a terra humana."[20] Todos os dias, você tem ao seu alcance uma vida de prosperidade — basta-lhe a disposição de sair da rotina diária e permitir que o mundo se apresente a você. A ausência dessa disposição é o verdadeiro inimigo. Quase sempre a origem dela está na própria ambição, por menor que ela seja. Trata-se do imperativo de um dia de trabalho que o faz despertar às 6h da manhã sem sequer dar uma espiada do lado de fora, para ver o sol nascer.

Essa conexão com a natureza não exige muito de você. Reserve dez minutos para sair de casa e cuidar do jardim, ou para observar as nuvens enquanto toma uma xícara de café, de manhã. Descreva aquilo que está vendo, como se estivesse relatando isso a um amigo à noite. Há boas chances de se deparar com algo que o tira da rotina monótona e que justifica por antecipação as coisas que aquele dia poderá lhe trazer. Você talvez tenha um insight que não alcançaria depois de horas e dias matutando sobre um pensamento. Um despertar pode ocorrer de modo instantâneo.

Buscando conchas do mar: o caminho e o destino podem ser uma coisa só

Poucas criações da natureza são mais belas do que uma concha do mar chamada junonia. Trata-se de um molusco marinho da família *Volutidae* que habita as águas profundas do Golfo do México e do Caribe. Somente em raras ocasiões, em geral após violentas tempestades, ela aparece nas praias do litoral do sul da Flórida. Venho procurando a junonia e outras conchas do mar junto com meu irmão desde que tínhamos, respectivamente, 6 e 8 anos. Achamos a primeira delas quando eu estava no Ensino Médio e, desde então, encontrei mais cinco. Isso dá um total de seis junonias em 24 anos — uma marca da qual nos orgulhamos.

Olhando para nossa coleção no inverno passado, comecei a refletir sobre uma questão que me intrigou após cada encontro: o que explica a beleza da junonia? Uma resposta comum, mas superficial, seria: a convenção social. Nós a consideramos bela porque outras pessoas têm a mesma opinião. Diante da descoberta de que o animal é um famoso item de colecionador, não há como deixar de considerá-la atraente. Porém, a junonia em si não é mais nem menos bela do que outras variedades menos valorizadas. Esse tipo de explicação nos remete a Adam Smith, que a apresentou ao se referir a certos estilos de roupas. Julgamos que certas combinações específicas são atraentes, afirma ele, porque estamos habituados a vê-las juntas, como por exemplo calça e um cinto. Na ausência de um cinto identificamos um sinal de desalinho, de algo pouco atraente, pois estamos condicionados pelos hábitos e costumes a acreditar nisso.

Tais explicações sobre a beleza em termos de convenção social exercem um poder de atração. Elas sugerem a possibilidade de nos libertarmos da submissão à opinião do senso comum e de nos permitirmos fazer escolhas segundo os nossos gostos. Porém, esse convencionalismo, e a concepção subjetiva de beleza a ele associado, ignora a possibilidade de que as coisas que escolhemos ter por "agradar a nosso gosto pessoal" contenham uma beleza *intrínseca*, uma que é verdadeira para *nós* e que busca ser interpretada. As explicações sobre a beleza baseadas apenas em termos de um gosto subjetivo servem como base para uma lassidão autodestrutiva: elas impedem a tentativa de atribuir sentidos àquilo que nos parece belo, privando-nos assim dos potenciais insights e do autoconhecimento aos quais a interpretação das coisas belas pode nos conduzir.

A explicação de Nietzsche sobre o ouro é um exemplo maravilhoso de como a beleza convencional pode, na verdade, ser prova de um significado *próprio* de determinado aspecto da natureza: "Dizei-me: como adquiriu o ouro o valor mais alto? Por ser incomum, inútil, reluzente e de brilho suave; por sempre se dar. Apenas como imagem da mais alta virtude adquiriu o ouro o valor mais alto. O olhar daquele que dá reluz como o ouro. O brilho do ouro reconcilia o sol e a lua. Incomum é a virtude mais alta, e inútil, reluzente e de brilho suave: uma virtude dadivosa é a virtude mais alta." [21] A explicação de Nietzsche nos ensina, ao mesmo tempo, sobre o ouro e sobre a virtude. O "valor" do ouro está no modo como ele "sempre se dá" — assim como o sol oferece sua luz para a lua. Tal oferta é uma forma de compartilhamento em que o doador é preservado, não é empobrecido por aquilo que doou. Ao emprestar luz à lua, permitindo-lhe que seja ela mesma a soberana dos céus noturnos, o próprio sol é capaz de brilhar após o crepúsculo. Desse modo, Nietzsche encontra no ouro uma metáfora para o tipo de doação a que uma vida deveria aspirar: uma na qual o doador e aquele que recebe são fortalecidos. Visto que o ouro, da maneira que brilha, desperta e enriquece a compreensão que temos de nós mesmos, não podemos mais considerar seu valor algo meramente convencional. Há um esplendor próprio do ouro que encontra expressão na virtude dadivosa.

No caso da junonia, sei bem que a beleza dessa concha tem algo a ver com seu formato impressionante. Com um comprimento entre 7,5 cm e 12,5 cm, ela tem a forma de um elegante pináculo, com um comprimento três vezes maior do que a largura; de coloração esbranquiçada e adornada com marcações circulares de tom escuro e terroso. Compreendemos o significado especial desse arranjo natural ao contrastá-lo com o estampado das conus, outra concha famosa, semelhante em aparência, só que muito mais comum. Com um formato de cone, à exceção de um pináculo que representa o topo ou o "nariz" da concha, a conus [*alphabet cone*, em inglês] foi assim batizada em razão das pintas laranja e marrons que se assemelham a hieróglifos. De todas as coisas inanimadas que já encontrei na natureza, a conus é a que se presta melhor a uma compreensão visível. Suas marcações nos pedem para ser interpretadas — como se fossem letras compondo um bilhete místico enviado de uma terra distante. Pode-se dizer que ela representa uma espécie de "metassignificado": sua mensagem é a de que a natureza oferece a si mesma para ser interpretada. Mesmo quando consideramos seus aspectos menos expressivos, ao observá-la podemos obter potenciais insights — basta-nos uma observação atenta. Essa é uma das lições que se pode aprender com a conus.

Pode-se dizer que a junonia é uma versão mais sutil da conus. Seu pináculo é mais macio, mais alongado, sendo uma continuidade do corpo da concha, que adquire um aspecto suavemente romboide, mais largo no meio e afunilado nas extremidades. A maior simetria da junonia (que, diferentemente da conus, é mais ou menos simétrica se nela fizermos um corte transversal) nos possibilita um número maior de significados e interpretações, que são, por assim dizer, desenvolvidos de maneira uniforme em todas as direções. As marcações da junonia são mais nítidas do que as da conus, exigindo de nós um número ainda maior de interpretações. Ao que parece, a natureza deu um passo adiante ao revelar o significado característico da conus e, dessa forma, deu à luz a junonia. Acredito que isso contribua muito para o fascínio que temos pelas conchas.

Ao contemplar uma dessas pequenas maravilhas que hoje repousam em um estojo de vidro no corredor de entrada da minha casa, não tenho como omitir um comentário sobre o significado que essas evocativas letras circulares me incentivam a encontrar. Para isso, preciso retomar o momento em que vi a concha pela primeira vez, submersa a cerca de 30 centímetros abaixo da superfície, presa na areia na beira de uma piscina natural, por volta de 5 horas da manhã.

Sob o feixe de luz de uma lanterna, o revelador padrão marrom e branco cintilava enquanto ondas sutis, amortecidas pelo banco de areia atrás de mim, faziam marolas na superfície da piscina natural, quebrando suavemente na orla da praia. De repente, aquela visão sedutora ficou toda borrada, quando um forte vento noroeste começou a fustigar as águas formando um frenesi de pequenas ondas e impedindo que o potente feixe de luz da lanterna penetrasse a água até o fundo. A concha surgia e desaparecia, sintonizado com o vento, um lembrete da tempestade de vento que havia ocorrido no dia anterior, causando um ataque implacável de ondas brancas que arremessaram na direção da costa as conchas que ficaram expostas pela maré baixa do início da manhã.

Enquanto eu aguardava até a última rajada de vento amainar e que a imagem da concha reaparecesse, meu coração acelerou, como se eu estivesse prestes a agarrar a barra fixa para tentar bater um recorde mundial. A dor fraca que eu sentia em minhas pernas e na lombar — o efeito de ter caminhado, por mais de 1,5 quilômetro pela água que batia à altura do tornozelo, parando inúmeras vezes para me agachar e examinar diferentes conchas — de repente sumiu. Aquela era a hora da verdade. A única questão pendente era saber em que condições estava a concha, se estava inteira e intacta, ou já desgastada pelos anos rolando pela arrebentação. Respirei e expirei fundo, me abaixei e a desenterrei sem o menor esforço.

Diferentemente de outras conchas, a junonia emerge do mar sem sujeira, algas marinhas ou mariscos a serem removidos. A única limpeza que se faz necessária é dar nela um rápido chacoalhão, na superfície da água, para retirar a areia. Eu não precisava mais da lanterna: a lua cheia que brilhava no céu cristalino revelava a superfície lisa e imaculada da concha. Não resisti à tentação de examiná-la uma vez mais sob a luz da lanterna, só para confirmar. Satisfeito, enfiei meu prêmio no fundo do bolso e olhei para a vastidão da praia a fim de desanuviar e me recompor para continuar a busca. (Quando você tiver encontrado uma junonia, a frase "Pare enquanto estiver ganhando" não faz sentido. Assim como todas as coisas belas, ela nos inspira e nos satisfaz em igual medida. Você tem vontade de buscar outra, que sempre traz consigo um esplendor e histórias próprios.) Foi só então, quando passei a contemplar o continente, que reparei nas grandes sombras dos coqueiros e dos pinheiros australianos sendo projetadas de modo ameaçador na direção do oceano, onde eu estava. Seus galhos balançavam e sibilavam com o vento. Não fosse o brilho suave das luzes noturnas irradiadas pelos pequenos prédios logo atrás das árvores, meu entorno teria me parecido bastante assustador.

Meu irmão e eu seguimos caminhando, catando aqui e ali uma *Cinctura lilium* ou o (caracol) *Sinistrofulgur perversum* que apareciam pelo caminho até que a luz fraca do crepúsculo iminente começou a surgir no horizonte. Minutos depois, um convidativo aroma de ovos mexidos e café pairava no ar, vindo de um pequeno hotel próximo à praia. O vapor que emanava da água quente de uma jacuzzi, distante da vigilância de funcionários do hotel, era um convite para uma pequena transgressão para revitalizarmos nossos pés gelados e assistirmos ao nascer do sol. A sublime aventura das horas anteriores deu lugar à cena reconfortante e familiar dos turistas passeando pela praia e aos sons dos galhos das palmeiras ecoando suaves com a brisa.

Quando olho hoje para a concha da coleção, pousada ao lado das demais, tão contida e equilibrada, percebo que o significado sugerido por seu padrão de formas reside no conjunto de forças que ela reuniu na primeira vez que a vi. Cintilando na piscina natural, a concha acabou reunindo em si as marolas, as rajadas de vento, o temporal da véspera e o confronto que meu irmão e eu tivemos com tais forças. No seu misterioso esplendor, a concha que repousa serena na palma da minha mão é, de fato, a materialização fixa de uma busca, o símbolo de uma aventura, e todo estilo de vida no qual essa aventura poderia ocorrer.

O mesmo poderia ser dito em relação aos troféus, aos rankings e às conquistas de toda a espécie. O significado dessas coisas está na jornada percorrida para alcançá-las. Elas continuam nos inspirando apenas como lembretes daquelas batalhas e lutas através das quais a vida de uma pessoa se manifesta. Caso contrário, elas só juntam poeira, ou então envelhecem e perdem a graça, ou se tornam motivo de vanglória, uma ostentação que logo deixará de ter sentido para quem as coleta.

Como seria bom lembrar dessa frase na busca por objetivos: *a jornada consiste naquilo que buscamos*. Ansiosos por alcançar vitórias e a consagração, é fácil ficarmos impacientes e perdermos a alegria de existir em meio a todas as coisas. Nesses momentos, faço uma pausa para me lembrar da busca pela esquiva junonia, uma busca na qual cada dia, hora e movimento de me agachar estão repletos de vida. Até o doloroso encontro com a *Macrocallista nimbosa* — que, para olhos semicerrados para enxergar através de águas turvas, contém marcações vagamente semelhantes às da junonia — está carregado de sentido. Um momento de frustração como esse é inseparável da alegria de encontrar a coisa verdadeira. O caminho e o destino são uma coisa só.

Felicidade e fortuna

A filosofia, ou pelo menos o início dela, está em toda parte. Nós a encontramos nos livros somente porque ela já reivindicou o espaço entre nós em meio a nossas ocupações e preocupações do cotidiano. Mesmo no caso em que algum tipo de concepção de vida nos aparece pela "primeira vez" em uma página escrita, seu significado nunca está simplesmente ali, diante de nós naquele momento, ou então em nosso pensamento enquanto tentamos interpretar o que acabamos de encontrar; ela é manifestada em características do mundo que saltam diante de nós nos momentos mais inesperados.

A ideia que venho tentando apresentar neste livro, a da relação entre a felicidade e uma jornada, tema sobre o qual eu vinha refletindo a partir de algumas leituras em anos recentes, me surgiu, como se fosse a primeira vez, após uma brutal série de treinos de corrida. Nela, eu tinha dado o máximo de mim (pelo menos eu acreditava nisso). O calor e a inexplicável preguiça das minhas pernas resultaram em um desempenho medíocre, em um "split positivo" — o que significa que, na segunda metade da corrida, corre-se mais lentamente do que na primeira metade. Estatelado no chão, respiração ofegante, mas ao mesmo tempo imóvel pela exaustão e pela náusea que ia ficando mais fraca, tive a sensação de estar perto da felicidade. De repente, ela me encontrou enquanto eu corria na direção de casa, pela rua onde caminho todos os dias, sem expectativa alguma, sem pensar em nada, com um sentimento misto de orgulho que deriva de ter alcançado minha melhor marca e da decepção de não ter marcado meu melhor tempo. Na rua, diante de mim, estava o cepo de uma árvore enorme, recém-cortada, serrada a partir da base. Da superfície repleta de anéis emergiam brotos de um verde vivo, cujas folhas se projetavam na direção do sol. A base e as raízes da velha árvore ainda eram fortes e inspiradoras — como se a árvore tivesse, por conta própria, dado passagem a seus rebentos e a um novo capítulo.

Essa árvore foi cortada por humanos arrogantes, ou então por alguém contratado pela prefeitura, que fez o serviço sem hesitar em abrir caminho para uma nova ciclovia. No entanto, a árvore ainda estava repleta de vida, tanto antiga como nova. Ela havia reivindicado o desastre *para si mesma* e se revelava como inspiração para tudo que a cercava. Se a tranquilidade advinda de minhas expectativas frustradas, com nada mais a ser conquistado, não tivesse diminuído meu ritmo de vida, eu teria passado batido por aquela cena, no ritmo frenético do dia. Naquele momento, porém, eu me sentia paralisado, repleto de admiração e me sentindo revigorado.

De repente, minha mente foi transportada de volta a uma noite em Atenas, na Grécia, quando um mero acaso me levou ao contato com ambientes externos, depois que descobri, desalentado, que a academia local estava fechada por um período de duas semanas. Frustrado com a interrupção dos meus planos e querendo muito praticar exercícios, no calor da hora tomei uma decisão: correr e não parar enquanto não chegasse ao topo de uma colina íngreme na periferia da cidade. Àquela altura, eu não havia corrido mais do que vinte minutos em uma esteira. Mais de meia hora depois, e acelerando o ritmo várias vezes para escapar de cachorros que latiam e se lançavam na minha direção (talvez eles só quisessem brincar, mas não dava para saber), cheguei ao topo da colina. Com a visão dos telhados brancos de Atenas diante de mim e a cintilante amplidão do Mar Egeu logo abaixo, apanhei duas das maiores pedras que encontrei, cada uma delas do tamanho de um coco, fiz uma série de exercícios rosca [para o bíceps] erguendo as pedras na altura do ombro e esticando lentamente o braço de volta à posição normal, enquanto mantinha os músculos sob tensão. Acho que posso comparar a alegria de cada uma daquelas repetições à celebração de um atleta que, depois de ter feito uma cesta de três pontos do meio da quadra, ou de ter vencido um set em uma partida de tênis, não quer nada mais do que a oportunidade de vencer novamente. A mesma alegria tomou conta de mim, diante do cepo da árvore. Eu não tinha nada para comemorar, mas senti vontade de gritar do topo de uma montanha.

Foi então que, subitamente, compreendi a lição que o exercício fracassado, a corrida de volta para casa e o gigantesco tronco de árvore me davam: o êxtase involuntário, a felicidade surgida em razão das dificuldades e da frustração, sem planejamentos e inesperada — a felicidade e os acontecimentos fortuitos —, tudo isso caminha junto. Os gregos da Antiguidade, com a palavra que usavam para felicidade, *eudaimonia*, uma referência ao "bom demônio" [para os gregos, um semideus], conheciam uma verdade que nós esquecemos desde então: a felicidade significa fortuna — uma situação que produz felicidade —, e a fortuna é a parceira de uma jornada.

5

Lutando contra o tempo

No cerne do contraste entre a busca voltada à conquista de objetivos e a atividade com valor intrínseco, existe um contraste entre duas diferentes concepções de tempo. Já abordamos esse contraste quando consideramos o modo como uma vida voltada à conquista de objetivos é atormentada por uma preocupação ansiosa com o futuro, com o que precisa ser conquistado ou alcançado às custas da valorização da jornada da vida, aqui e agora, como uma oportunidade de alcançar o domínio de si mesmo, a amizade e a conexão com a natureza.

Pode ser tentador considerar esse contraste como algo que ocorre entre uma limitada orientação para o futuro, na qual nunca se está totalmente presente e o contentamento de "viver no momento presente". Embora em certo sentido essa explicação esteja correta, ela não toca na essência da diferença entre ambas. Pois, como já vimos, o significado de estar no momento presente durante uma jornada é se realizar por meio de um confronto com o inesperado. Portanto, o "presente" de uma jornada é um presente ativo, definido como algo que podemos chamar de uma colisão entre futuro e passado, que é, ao mesmo tempo, uma constituição recíproca.

O futuro é o horizonte aberto por meio do qual o inesperado pode chegar até nós. Ele corresponde ao fato de a vida de um indivíduo não consistir em um ciclo de significados fechado, mas uma compreensão que estamos sempre em busca de algo. O passado é o encerramento provisório que sempre serviu de orientação à jornada do indivíduo e que o lança na direção do desconhecido. Sem o passado e sem a "Ítaca" da qual partimos e à qual ansiamos retornar, nossa vida seria desprovida de rumo — seria, no limite, uma série de eventos desconectados e invulnerável a qualquer perturbação por já estar fragmentada; não seria, portanto, a vida de uma pessoa. Sem o futuro, o passado de uma pessoa seria uma vida congelada, carente de amor, de anseios ou vivacidade. Portanto, em determinado momento da jornada, o futuro e o passado sempre trabalham juntos.

Eles trabalham juntos apenas por meio da atenção e da determinação de cada indivíduo. Só podemos ter diante de nós a possibilidade de um horizonte aberto — o "momento seguinte" como um teste e a oportunidade para uma ilimitada autodescoberta — à medida que nos mantemos firmes aos comprometimentos que conferem totalidade à nossa vida e que nos constituem como pessoas. Se, a cada mudança de direção na viagem, Ulisses não se sentisse motivado por uma devoção determinada à esposa, ao filho e à terra natal — pelo seu passado —, não teria encarado um horizonte aberto no qual novos e imprevisíveis desafios poderiam aparecer. Sem a oportunidade de enfrentar tais desafios, não teria se realizado como uma pessoa tão comprometida. Uma coisa é partir de seu país com a intenção de voltar para casa, às pessoas que se ama; outra coisa, bem diferente, é ter de resistir ao canto das sereias e manter distância de Cila e de Caríbdis para conseguir voltar para casa.

O autêntico "estar no momento presente" que constitui uma vida significativa e que nos liberta da ansiosa preocupação com o que poderá ou não acontecer nunca é um olhar centrado naquilo que se tem à mão em contraste com o que poderá acontecer mais tarde. Tampouco consiste na aceitação passiva do ambiente que nos cerca, como no caso de alguém que entra em um estado meditativo visando a, por um lado, esquecer o futuro e, por outro, esquecer o passado. Ao contrário, a "presença" em uma jornada consiste na encenação de uma partida e uma chegada simultâneas, em que o início é compreendido de uma maneira nova quando se chega ao fim.

O tempo voltado à conquista de objetivos é sempre escasso

A particular circularidade do tempo que define uma jornada pode ser mais bem compreendida em contraste com a temporalidade de uma busca voltada à conquista de objetivos. O futuro voltado à conquista de objetivos consiste em um estado de coisas que já se encontra em nosso horizonte, mas que ainda não foi concretizado — uma reforma que se pretende fazer, o desejo de causar boa impressão, uma experiência que se deseja viver, um determinado estado do mundo que se deseja preservar. Em todos esses casos, o futuro voltado à conquista de objetivos é um agora que ainda não chegou. Mediante a ansiosa preocupação em materializar esse futuro, a busca voltada à conquista de objetivos na verdade já se fechou para um futuro genuíno, para o horizonte aberto, de onde o inesperado pode vir à tona e submeter a vida de um indivíduo a testes. A única incerteza que o indivíduo cuja vida é orientada pela conquista de objetivos é capaz de aceitar — embora deseje abolir tal incerteza por meio do controle dos meios para atingir os fins — é a dúvida sobre poder ou não desfrutar daquilo que planejou.

O passado voltado à conquista de objetivos equivale a uma conquista, uma aquisição, um sucesso ou um fracasso de tempos passados, um momento que poderia ter sido de um jeito ou de outro, mas que desde então já foi decidido — para o bem ou para o mal — e que agora se distancia cada vez mais. "Esqueça o passado e siga em frente" é o mantra da busca voltado à conquista de objetivos, um lembrete de que daqui a poucos dias ou semanas o passado não mais será uma distração. Em todas essas situações, o passado voltado à conquista de objetivos consiste em um agora que chegou e que já se foi. Quando rumina sobre um tempo passado que se distancia e então se volta uma vez mais na direção do futuro que está prestes a chegar, o indivíduo cuja busca está voltada à conquista de objetivos perdeu de vista o passado autêntico em termos de um encerramento e de um senso de direcionamento de vida que confere a ele um sentido.

O horizonte temporal voltado à conquista de objetivos, mesmo quando apontado para o futuro ou para o passado, continua sendo o *presente*. Cada momento é um agora que está se aproximando, um agora que já está aqui ou um agora que já começa a se distanciar. O tempo se torna uma série infinita de agoras, cada um deles se distanciando rapidamente de nós. Uma vida assim é afetada pelo lamentável paradoxo de ser, ao mesmo tempo, transitória e inerte. Por um lado, tudo aquilo que um indivíduo espera conseguir partirá tão rápido quanto chegou, não deixando nada a que ele possa se agarrar.

Por outro lado, tudo que ganha existência adquire a vazia uniformidade de algo que já tínhamos em vista. Uma vida como essa carece de consistência e também de aventuras.

À medida que o indivíduo fica preso a uma busca voltada à conquista de objetivos e habituado ao ciclo de antecipação e de vazio, o tempo começa a parecer uma força estranha à qual é preciso se sujeitar. Desse modo, falamos da "passagem do tempo" como se esse se movimentasse e nos levasse junto. "O tempo não espera ninguém", diz aquele que, em um ritmo febril, tenta concluir um projeto, quando é interrompido pela hora da refeição ou por outra tarefa que interfere em seu processo. "Meu dia não tem horas suficientes." Claro que a atitude baseada na busca orientada à conquista de objetivos — que pretende concluir o projeto, mas cujo percurso é desviado — é que faz o tempo passar dessa maneira.

Para o indivíduo cujo foco deixou de estar centrado na jornada da vida e que não vê alternativas para uma busca voltada à conquista de objetivos, a responsabilidade individual de cada um fica obscurecida. O tempo então aparenta adquirir o sentido de algo que deve ser bem distribuído, um recurso escasso a ser administrado e calculado, em razão do temor de que ele acabará.

O advento do relógio como um instrumento para medir o tempo é o resultado natural de uma busca voltada à conquista de objetivos e diretamente associado ao modelo "meios para atingir um fim", pois só faz sentido medir o tempo, ou melhor, concebê-lo como algo mensurável, sob a perspectiva de uma atividade cujo objetivo é externo a ela mesma. Quando um indivíduo está envolvido em uma atividade com valor intrínseco, como uma oportunidade para aventura e o autoconhecimento, saber quanto tempo se passou nem chega a ser uma questão.

Sempre que nos deparamos com o desânimo de alguém que afirma que o tempo está escasso, estamos diante de uma vida que se perdeu em meio à busca pela conquista de objetivos, na qual o significado intrínseco do percurso foi esquecido. Até o fenômeno do envelhecimento, que tendemos a considerar como um processo inevitável do qual gostaríamos de escapar, é determinado por uma postura voltada para o sucesso, que visa atingir metas que não teremos mais como alcançar. Sei que estou envelhecendo porque hoje preciso de mais tempo para meus aquecimentos e alongamentos antes de começar os exercícios. No devido tempo estarei "velho demais" para competições esportivas, ter filhos ou alcançar um marco importante que me dará a sensação de ter me realizado na vida.

Sempre que nos percebemos envelhecendo, já estamos restringindo o significado do *self* à capacidade de realizar certa tarefa ou série de tarefas, o que se torna o parâmetro segundo o qual nossa idade será determinada. Perdemos de vista o *self* que se manifesta nas situações em que afirma uma opinião, em que mostra a amizade que tem por alguém, ou quando demonstra ter autodomínio ao interpretar a natureza. Para essas atividades, nunca somos velhos demais. Somente quando a perspectiva voltada à conquista de objetivos obscurece nossa visão sobre uma maneira alternativa de ser que passamos a acreditar que o envelhecimento é uma condição inevitável.

A caminho do passado — ou tornando-se mais jovem com a maturidade

Enquanto nos mantivermos atentos à jornada da vida, encarando cada um dos encontros como uma oportunidade de ratificar um comprometimento que reúne todas as partes do nosso ser, o tempo jamais será uma mera sucessão de momentos e a vida nunca será uma simples marcha que vai da juventude à velhice. O futuro, traga o que for, nos oferece uma chance de compreender a vida que já estamos vivendo, só que de uma maneira nova.

Reconsidere a trajetória de Ulisses. No momento que retorna a Ítaca, ele está mais velho do que quando partiu rumo a Troia? Claro, responde nossa visão baseada no senso comum, que imediatamente nos exibe a barba grisalha de Ulisses e seu rosto com mais rugas. Todavia, à medida que nos colocamos em seu lugar e nos imaginamos ao seu lado naquela viagem, nosso julgamento, que aparentemente era tão evidente, perde obviedade. Sob a perspectiva do indivíduo que deseja voltar a Ítaca em sua condição de marido dedicado, de pai e de governante, em certo sentido pode-se dizer que, paradoxalmente, ele se torna *mais jovem* conforme a viagem se desenrola. Pois, em cada episódio da viagem, o momento que define sua juventude relativa em comparação com o agora — seu passado ou seu ponto de partida — alcança sua realização. Enquanto Ulisses luta contra as marés altas e os perigos das terras estrangeiras, tudo que foi pré-estabelecido a seu respeito e que, portanto, faria parte de seu passado, está longe de ser um momento que já esteve aqui, mas que foi deslocado por um presente que aqui aportou, vindo do futuro. Pelo contrário, o passado é uma força que o impulsiona durante a viagem, uma autoimagem à luz da qual ele encontra a determinação para se desviar de Cila e de Caríbdis, para resistir ao canto das sereias e escapar das garras de Calipso. Conforme Ulisses desafia os violentos ataques do futuro, seu passado continua renascendo eternamente, cada renascimento sendo levado ao próximo.

Compreendido dessa forma, o passado está na condição paradoxal de estar situado, ao mesmo tempo, atrás de Ulisses e à sua frente. Encontra-se atrás dele como um momento com o qual ele se mantém comprometido com absoluta certeza e que o impele a seguir adiante. Encontra-se à sua frente como um momento a ser ainda determinado no confronto com aquilo que o futuro decidir colocar em seu caminho. No final, por assim dizer, o lar a que Ulisses sempre se dedicou se torna um espaço em nome do qual ele resistiu a inimagináveis provações e tentações — um lar que é o mesmo que ele tinha deixado para trás, mas também algo infinitamente maior, na medida em que remete a todas as batalhas enfrentadas para conseguir alcançá-lo.

Pode-se interpretar tal trajetória como a de um indivíduo que envelhece no sentido de se tornar mais maduro, mais sábio, com maior domínio de si, ou como a de alguém que rejuvenesce e descobre o significado implícito da própria juventude, um significado que, para poder emergir, aguardava a chegada do futuro. Seja qual for o ângulo por onde olhemos, notaremos que a temporalidade da jornada desafia a concepção unidirecional de tempo que atende às necessidades da perspectiva voltada à conquista de objetivos, cuja expressão se manifesta nos currículos e nas linhas do tempo que traçamos. O tempo não flui em uma direção única, mas anda em círculos em torno de si mesmo, ainda que sempre rumo a um ponto que jamais foi atingido.

Não há um tempo passado, ou um tempo futuro, "sem mim"

A esta altura, vale a pena contrapor a temporalidade de uma jornada não apenas à concepção linear de tempo associada à busca voltada à conquista de objetivos, mas também à concepção circular postulada pelos estoicos. Lembremos que os estoicos — filósofos em grande sintonia com a fragilidade dos assuntos humanos e com a transitoriedade das conquistas — postulavam um refúgio na contemplação da natureza em termos das idas e vindas das quatro estações e, em um sentido cósmico mais amplo, em termos da eterna combinação e dissolução de átomos, a partir dos quais todas as coisas aparentemente são formadas. Sob essa perspectiva, nos ensinam os estoicos, encontramos um tempo que sempre retorna, em círculos, ao mesmo ponto. Podemos, portanto, reconhecer nesse mundo certa eternidade. Embora as nossas vidas como seres que vivem e que lutam pela sobrevivência sejam passageiras, podemos adotar a perspectiva alternativa que considera a nós próprios como partes do grande ciclo eterno.

Podemos justapor a solução estoica a uma concepção de tempo que valoriza a vida, sendo associada a uma jornada. A eternidade que buscamos não será encontrada nos ciclos infinitos de uma natureza impessoal, mas na maneira como uma vida que conhece a si própria com comprometimentos se torna um eterno movimento de partir e retornar para si mesmo com novos olhos. Compreendida dessa maneira, a eternidade não é um círculo que se movimenta repetidamente em torno de si mesmo, tampouco uma linha que se estende até o infinito, mas um movimento ascendente em espiral, que representa a eterna descoberta de nós mesmos, e de um modo renovado, a cada aventura.

Continua sendo verdadeiro o fato de que a vida que tenho hoje, compreendida como uma jornada, inclui cada um dos "antes" como algo que está diante (e acima) de mim, independentemente da extensão de tempo que estou considerando. Posso até considerar esse "antes" como uma época muito anterior a meu nascimento, por exemplo, a época da Grécia de Homero ou o da Atenas antiga. Somente em um sentido superficial posso dizer que tais momentos ficaram para trás. Visto que as vidas de Ulisses ou de Sócrates continuam sendo uma questão — uma fonte potencial de insights que também me permite enfrentar desafios da minha própria época —, elas se encontram à minha frente, tanto quanto pertencem ao passado. Eu poderia até dizer que suas vidas se encontram tão distantes de mim que mal consegui ter acesso a eles, enquanto tentava interpretá-los.

Chegaremos a essa mesma conclusão se estendermos ainda mais os limites do tempo, incluindo um passado "pré-histórico" anterior à época que os seres humanos habitaram a Terra, um passado com extraordinárias erupções vulcânicas que deram origem aos oceanos e aos continentes tal como os conhecemos hoje, ou a era dos dinossauros, ou qualquer outra época de um passado distante. Esses momentos também estão à nossa frente, assim como fazem parte de nosso passado. Pois, enquanto conceituamos tais passados, tentando compreendê-los, isso só será possível se nos colocarmos no lugar das pessoas que viveram aqueles momentos, imaginando como teríamos nos virado, nos perguntando se a vida, àquela época, poderia ter sido melhor ou mais fácil. Dessa maneira, encontramos o passado de um modo que não pode ser dissociado do presente, e até como um potencial caminho rumo ao futuro.

Mesmo quando não nos colocamos de maneira consciente no lugar das pessoas de eras passadas, como ocorre em retratos exóticos como o filme *Jurassic Park*, já nos situamos ali nos próprios termos e nas diferenças que identificamos, visando a caracterizar, "de uma maneira objetiva", as condições em que se vivia "naquela época". Por isso, há sempre uma miopia nas teorias da evolução que postulam a existência de um tempo anterior ao advento da vida humana — quer se trate de um tempo que remonta à Era do Neolítico ou ao Big Bang. Tais teorias sempre dependem de uma objetificação da humanidade, que é considerada uma espécie em relação com outras, ou então inserida na ordem das coisas materiais que podem ser observadas com referência às suas gerações e ao seu desenvolvimento. O que tais teorias ignoram é a força viva que tem diante de si um objeto e que o constitui em expressões como "Big Bang" e "espécie humana" — que carregam determinados significados e que só fazem sentido quando associados à vida comprometida do pesquisador, uma vida que adquire a forma de um movimento simultâneo de encerramento e início de uma jornada. Em última análise, todas as épocas passadas estão submetidas à unidade entre passado e futuro, que define o agora com o qual estamos comprometidos.

O mesmo poderia ser dito em relação a todas as épocas futuras. Assim como não existe um passado que não esteja sujeito à minha capacidade de interpretação e que carregue as minhas marcas, também não existe futuro. Quando antevejo alguma situação localizada em um futuro distante, muito depois de mim, por assim dizer, ter partido, já me encontro ali, e com uma grande presença em minha condição de intérprete, tão presente quanto estou aqui e agora. O modo como retrato aquele mundo sem mim e o torno inteligível por meio da linguagem que uso para descrevê-lo carrega a marca das minhas próprias ideias, dos meus conceitos e da minha implícita compreensão sobre como devo viver. Desse modo, o futuro pertence a mim, e eu, a ele, mesmo quando o imagino sem a minha consciência.

Tentemos visualizar o terrível estado de coisas criado pelos estoicos a fim de demonstrar a futilidade da vida humana na Terra — o cataclísmico momento em que "os astros se chocarão contra os astros", nas palavras de Sêneca, ou, como poderíamos dizer, a implosão do sol que fará com que a Terra mergulhe em chamas. Um evento como esse parece ser o fim do mundo somente na medida em que pré-concebemos o mundo como um produto ou um caso de matéria composta que perdura por algum tempo antes de entrar em colapso. É a visão desconectada e voltada à conquista de objetivos, do artesão que olha para sua obra recém-terminada, desejando que se torne perene, que consegue enxergar nesse rompimento somente o fim ou o ponto de chegada. Porém, um evento como esse admite a possibilidade de uma interpretação muito diferente da parte daquele que vê cada momento como a potencial dispersão de uma vida integral que precisa se redimir diante do desastre. Visto sob essa perspectiva, o fim do mundo não é, de modo algum, um fim, mas um estado de confusão que demanda uma reunificação que ainda está para ser determinada, assim como a vida de Édipo que, ao desmoronar, mantém viva a possibilidade de redenção. Dessa maneira, a existência com a qual o indivíduo está comprometido *agora*, a postura que ele assume em relação ao que ela significa, reúne em si mesma tudo que possa estar situado no futuro.

Cada sequência corresponde à temporalidade de uma jornada

Para fugirmos à constante tentação de considerar a paradoxal circularidade do tempo como uma percepção subjetiva desconectada do tempo "real" ou "objetivo", examinemos de que modo isso possibilita os casos mais óbvios de sequências que ocorrem ao longo de poucos segundos e que servem como base para nossa experiência empírica sobre o mundo. Vemos um relâmpago no céu e, instantes depois, ouvimos o estrondo de um trovão. Acreditamos que uma ocorrência vem depois da outra e, com base nisso, concluímos que a primeira é a causa e a segunda é o efeito. Entretanto, a sequência — e com ela a distinção entre causa e efeito — raramente representa o quadro completo daquilo que aparenta ser e da experiência que estamos tendo. Ela adquire essa aparência somente porque o primeiro momento, assim que chega, anuncia a chegada do segundo, que, por sua vez, cumpre a promessa feita pelo primeiro. Assim que avistamos o relâmpago, ouvimos o trovão que o acompanha, mesmo que este ainda não seja audível ou que nem sequer tenhamos consciência dele como um acompanhante. Assim que ouvimos o trovão, nós o reconhecemos como algo que pertence ao relâmpago, como uma continuação e um desdobramento do mesmo fenômeno. A antecipação do trovão que virá na sequência faz parte da experiência do relâmpago como um evento único, que irrompe com um estilo imponente e assustador. Isso, contudo, significa que o trovão não sucede o relâmpago, mas sempre o tem como parceiro na revelação do que ele é. E o trovão chega à sua completa realização somente em parceria com o relâmpago, seu colaborador. Assim, o segundo momento não é algo que ocorre após o primeiro; desde o início, ele está no horizonte do primeiro. E o primeiro momento não é algo que ocorre antes do segundo; ele constitui a sua contraparte — que está sempre presente —, que é preservada e transfigurada por aquilo que antecipa. Os "dois" momentos nunca são simplesmente dois — primeiro um e, na sequência, o outro —, e sim um único momento que consiste em uma diferença que fortalece ambas as partes.

Sem a existência dessa constituição mútua, o antes e o depois não fariam nenhum sentido, e não teríamos como considerar, de maneira abstrata, um dos eventos como causa e o outro, efeito. Quando consideramos o relâmpago sem nossa percepção contemporânea de que ele é complementado pelo trovão, e quando não o enxergamos como um evento — ainda por ser definido — que, assim como o outro fenômeno, é dotado de atributos sublimes e elevados, estamos imersos na infinita variedade de outras coisas que poderiam acontecer depois que o relâmpago desaparecer no céu. Assim, não teremos razão alguma para perceber a conexão entre o relâmpago e algo que vimos acontecer antes. É só pelo fato de o relâmpago ampliar seu horizonte daquilo que está por vir, mas ao mesmo tempo contendo o mistério de que "talvez ele trará algo a mais dessa vez", que podemos descobrir o trovão como algo que aparece na sequência. É apenas pelo fato de o relâmpago ser "conservado" e reinterpretado pelo trovão que somos capazes de reconhecer, em retrospecto, que o primeiro aconteceu antes.

Chegaremos à mesma conclusão se nos colocarmos no lugar da pessoa que nesse exato momento ouve um trovão e deseja associá-lo ao relâmpago que acaba de ver no céu. Se tivéssemos que depender apenas da memória bruta para lembrar do que ocorreu instantes antes do trovão que ouvimos, para então podermos conectar ambos os eventos, não teríamos a menor condição de saber o que nossa memória deveria ser capaz de reter. Como dificuldade adicional, se de alguma maneira nossa memória se deparasse com o relâmpago e reproduzisse essa experiência, tentando associá-la ao trovão que estamos ouvindo agora, correríamos o risco — em razão de nossa grande capacidade de rememorar — de confundir a nossa reprodução mental com o evento real, e com isso não teríamos como saber se o relâmpago aconteceu antes ou depois do trovão. O elemento ausente na operação mental de recuperar o conteúdo de um momento que já passou para então associá-lo àquilo que acabamos de constatar é a percepção do passado como *aquilo que um dia existiu, mas que não existe mais*. Entretanto, esse sentido histórico de singularidade de um momento que já está distante e que é insubstituível só pode ser recuperado quando o passado é lembrado como *aquilo que anunciou um futuro* — um futuro que, ao nos encontrar no presente, marcou o passado de tal modo que ele não poderá jamais retornar.

Em nossa experiência cotidiana das situações que envolvem as sequências mais óbvias, há sempre uma relação recíproca entre momentos que possibilita tais sequências. Seria impossível avançarmos em nossa compreensão científica mais básica sobre o mundo se nosso entendimento sobre as sequências — necessário para entendermos a concepção de causalidade — não estivesse baseado em uma experiência mais essencial do tempo, caracterizado pela abertura e pelo encerramento de uma jornada.

A percepção de que o *self* ativo, com abertura e encerramento, se estende a todas as épocas, passadas e futuras, tem implicações significativas em nosso modo de conceber a vida e a morte. O que começa a ficar claro, aqui, é que a morte não pode ser apenas o fim da vida, ou a negação dela. Se a tomamos como um aparente fim, estamos preconcebendo a vida em termos de uma presença, no mundo, de uma consciência que um dia não estará mais aqui. Ao adotarmos essa concepção, ignoramos a ideia de que o mundo — na medida em que demanda nossa capacidade de interpretação e deseja ser manifestado — consiste no próprio alicerce da consciência, e também o fato de que ela sempre está comprometida com o mundo, por meio da atenção e da capacidade de reagir.

Considerar a consciência de um indivíduo algo que lhe é dado ao nascer, que com ele permanece por um tempo e que então o deixa, significa situar o *self* desse indivíduo na sequência de momentos que parecem constituir o tempo, enquanto ele se perde em meio ao desfile (voltado à conquista de objetivos) de uma coisa que sucede a outra. Entretanto, se a própria vida é, em essência, uma interação entre o *self* e o mundo que adquire a forma de um movimento simultâneo de início e fim, então não pode existir um tempo no qual esse mesmo indivíduo deixa de existir. A morte não pode ser um ponto de chegada pelo simples motivo de que uma vida cujo foco está na jornada não tem um fim fora de si mesma. Aqui vale a pena examinar, sob outro ângulo, a relação entre a consciência e o *self*, entre o *self* e o mundo, e entre a atividade e o tempo. Faremos isso sob a perspectiva do "fim" e do significado da morte.

Repensando o significado da morte

Costuma-se aceitar sem contestação o fato de que a morte representa o fim da vida, o momento em que a existência do indivíduo sobre a Terra termina. Com base nessa hipótese, surge a questão do que pode haver após a morte —

se o *self* ou a alma serão extintos, ou se continuarão a existir em outro lugar; e, caso essa segunda hipótese seja verdadeira, que destino eles podem ter. Diante da perturbadora incerteza de tais possibilidades, tememos a morte, e, em razão do apego à vida que estamos vivendo, tentamos encontrar maneiras de nos proteger do "fim", adiando-o o máximo que pudermos, como se o fato de morrermos mais tarde ou na velhice (quando consideramos que já teremos vivido mais plenamente) fosse algo mais desejável do que uma morte precoce, antes que nossa vida possa amadurecer. Enquanto isso, o tema do significado da morte continua não sendo examinado. Não reconhecemos que, ao falar de um fim que pode ocorrer mais cedo ou mais tarde, antes de a vida do indivíduo ganhar forma, estamos preconcebendo a vida como um todo em termos voltados à conquista de objetivos: como a continuação de certo estado, ou seja, a presença de uma consciência no mundo, que deve ser uma condição necessária para o aprendizado de experiências por meio das quais um indivíduo vive de forma cada vez mais plena. Tal modo de conceber a vida — e a morte como o seu fim — perdeu de vista a atividade com valor intrínseco.

Ao ser compreendida dessa forma, a vida já se encontra no seu ponto final, no sentido de estar no clímax, ao qual ela aspira alcançar, mas também no sentido de seus limites, sua extremidade — o fim das coisas em relação às quais podemos ter expectativas, e de tudo o que pode ser conhecido. Esse sentido duplo de "fim" não terá também o mesmo significado da morte?

Quando falamos da morte que nos acontecerá um dia, que outro significado isso poderá ter além de um confronto com o inesperado absoluto, por meio do qual a totalidade daquilo que somos está sob risco? O significado que damos à "morte" não pode ser nada menos do que o horizonte aberto e o incompreensível mistério que envolve a vida que já estamos vivendo.

Compreendida dessa maneira, a morte não é o oposto da vida, tampouco a sua negação. Não é algo que, a partir do exterior, encontra a vida por acaso, como às vezes a retratamos na imagem da sinistra ceifadora que se aproxima. Essas personificações macabras são úteis, na verdade, para transformá-la em algo familiar, para enfatizar sua semelhança com uma presença ameaçadora que talvez encontremos no mundo. Ao situar a morte dentro do mundo, deixamos de considerar o fato de que ela faz parte do próprio mundo — ao significado desse e de nós mesmos como seres que se realizam ao interpretá-lo.

De modo semelhante, passamos a considerar a morte "a extinção da consciência", uma concepção que corresponde às coisas que somos capazes de ver e tocar, e delas ter uma experiência direta — tais como as brasas de um fogo que se apaga, uma respiração ou uma baforada de fumaça que paira por alguns instantes no ar antes de se dispersar. Com referência a tais fenômenos que ocorrem com nossa consciência, imaginamos que ela possa ter um destino semelhante. Além disso, o concebemos como a "experiência" do nada, que passamos a imaginar ao subtrair, por assim dizer, todas as entidades diante de nossos olhos, até que alcancemos uma escuridão vazia — um "nada" que representa a mera ausência das coisas que conhecemos, sem envolver nenhum outro mistério.

Tal concepção carece da compreensão de que a morte implica o significado de tudo que conhecemos, não sendo a presença ou a ausência de um mundo que permanece aqui, mas a transformação de tudo o que somos capazes de ver, tocar e considerar com relação ao seu significado, uma ruptura por meio da qual a minha própria identidade e a identidade do mundo são mantidas em equilíbrio. Nesse sentido — na verdade, no único que corresponde a nossas previsões, de que a morte é "inevitável", "irreversível", "total" e "misteriosa" —, a morte só pode ser compreendida sob a perspectiva comprometida de uma jornada sem fim determinado, de uma vida que não *"é"*, mas se torna algo, não visando a um objetivo externo a si mesma.

Às vezes, ao tentar contextualizar e refletir sobre a morte, reconhecemos que se trata de algo que envolve a totalidade do nosso ser e que, em certo sentido, envolve uma alteração radical do *significado* das coisas (e não apenas sua constituição física). Retrocedemos a uma compreensão sobre o "significado" em termos de coisas que surgem e desaparecem no tempo, tais como entidades materiais que nos confrontam com permanência temporária, mas com uma fragilidade absoluta. De modo semelhante, encaramos essa alteração radical como a fragmentação de algo que está presente, como o estilhaçamento de um copo que cai no chão. Assim, acabamos encarando a morte de um modo confuso.

Essa confusão a que me refiro pode ser encontrada por aí. Em um livro cujo tema é o sentido da morte, o autor apresenta a seguinte experiência, a partir da qual buscava estabelecer uma relação entre a morte e o sentido da vida:

> Certa vez, apresentei um seminário sobre a morte para um grupo de alunos veteranos de um curso de graduação. No primeiro dia, pedi a eles que colocassem seus livros de lado e pegassem uma folha de papel e um lápis. Pedi que fizessem uma lista das quatro ou cinco coisas mais importantes em suas vidas e dobrassem o papel. Prometi que ninguém veria o que eles haviam escrito. Quando terminaram, pedi que me entregassem os papéis. Disse que meu interesse não era saber o que haviam escrito. O que mais importava era que cada um deles lembrasse o que escreveu. Quando todos os papéis foram entregues a mim, coloquei-os todos juntos, formando uma pequena pilha. Pedi que mantivessem o foco nos papéis e no conteúdo do que haviam escrito. Então, lentamente, fui rasgando todas as folhas. Disse, então, que era aquilo com o que cada um deles — cada um de nós — deveria se confrontar. Aquilo era o que todos nós tínhamos que compreender, da melhor maneira que pudéssemos.[1]

O que se sobressai nesse retrato da morte é menos o seu niilismo — o fato de que a morte representa a destruição do significado, em vez de algo significativo por si próprio — do que a sua completa banalidade. As coisas tidas como importantes que se tornam pequenas diante da morte são comparadas a meras entidades diante do nosso olhar — pedaços de papel —, destruídas em seguida. Ou seja, em um momento estão aqui e, no seguinte, já se foram. Dessa maneira, a morte, com seu mistério e sua totalidade, é reduzida a uma possibilidade conhecida daquilo que pode ocorrer a todas as coisas que podem ser vistas e tocadas. O significado, por sua vez — ou "as coisas que importam" —, é compreendido com base em um objetivo ou um estado de existência: algo a ser adquirido, preservado ou mantido de um momento a outro, mas que está sempre vulnerável à destruição no tempo. Aqui, ignora-se por completo a relação entre significado e atividade, entre a interpretação e os diálogos, assim como a temporalidade particular que diz respeito a essa atividade.

Um indício dessa omissão é o desinteresse do professor pelo conteúdo escrito pelos alunos. Ele lhes pediu que "lembrassem" o que escreveram — um pedido que é reflexo do preconceito comum de que um significado pode ser representado, de modo adequado, por um estado mental. Ele supôs que os alunos colocariam em suas listas — coisas que têm um real significado quando consideradas em termos de *atividades*, mas cujo significado é facilmente adulterado — "minha família", "meus amigos", "meu cachorro" —, passando a ser vistas como entidades que surgem e então desaparecem. Mas e se um aluno escrevesse o verso de seu poema predileto, ou uma pergunta, ou apenas a palavra "filosofia", ou, melhor ainda, a afirmativa de Sócrates, de que "uma vida não examinada não é uma vida que vale a pena viver"? Continuaremos analisando a relação entre essas coisas e o tempo ao longo deste capítulo, quando abordarmos a temporalidade das questões relacionadas à interpretação e ao autoconhecimento. Porém, com base no que já analisamos, deve ter ficado claro que tais coisas estão relacionadas ao tempo de um modo muito diferente do que os objetivos, os produtos já finalizados e as situações mundanas que permanecem ou desaparecem. O fato de equipararmos, tão prontamente e de modo tão irrefletido, os significados à busca voltada à conquista de objetivos é uma prova de como estamos imersos em uma visão de mundo que obscurece a contínua jornada da vida e seu sentido de temporalidade.

A concepção da morte como um evento que nos acontece no devido momento — não agora, mas mais tarde (esperamos que muito mais tarde!) — não faz justiça nem ao mistério da morte nem, como passaremos a examinar, à infinitude da vida. Pois, quando analisamos o modo como costumamos conceber um fim que ocorrerá — a morte do corpo, a extinção da consciência —, percebemos que não é possível abranger a força ativa e interpretativa de uma vida que existe, a cada momento, sob a perspectiva que adota e com a compreensão que adota, *mais* do que a presença física de um indivíduo "no" mundo, ou do que a existência de uma consciência subjetiva que hoje se encontra aqui percebendo e descrevendo as coisas que um dia poderão estar ausentes. Para podermos examinar esse "algo mais" — que não apenas sobrevive à morte do corpo, mas também pode, diante de um tal fim, confirmar o próprio valor de uma maneira nova —, comecemos analisando a insuficiência da consciência como um meio de acesso ao *self*.

A consciência é o resultado de uma jornada de vida encenada

Se considerarmos a morte como a extinção da consciência, então a consciência é o que deve ser capaz de explicar a vida. Porém, quanto mais a analisamos, mais nos damos conta de que ela é apenas uma possibilidade de vida — aliás, muitas vezes uma um tanto superficial.

Podemos observar que quanto mais vivemos verdadeiramente, no sentido de um envolvimento total e apaixonado com uma atividade que revela a pessoa que somos, menor será a consciência de nós mesmos como seres separados daquilo que fazemos. Na medida em que nos percebemos conscientes de algo, o conteúdo dessa consciência é muitas vezes banal se comparado à compreensão do *self* que é subliminar àquilo que *estamos fazendo*, sem refleti-la de modo explícito. Tomemos o exemplo de um jogador de beisebol que se posiciona no centro do campo, quando está prestes a rebater a bola arremessada. O foco de sua atenção consciente poderá estar distraidamente centrado na letra ingênua de uma canção popular, ou no que ele almoçou naquele dia. Porém, seu movimento sutil, bem aquém dos limites de sua atenção consciente, revela um conhecimento prático e já bem assimilado de como deve jogar — o conhecimento de um aspecto do mundo (o jogo de beisebol) que é, ao mesmo tempo, uma forma de autoconhecimento (mostrar-se familiarizado com o esporte em sua condição de jogador e também como um indivíduo comprometido com um estilo de vida, uma jornada na qual o beisebol ocupa um lugar).

Ou então tomemos o exemplo do grande tenista Rafael Nadal, que, logo após sofrer uma derrota arrasadora na final de um Grand Slam, dedica um tempo para dar autógrafos aos fãs ao deixar a quadra. Podemos imaginar que, enquanto ele rabisca sua assinatura nas grandes bolas amarelas estendidas diante dele por fãs leais, a mente do atleta esteja longe, pensando talvez na derrota devastadora, ou apenas ansiosa para obter um momento de descanso e silêncio nos vestiários, antes de ser abordado por jornalistas. No entanto, seus gestos naquela circunstância, que talvez escapem da atenção consciente do atleta, são sinais de uma virtude e uma sabedoria que inegavelmente lhe são próprias. E, por lhe serem próprias, essas qualidades se tornam disponíveis para todas as pessoas que ali estão com ele, dispostas a compreendê-las, interpretá-las e incorporá-las nas próprias vidas.

Embora tenhamos o hábito de considerar a atenção explícita e concentrada em algo — seja em um jogo de beisebol ou na maneira como estamos agindo virtuosamente ou não — a forma mais elevada e mais meticulosa de ter acesso ao que almejamos, considerando-a até a quintessência da razão, devemos lembrar que se trata do oposto disso: compreendemos as coisas, antes de tudo, quando lidamos e nos envolvemos com elas, mais do que por meio de uma reflexão sobre elas. A reflexão que fazemos sobre as coisas em que estamos imersos — nossa plena consciência sobre elas — raramente faz justiça ao seu significado.

É claro que podemos trazer à consciência alguns aspectos do estilo de vida que são essenciais à pessoa que somos e que em geral permanecem fora do alcance de nossa atenção explícita. Reduzir a consciência à letra ingênua de uma canção que "grudou" na mente não faz justiça ao modo como a consciência explícita e a autorreflexão podem, em certos momentos, conduzir a uma maior capacidade de autodomínio. A profunda reflexão sobre as coisas, se for explícita e deliberada, pode nos trazer explicações perspicazes, inspiradoras e libertadoras sobre o que estamos fazendo e sobre quem somos. Talvez sejamos levados a tal autorreflexão consciente no momento que alguém nos pergunta o que nos motiva a agir de determinada maneira quando poderíamos ter tido uma atitude diferente, ou quando somos elogiados ou criticados por um gesto ao qual não damos tanta importância. Porém, ao expressar nossas ações por meio de palavras, damos aos outros a oportunidade de interpretá-las. Quando explicamos nossos atos, não estamos, em outras palavras, expondo o conteúdo de nossa mente para que todos o conheçam pela primeira vez. Estamos lhes oferecendo um ponto de vista sobre uma vida já manifestada e aberta a interpretações sob diversos ângulos. Desse modo, a consciência, por mais esclarecedora que possa ser, é a consequência de um significado da vida que foi encenado, e que estamos sempre interpretando.

Ao observar o modo pelo qual as ações, as narrativas de histórias e a interpretação explicam a vida, Nietzsche faz uma comparação notável: a consciência que revelamos ter em relação à nossa própria insignificância não é maior do que a consciência dos soldados retratados em um quadro em relação à batalha em que estão lutando.[2] É óbvio que esses soldados não têm a menor consciência a respeito de si mesmos ou sobre o que estão fazendo. No entanto, as ações deles, tal qual retratadas na tela, materializam um sentido passível de ser interpretado por qualquer pessoa disposta a contemplar o quadro. Nietzsche afirma que não é a consciência que define um indivíduo, mas as atividades e a narrativa.

Para sermos mais exatos, a consciência é, em si, uma forma de atividade — um comprometimento com a matéria da qual você tem consciência —, a ideia que nos cativa e que nos conduz à reflexão, o dilema com o qual nos confrontamos e que nos leva à deliberação. O significado disso é que a consciência nunca é realmente "de alguém" no sentido de ser "minha e não sua". A consciência é sempre compartilhada da mesma maneira que os "outros" são eles mesmos tal como definidos em relação às mesmas ideias e aos mesmos dilemas que me motivam. Assim que adquirimos consciência de nós mesmos e do mundo em relação a qualquer coisa, ficamos conscientes de estar interpretando um significado que não está limitado a uma representação subjetiva que é "a nossa".

Há quem diga que a experiência compartilhada se depara com limites em certas formas de consciência, tais como a dor, que são subjetivas. Ninguém além de mim sabe a dor que eu sinto no dedinho do pé que topei em uma quina. Porém, esse mesmo modo de me referir à dor — de localizá-la no dedo do pé, ou em minha mente — ignora o significado da atividade compartilhada para que se determine o que estou sentindo, e como devo reagir a isso. O conceito subjetivo de dor, ou de qualquer sentimento, pressupõe que se trata de uma sensação bruta experimentada passivamente, e não um estímulo para que eu me expresse, lide com isso ou aja sobre isso. Esse conceito não deixa claro que não sentimos de fato a dor como ela é, a menos que a tenhamos compreendido em sua relação com alguma atividade para a qual ela é relevante. A dor que um indivíduo relata sentir no meio de uma corrida extenuante, por exemplo — os pulmões queimando, as pernas pesadas em razão do cansaço extremo —, é um estímulo para seguir em frente, lutando contra o incômodo físico, ou talvez um sinal para que ele desacelere só um pouco, a fim de poupar energia para uma última arrancada na reta final. Nesse sentido, a dor é uma forma de resistência que já estava prevista, e a ser superada. As características são diferentes — e não apenas em intensidade — da dor repentina e desequilibrada de uma lesão. Embora a dor de uma lesão possa, em muitos casos, ser menos intensa do que o saudável cansaço de um enorme esforço físico, o impacto da lesão entorpece, em vez de inspirar. A dor da lesão obriga o indivíduo a parar, a fim de se recuperar e não prejudicar a si mesmo. Assim, a dor é determinada pela situação em que acontece.

Isso quer dizer que a dor não é algo privado e subjetivo — algo que somente eu, que a sinto nesse momento, possa sentir. A situação da dor envolve uma compreensão compartilhada. Pode-se muito bem compreender essa situação de modo equivocado e, com isso, equivocar-se em relação à própria sensação. Isso acontece com frequência com iniciantes em atividades esportivas, que confundem a sensação de um esforço saudável de grande intensidade com a dor de um ferimento e desaceleram quando deveriam seguir em frente, ou então desdenhar da dor provocada por uma lesão, achando que ela "não significa grande coisa" e seguir na prática do exercício em uma situação em que seria melhor parar. É somente à luz da interpretação dada por um técnico sobre aquela sensação dentro do contexto que o atleta consegue reconhecer a dor pelo que ela é. O *locus* dela se revela, então, como uma atividade compartilhada.

Essa consciência está enraizada na atividade compartilhada, não é um fenômeno autônomo e tem profundas consequências para nosso modo de conceber a vida e a morte. Se a vida fosse uma mera extensão de tempo na qual um indivíduo, ou um centro de consciência, vive experiências (prazeres, dores, vitórias e derrotas), seria sensato conceber a morte como o momento em que a vida chega ao fim. Podemos imaginar um mero estado de existência — a presença de uma consciência que absorve as coisas e que leva à acumulação de "experiências" — sendo repentinamente interrompido. Porém, se definimos a vida como uma busca pela coerência, o significado da morte não pode ser esse ponto de chegada, uma vez que a história — seja ela escrita no papel ou encenada em um estilo de vida — tem a própria integridade e força, independentemente do fato de seu protagonista ter se manifestado diretamente na Terra ou de ter consciência do significado dessa história.

Se aceitarmos o significado da morte como a morte de um corpo ou como a extinção da consciência, devemos considerar uma vida que chega ao fim no momento em que morre, da mesma maneira que uma história chega ao fim com a destruição do papel no qual ela foi escrita. Ambos continuam a inspirar e oferecer algum tipo de compreensão às pessoas envolvidas nessa história — seja diretamente (como é o caso dos sobreviventes) ou de modo implícito, no caso dos dedicados intérpretes desse fato, que talvez nunca tenham encontrado a pessoa em vida, mas que são comovidos pelo exemplo que ela lhes ofereceu.

Mesmo na situação em que não há sobreviventes visíveis, ou seja, aqueles que se lembram de um nome específico ligado a uma história, uma condição quase inevitável após a passagem de algumas gerações, a própria história — a postura que se adota em relação ao significado da existência — sempre pode, em princípio, retornar por meio das ações daqueles que, à própria maneira e no próprio tempo, adotam uma postura semelhante. Se Platão não tivesse escrito a história de Sócrates e se não soubéssemos das circunstâncias exatas da virtude que ele mostrou ao buscar a filosofia, a vida dele — ou seja, a atividade que definiu a sua vida — ainda assim teria encontrado sua expressão na combinação de leveza e de comprometimento exibida pelo protagonista do filme *A vida é bela*, assim como nas das demais pessoas que, sem conhecer Sócrates, mostram que há algo de socrático na maneira como vivem. Viver uma vida dedicada à virtude e à integridade do *self* significa participar de um projeto que transcende os limites da consciência e também transcende as idas e vindas de uma existência corporificada.

Como bem demonstram Sócrates e o herói de *A vida é bela*, a morte, no sentido de morte de um corpo, pode até ser parte da vida concebida como uma narrativa. Quando ela permite a expressão daquilo que uma pessoa defende, quando representa uma exuberância de vida marcada pelo autocontrole, transforma-se em um momento de clímax, mais do que uma ruptura. A palavra grega para a morte, *teleutein*, preserva o sentido de clímax, uma vez que significa "atingir o próprio *telos*", ou "propósito". Quando expressamos com clareza *quem* Sócrates foi, e ao tentar viver segundo o exemplo que ele nos deu, não podemos ignorar o modo como ele encarou a morte em benefício da filosofia. O julgamento e a consequente execução são essenciais na história dele.

Nem toda morte tem tamanha ressonância, e tampouco é personalizada. Até a de Sócrates pode muito bem ter sido estilizada por Platão. Entretanto, os inúmeros casos de morte comum ou acidental — em vez de heroica — nos lembram que aquilo que a pessoa é transcende a sua presença física na Terra. Tão logo o indivíduo "parte", como costumamos dizer, e deixa de estar diretamente manifestado no corpo que chamávamos de "pessoa", percebemos que sentimos falta não de sua proximidade física, mas de seus gestos característicos, que não são mais irradiados diante de nós — uma piscadela charmosa, um sorriso, um modo de andar muito próprio, uma cadência tranquilizadora em sua fala. Passamos a valorizar todos esses aspectos à medida que os compreendemos, o que muitas vezes nos leva, inclusive, a fechar os olhos. Embora manifestados por meio do corpo, os gestos de uma pessoa dizem algo para além do que o corpo é capaz de transmitir.

Muito antes de rendermos louvores a uma pessoa após sua morte, nos referindo a expressões e gestos característicos, de certa maneira já fazemos isso enquanto ela está viva. Enquanto estamos narrando, relatando e interpretando os gestos de uma pessoa, descrevendo-os para alguém ao contar-lhe uma história ou então atribuindo a ela um sentido de valorização, estamos dando expressão a um estilo de vida que transcende sua manifestação em um tempo e lugar específicos.

Os equívocos relacionados à obsessão com o prolongamento da vida

A percepção de que o *self* ativo transcende aquilo que é manifestado por uma pessoa a qualquer momento deveria nos libertar da ideia obsessiva de prolongar a vida física e biológica. Isso porque o significado criado por um indivíduo ao longo de sua existência nada tem a ver com um período curto ou longo. Ele pode ter vivido muitos anos e, ainda assim, ser atormentado pela autofragmentação, em uma situação em que cada momento consiste em uma mera inovação ou acidente que é colocado de lado pelo momento seguinte. Uma vida assim tem a constante necessidade de mais tempo para reabastecer as coisas que estão escoando. Por outro lado, um indivíduo pode ter vivido pouco, mas, a cada momento, integrar o que lhe acontece, e agarrar-se a isso de modo que a totalidade de sua vida ganhe uma nova ressonância. Uma vida como essa se encontra sempre, simultaneamente, no seu fim e no seu começo, e não precisa de tempo adicional.

Não há inconsistência alguma entre uma vida longa e uma vida coerente. Porém, a decisão de centrar o foco na extensão pode acontecer em detrimento da coerência. Sempre haverá situações que nos obrigam a escolher entre uma vida simples e uma vida que podemos valorizar; entre a decisão de ficar agachado em um canto e a de expressar com clareza o seu ponto de vista.

A razão pela qual valorizamos mais a subsistência em detrimento da coerência narrativa talvez remeta à influência de Hobbes e à sua glorificação da simples sobrevivência como um instinto que é, ao mesmo tempo, natural e moral. Essa concepção é involuntariamente aceita por pensadores contemporâneos, como Steven Pinker, para quem, em um mundo permeado por conflitos morais, o único valor "objetivo" sobre o qual todos podemos estar de acordo é a sobrevivência. Indivíduos que nos servem como modelos, como Sócrates, nos lembram que tais afirmações morais aparentemente óbvias estão longe da obviedade. Ao ser desafiado por um jovem orador a abandonar a filosofia e a se aprofundar nos estudos da retórica, com o objetivo se proteger de danos infligidos por potenciais acusadores nos tribunais de justiça, Sócrates responde: "No que se refere a viver um tempo determinado, isso é algo a que um homem verdadeiro não deveria dedicar a sua alma [...] tendo se conformado que tais assuntos são de responsabilidade divina [...] ele deveria considerar de que maneira poderá viver melhor o tempo que lhe é destinado."[3] Sócrates afirma que não venderá sua alma à cidade por meio da decisão de atender às necessidades dela, como os oradores o fazem.

Em gritante contraste com Hobbes e seus discípulos modernos, Nietzsche resgata a antiga crítica à tentativa de viver uma vida longa. Contrariando a intuição contemporânea, ele afirma que algumas poucas pessoas morrem cedo demais e "muitas morrem tarde demais".[4] Ele desenvolve essa afirmação nada lógica por meio das palavras de Zaratustra, protagonista de sua obra principal, *Assim falou Zaratustra* (assim como Platão, Nietzsche transmite considerável parte do seu pensamento por meio de aventuras e ensinamentos de um estilizado herói filosófico). Zaratustra ensina que, em vez de ansiar uma vida longa, a pessoa deveria morrer no tempo certo: "Quem tem uma meta e um herdeiro quer a morte no tempo certo para a meta e para o herdeiro. E, por reverência à meta e ao herdeiro, não mais pendurará coroas ressequidas no santuário da vida."[5]

À primeira vista, a referência de Zaratustra sobre morrer em nome de uma meta parece sugerir a perspectiva voltada à conquista de objetivos que estamos contestando. Ele, no entanto, destaca que o significado de uma meta não está nela propriamente dita, mas na jornada que o conduz a ele. "O que é de grande valor no homem é o fato de ser uma ponte e não um fim."[6] Quando Zaratustra faz referência a um "tempo certo", ele fala de algo mais do que o tempo necessário para alcançar um resultado planejado, seja algo individual ou grandioso, bom ou ruim. As imagens que invoca para esclarecer "a meta e o herdeiro de uma pessoa" nos distanciam da estrutura da busca voltada à conquista de objetivos, refutando a ideia de que a morte é um simples meio de acelerar a chegada de um objetivo planejado; em vez disso, vemos a referência a uma atividade constante desenvolvida em parceria com amigos: "Em verdade, tinha uma meta Zaratustra, e lançou sua bola: agora são os herdeiros da minha meta, amigos, e lanço a bola de ouro a vocês. Mais do que tudo, amigos, gosto de vê-los lançar a bola de ouro! Por isso me demoro ainda um pouco na terra: perdoem-me!"[7]

A bola de ouro representa o chamado que inspira a vida de Zaratustra. Essa bola, contudo, adquire sua existência apenas quando é lançada. É a atividade de lançar, ensina Zaratustra, e não o alvo, que constitui o significado de um objetivo. Ele não especifica qual é o destino da bola de ouro. O propósito do lançamento da bola não é atingir um destino final, mas dar início a um jogo entre amigos, e fazer com que eles continuem lançando-a entre si.

Em minha condição de fã dos esportes, é difícil ler esse trecho sem imaginar uma série de passes certeiros nos minutos finais de um jogo de basquete. Embora o objetivo dos passes possa ser concebido como a bola que o jogador consegue colocar na cesta, o ensinamento de Zaratustra dirige nossa atenção para o passe da bola, indicando que há algo de inerente na destreza, na harmonia e na exuberância do jogo, que transcendem qualquer resultado final.

No jogo de "passar e receber", nos lembramos de Sócrates, cujo "objetivo" era manter o diálogo em constante atividade e que se mostrou disposto a renunciar à própria existência na Terra para que sua vocação inspiradora continuasse a prevalecer entre seus amigos. A mensagem de Nietzsche é: "Reverenciar meta e herdeiro" significa viver a serviço de seus projetos e compromissos. O propósito é se deleitar com a busca destes e inspirar sua perpetuação nas demais pessoas. Na medida em que estiver em sintonia com eles, e estiver absorvido por eles, você morrerá no tempo certo para eles, independentemente do fato de o explícito pensamento sobre a morte ou sobre o seu *timing* lhe ter vindo à mente. Para um indivíduo que se mostra muito preocupado com um "herdeiro", a questão sobre quando morrer não é algo previamente pensado e planejado considerando o que pode ser benéfico. A questão em relação ao "quando" é decidida em meio ao próprio ato de cultivar e desenvolver tal herdeiro, certificando-se de que ele viverá e se desenvolverá. Por exemplo, não se trata de dizer que o herói de *A vida é bela* pensou, de antemão: "Estou disposto a morrer para proteger minha esposa e meu filho." Foi por meio do gesto de proteger o filho — o que para ele era uma simples maneira de ser quem era — que encontrou a própria morte. Porém, sua morte estava longe de representar o fim de sua vida. Conforme ficamos sabendo nas palavras finais do filme, o narrador, que apareceu por breves instantes no início, revela a si mesmo agora na figura do filho do herói, já adulto: "Essa é a minha história. Esse é o sacrifício que meu pai fez. Foi o presente que ele me deu."

A imagem de Nietzsche, de um homem lançando a bola de ouro, integra um comprometimento tenaz a uma brincadeira despreocupada — brincadeira no sentido de uma atividade que não tem qualquer objetivo externo a si mesma, como quando as crianças brincam de esconde-esconde*. O próprio nome do jogo é um indício da ação, a busca, como elementos principais, e a descoberta como sendo apenas um pretexto para brincar novamente. Nietzsche implora que levemos a brincadeira a sério, que nos livremos do fardo da autoimposição

---

* Em inglês, *hide-and-seek*, literalmente, "esconde e busca". [N. do T.]

dos *checklists*, dos prazos e até de imagens de um mundo melhor no futuro, e que centremos nossa atenção na plenitude e na possibilidade de viver cada momento. A partir dessa perspectiva, a frase que costumamos dizer, em referência a um evento esportivo, ou a uma competição entre amigos, de que "isso é só um jogo", em contraste com assuntos sérios — como a ascensão profissional, as reformas políticas ou uma auditoria nas contas de um indivíduo ou nas contas públicas —, não pode ser mais verdadeira. Pois o espírito de brincadeira — comprometida, em total imersão, alegre, não desejando nada além de si mesma — determina o padrão para a postura que devemos almejar em todos os empreendimentos considerados sérios. Trata-se do ideal que devemos tentar recuperar diante das frustrações e das perdas.

Viver uma vida que não almeja nada além de si mesma significa existir em um plano diferente daquele que consome a si mesmo na dimensão temporal. O indivíduo que está imerso e feliz, sentindo-se integrado às atividades que realiza, já está se preparando para "morrer no tempo certo". Pois, no momento que a morte chegar, ela nada mais pode fazer além de confirmar quem esse indivíduo é.

O aspecto dourado da bola de Zaratustra evoca o sol ao qual ele faz referência na conclusão de sua fala sobre a "morte livre": "Em vosso morrer devem ainda refulgir o vosso espírito e a vossa virtude, como um crepúsculo a incendiar a terra [...]. Assim quero eu próprio morrer, de maneira que vós, amigos, amem mais a terra por minha causa."[8] Nosso amor pela terra é maior no momento do crepúsculo, quando as sombras ganham vulto e o horizonte se ilumina, colorido. Nietzsche afirma que o brilho de um espírito no momento da morte pode se irradiar de um modo que tendemos a esquecer quando esse espírito estiver, por assim dizer, em seu auge, manifestado em uma pessoa que vive e se movimenta em meio às demais, e cuja luminosa presença nos passa despercebida. Nietzsche insinua que a morte pode ser um momento de inspiração e de continuidade para nossos amigos e para todas as pessoas que mantêm promessas e esperanças. Ele não defende a necessidade de termos uma morte heroica, mas que não devemos permitir que a perspectiva da extinção do corpo distorça o espírito brincalhão que inspira a vida que estamos vivendo.

Até na prisão, à espera da execução, Sócrates conversava com seus amigos, fazia piadas descaradas e se envolvia com a filosofia, como sempre fez. Quando

Críton entra na cela, trazendo a notícia terrível de que "o navio acaba de voltar da viagem a Delos", o que significava que o festival dedicado a Apolo havia terminado e que Sócrates seria executado no pôr do sol, o filósofo responde com uma refutação que, no seu estilo característico, é ao mesmo tempo misteriosa, divertida e comovente. Conta que teve um sonho em que uma bela mulher vestida de branco se aproximou dele e disse: "Sócrates, no solo fértil de Ftia, estará você no terceiro dia."[9] Ftia é a terra natal de Aquiles, e "chegar nessa cidade" significa partir para o além. Com base nas palavras da misteriosa mulher, Sócrates desdenha da notícia trazida por Críton. Até mesmo em um momento de aparente impotência e de morte iminente, ele recorre à própria verve para dizer que responde a uma autoridade mais elevada do que a dos mensageiros humanos. Enquanto a notícia trazida por Críton representa as convenções da cidade, a mulher vestida de branco, supomos, representa a filosofia.

Definida como a atividade de lançar a bola de ouro, a vida não chega ao fim com a morte do corpo ou com a extinção da consciência: a bola continua sendo lançada entre os amigos do indivíduo que partiu. Os amigos a quem Zaratustra faz referência são "que mantêm suas promessas e esperanças", não apenas os que são testemunhas diretas de sua morte, ou que o conheceram de perto, mas também amigos futuros, todos aqueles que, à própria maneira, embarcarão nesse projeto, sabendo ou não que este pertenceu a um homem chamado Zaratustra.

A nossa relação com Sócrates, ou com qualquer personagem do passado que possa nos servir de inspiração, ilustra o argumento de Nietzsche: à medida que reconhecemos em Sócrates um modelo para uma vida plena, e tentamos chegar à concretização de uma vida examinada, como ele o fez, nós recebemos o seu "passe" e seguimos passando sua bola de ouro por meio de nossas ações.

A crítica ao *self* enquanto "sujeito" e ao mundo enquanto "objeto": implicações disso para a vida e a morte

Talvez tenhamos a tendência de considerar o Sócrates que vive por meio de nós como um Sócrates apenas metafórico, que distorcemos, e que não é mais capaz de se defender e de questionar qualquer interpretação que possamos lhe oferecer. Talvez nos perguntemos se, ao buscar orientação nele, estamos agindo como *Sócrates* agiria, ou se estamos apenas recorrendo ao filósofo para validar uma atitude que ele próprio rejeitaria caso estivesse "aqui", falando conosco, olho no olho. Tal ceticismo adquire, de modo equivocado, o formato de um filósofo de madeira, cuja identidade foi eternizada e esculpida no ano 399 a.C. (quando foi executado), a fim de marcar os limites de um indivíduo autônomo e integrado, cujas opiniões subjetivas e atitudes só podemos adivinhar olhando em retrospecto. Essa distinção entre o Sócrates "real" e o Sócrates de nossa imaginação é o viés de uma compreensão moderna do *self* que o próprio Sócrates teria rejeitado.

Sócrates não considerava a si mesmo um indivíduo isolado com pensamentos e sentimentos próprios, mas um ativo aventureiro filosófico cuja identidade encontrou expressão e se constituiu no diálogo com os outros. Levou uma vida sempre dedicada a ideias que eram acessíveis a qualquer pessoa disposta a refletir sobre elas. Enquanto viveu na Atenas antiga, manifestou quem era por meio do questionamento das pessoas e seguindo a lógica interna das ideias que desenvolvia juntamente com elas.

A concepção ativa e dialógica do *self* apresentada por Sócrates em suas palavras e ações é obscurecida pelo predomínio contemporâneo da distinção entre sujeito e objeto, segundo a qual o *self* é, antes de mais nada, uma esfera de consciência individual, capaz de acessar o "mundo externo" apenas por meio de representações subjetivas (percepções, ideias) que talvez não estejam sintonizadas com as coisas tal como elas realmente são. Estabelecer a comunhão com o mundo requer a adequação entre nossas representações subjetivas e a realidade, para com isso alcançar a "objetividade" ou uma correta percepção do objeto. Imaginamos a presença dessa distinção entre sujeito e objeto sempre que interpretamos que as coisas podem não ser o que aparentam, em termos de uma potencial "ilusão subjetiva", ou uma alucinação, e não do que "realmente existe lá fora, no mundo". Essa concepção do *self*, com divisão entre sujeito e objeto, está implícita nas narrativas de filmes famosos como *Matrix*, *O show de Truman* e *A origem*, filmes que brincam com a possibilidade de que a consciência daquilo que consideramos real esteja equivocada, ou que talvez estejamos sonhando quando achamos que estamos despertos. A implicação disso é que não teremos nenhuma conexão com a realidade antes de passarmos por um longo e reflexivo processo visando à superação da ilusão.

Essa compreensão do *self* só pode se concretizar com base na abstração de uma relação comprometida com as coisas na maneira como lidamos com elas, como cuidamos delas, como reagimos aos estímulos que elas nos oferecem, e com elas aprendemos lições sobre como viver bem. Para um aventureiro que encara a vida como uma jornada de autodescoberta, não existe uma coisa chamada "mundo aparente", que esteja separada de um mundo real. Isso porque a aparência das coisas se apresenta para ser descoberta e interpretada em meio à busca pelo autoconhecimento e, portanto, pertence às próprias coisas. Uma árvore que verga com o vento é um exemplo de resistência e de autocontrole. Vista sob essa perspectiva, a questão de saber se a árvore ou o bando de pássaros é real ou ilusório não tem sentido ou relevância. Essa questão nem chega a vir à tona. Igualmente irrelevante é saber se o indivíduo está desperto ou dormindo. Um insight ou uma fonte de inspiração são os mesmos, sejam eles descobertos em um sonho ou na vida "real". Como Nietzsche afirma:

> O que vivemos em sonhos quando estes se repetem periodicamente, acaba por tomar parte do curso geral da nossa alma, com a mesma razão que as coisas "realmente vividas" [...]. O sonho pode ser uma fonte de riqueza ou de pobreza, segundo nos traga ou arranque uma felicidade. Em pleno dia, inclusive nos momentos mais lúcidos em que o nosso espírito está mais desperto, é quando nos sentimos mais dominados pelos nossos sonhos.[10]

Até mesmo fenômenos que, observando pelo prisma que distingue o sujeito do objeto, tendemos a considerar ilusórios, sob perspectiva da busca pelo autoconhecimento, são coisas que existem independentemente de fatores externos. Imagine-se dirigindo em uma tarde quente quando vê à sua frente o que aparenta ser uma poça d'água no meio da pista e, instantes depois, ao se aproximar dela, percebe que seus olhos o enganaram, e que o que você julgou ter visto era a miragem de uma poça d'água formada (conforme nos ensina a ciência) pelo calor que emana do asfalto. Com nossa atitude adestrada de olhar para as coisas como objetos que podem ser obscurecidos por nossa defeituosa subjetividade (a percepção a partir de certa distância, ou de um ângulo equivocado, a fragilidade da nossa visão, doenças como o daltonismo e formas de alucinação, e assim por diante), deixamos de considerar o significado das coisas tal qual elas se apresentam para nós, mesmo depois de termos confirmado sua inexistência. Não refletimos sobre o fato de que a água pode surgir na pista pelo fato de carregar consigo certo significado, que, nesse contexto, pode ser descrito em sua relação com uma estrada que pode estar molhada e representar um risco para os motoristas, ao menos nas situações em que eles pisam bruscamente no freio. A experiência de enxergar a poça para então dar-se conta de que ela não existe não é, para o motorista, a experiência de uma ilusão desfeita, mas a de uma maneira de se adaptar à pista — primeiro, dirigir com mais cautela e então seguir em frente. Em igual medida, a ilusão é, por assim dizer, parte integrante da compreensão total da situação, manifestada no modo que o motorista dirige o carro e também o "verdadeiro" estado de coisas. Vista sob uma perspectiva mais poética, a experiência nada tem a ver com a ilusão; é antes, e muito literalmente, a experiência da água se retirando e evaporando diante dos olhos do indivíduo, uma expressão das expectativas frustradas daquele que "caminha pelo deserto" (metaforicamente falando). A ideia de que o mundo apresenta um conjunto de coisas que podemos conhecer "de modo objetivo", no sentido de serem imunes a nosso viés subjetivo, ignora a prévia relação, e a conexão inextricável entre o *self* e o mundo, que caracteriza a vida como uma jornada.

Mesmo o principal teórico da visão moderna que distingue entre sujeito e objeto, René Descartes, com sua célebre postulação de que tudo o que vemos e tocamos talvez seja uma ilusão da mente, que nos é incutida por um demônio maligno e que em nada corresponde à realidade, contém algo de "socrático" na sua concepção sobre o sujeito. Para Descartes, a atividade de pensar, cujo paradigma, na opinião dele, é a contemplação das relações geométricas, aponta para um *self* que é definido pelo que podemos denominar de certa comunhão com os outros, estando, portanto, além do que é meramente subjetivo. Ao considerarmos essas relações geométricas (por exemplo, o comprimento de um lado necessário para criar um quadrado com o dobro da área de um determinado quadrado) e ao chegarmos a essa mesma conclusão por meio das necessidades de nossa própria razão (o fato de a linha que buscamos ser a diagonal desse quadrado), nos conectamos com uma verdade que é comum a todos nós, e não é estranha à idiossincrática esfera subjetiva (segundo a explicação de Descartes) de cada indivíduo. Quando compartilhamos do mesmo pensamento, estamos em comunhão uns com os outros, e somos definidos — por meio da referência a esse insight geométrico — por uma ideia que pertence a todos nós, uma ideia que transcende qualquer ponto de vista subjetivo que possamos ter e que nos conecta com algo que tem uma estrutura e uma integridade própria e que, diferentemente de coisas do mundo material ou da esfera psíquica, é invulnerável à deterioração temporal.

O próprio Sócrates costumava recorrer a exemplos da geometria para ilustrar os elementos que temos em comum em nossas almas e que nos conectam a uma ordem de coisas que transcende a esfera visível e palpável. No entanto, o que diferencia a visão de Sócrates daquela que se revelaria como a perspectiva de Descartes é a concepção muito mais ampla sobre o que é comum para todos. A contemplação das concepções e relações (dos "valores", como chamaríamos hoje) *morais* tampouco pode, na visão socrática, ser reduzida àquilo que é subjetivo ou convencional. Por exemplo, a afirmação de que "a justiça dá a cada um o que lhe é devido" nos pareceria tão certa, segundo Sócrates, quanto a afirmação "dois mais dois é igual a quatro". Embora possamos discordar sobre o significado exato da justiça e, com isso, termos "opiniões subjetivas" em conflito, nossa divergência, nos mostra Sócrates, surge do fato de o foco estar em aspectos diferentes da mesma coisa. Em outras palavras, nossas divergências estão sempre baseadas em pontos de vista convergentes — por exemplo, o de que a justiça é uma virtude que deve ser diferenciada da injustiça, que envolve a adequada distribuição de bens, e assim por diante. No calor da disputa sobre concepções divergentes, deixamos de ter acesso à concordância arrebatadora que possibilita todo tipo de divergência. As opiniões contestáveis sobre o certo e o errado, que tendemos a considerar meramente subjetivas, tais como "os mais poderosos podem determinar o que é justo", ou que a justiça consiste em "pagar as próprias dívidas", são, na verdade, questões de interpretação a serem esclarecidas por meio do diálogo. Mediante o comprometimento com o diálogo, com amigos ou com nós mesmos, participamos de uma atividade que transcende os limites de nossa consciência e da existência corporificada.

O aspecto menos atraente na ampliação que Sócrates faz daquilo que podemos chamar de uma comunidade de compreensão sobre a esfera moral estava em sua avaliação crítica sobre o tipo de verdade em questão na área da matemática. Embora nossa tendência atual seja a de considerar que a matemática lida com relações formais entre entidades abstratas (números, linhas e figuras) e cujas conclusões são verdades que são sempre iguais, Sócrates afirma que a matemática é muito mais concreta e mais aberta a interpretações do que imaginamos. Ele passaria a demonstrar a seus interlocutores que as verdades fixas e óbvias da matemática estão, quando examinadas mais de perto, tão sujeitas a questionamentos quanto os temas ligados à ética. Sócrates costumava chamar a atenção ao fato de que até as equações aritméticas mais básicas, do tipo "um mais um é igual a dois", implicam questões profundas, que, investigadas com seriedade, chegam mesmo a nos conduzir na direção de uma formulação do conceito do bem.[11] Por exemplo, será que o "dois" que percebemos de maneira tão clara na afirmação "um mais um é igual a dois" pode decorrer da junção de duas unidades separadas? Esse "dois" pode, de fato, ser reduzido a: um aqui com outro ali, que resultam em dois? Representa uma quantidade de unidades? Ou será que tem sua integridade particular como uma unidade em si mesma, um termo que não pode ser reduzido à equação "um mais um"? Pois o "dois" pode ser considerado tanto "o primeiro número par" quanto o "primeiro número primo". Porém, essas duas condições — a de constituir um número par ou um número primo — não podem ser atribuídas a nenhuma das unidades que compõem o número dois. Nós somente entendemos essas duas condições quando compreendemos o "dois" dentro de uma série de números, que podem ser agrupados de maneiras criativas e infinitas. Portanto, o próprio "dois", que tomado como um todo que não pode ser reduzido à soma de suas unidades, é visto como participante de uma totalidade maior de séries de números. Porém, a misteriosa natureza dessa série é a de consistir em uma totalidade ilimitada na mesma proporção da criatividade interpretativa do matemático.

A afirmação "um mais um é igual a dois" é muito mais questionável do que aparenta ser. Ela pode parecer exata apenas por já termos definido — e tendo excluído as demais possibilidades — o significado de "dois" —, ou seja, uma unidade aqui e outra acolá, consideradas juntas, indistintamente, como uma quantidade. Se adotarmos uma perspectiva mais ampla em relação ao significado de "dois", considerando que ele é um número par e um número primo juntamente com outros números de uma série, em última análise seremos conduzidos ao problema do "um e os vários", que só pode ser abordado no horizonte mais amplo no qual a matemática surge como um campo de estudos. É somente quando compreendemos a ideia de uma totalidade articulada de relações, que é, ao mesmo tempo, limitada (por uma determinada compreensão vivida sobre o bem) e infinita nas maneiras que pode ser desenvolvida, que chegamos à compreensão de "uma série delimitada de variadas maneiras, mas de extensão infinita". O componente matemático e o componente moral convergem, assim, como temas a serem interpretados e esclarecidos através do diálogo. Dessa forma, eles transcendem a consciência subjetiva, prestando-se à reflexão da parte de pessoas de qualquer época e de qualquer lugar.

Enquanto tentamos alcançar alguma clareza sobre tais temas por meio do diálogo, desenvolvemos, ao mesmo tempo, uma compreensão sobre o *self*. Ele é inseparável das virtudes que busca. Sócrates afirma que, a cada momento da vida, a identidade do indivíduo é definida, não pelos limites fixos de uma consciência subjetiva, mas pela abertura e pelo fechamento de uma questão, pela orientação voltada a atividades compartilhadas e ao vigor da manifestação clara de um ponto de vista.

É por esse motivo que Sócrates não escreveu texto algum. Ele acreditava que registrar os pensamentos em uma página escrita implicava lhes conferir certa finalidade e autoridade que solapavam seus significados enquanto convites para um debate.[12] De acordo com essa visão, o propósito de dar expressão a um pensamento ou a uma opinião não era apresentar aspectos da identidade de um indivíduo que deveriam ser registrados e guardados como informações sobre os pontos de vista relacionados a um tema específico. Tampouco afirmar uma verdade que outras pessoas poderiam adotar e armazenar em seu próprio estoque de conhecimentos. O propósito disso era, antes, tornar o indivíduo mais receptivo aos questionamentos, às controvérsias e à possibilidade de encontrar pontos de vista comuns com os demais.

Sócrates afirma que viver não consiste em reivindicar uma identidade, mas confrontar o próprio ser por meio de questionamentos. Em outras palavras, o significado de reivindicar uma identidade não é simplesmente construir uma autoimagem a partir de diversos pontos de vista, opiniões, maneirismos e temas recorrentes, mas desenvolver um caráter para ser testado.

A solução oferecida por Platão para as insuficiências da palavra escrita, e a forma necessariamente do *self* a que ela dá origem, foi escrever diálogos. Ao acrescentar ideias às palavras alheias, e ao trazê-las à luz por meio de diálogos, Platão se precaveu quanto à possibilidade de atribuir a si mesmo qualquer ponto de vista particular. Sempre que dizemos "Platão disse isso" ou "Platão achava que...", o que queremos dizer, na verdade, é "a partir dos diálogos entre Sócrates e seus interlocutores, descritos por Platão, podemos *inferir* que ele deve ter se identificado com isso ou com aquilo". Podemos inferir somente quando nós mesmos participamos dos diálogos, considerando as questões apresentadas por Sócrates, e chegando a uma compreensão própria sobre justiça, virtude e uma vida plena. Platão nos permite ter acesso a ele somente quando examinamos a nós mesmos e nos apropriamos dele. Por meio desse formato, Platão toma todas as precauções para garantir que nós o assimilemos não como um sujeito peculiar com ideias que podemos apreciar ou não, mas como um modo de ser que exerce poder sobre nós.

Dessa maneira é transmitida a percepção socrática de que vivemos um eterno processo de mergulhar em nós mesmos em parceria com os outros — trata-se de amigos com quem falamos olho no olho, de pensadores da Antiguidade com quem conversamos por meio dos livros, ou de vozes anônimas que dialogam silenciosamente conosco nos momentos-chave em que ponderamos sobre as diferentes atitudes a serem tomadas. Como a todo momento a vida se define por meio do questionamento, do movimento e da possibilidade de transformação, não faz muito sentido estabelecer uma divisão estanque entre a vida que é manifestada na Terra e a de uma pessoa após sua morte, cujo conteúdo nos é transmitido por dedicados intérpretes. Pode-se até mesmo dizer que somente por meio dos outros é que o indivíduo pode chegar à própria realização. As coisas que ele deseja manifestar e deixar claro para si mesmo (a partir de palavras e ações) talvez passem por uma reelaboração inédita em meio às palavras e ações de gerações futuras.

Em toda interpretação, seja de uma vida, um romance ou um evento, há o risco de atribuirmos um significado inadequado ao que estamos interpretando. Temos que avaliar se esse risco é maior na situação em que um amigo dedicado ou um admirador interpreta a vida de alguém, tentando transmiti-la por meio de ações próprias, do que quando ele faz isso "para si mesmo". Isso porque o indivíduo que interpreta sua própria vida, mesmo que em um momento de pausa reflexiva, ainda assim é uma consciência limitada que fala a partir da perspectiva de um momento e de uma situação particulares.

Visto que a história de Sócrates perturba a condescendência que mostramos em relação à opinião do senso comum, provoca nossa indignação diante de opiniões contrárias e incentiva nossa benevolência questionadora, ela exerce sua força em nós. Quando reagimos a isso, dando início a um diálogo interno, inspiramos uma nova vida a Sócrates. Por meio de um jogo de forças recíproco, a identidade e a diferença entre nossa vida e a de Sócrates podem emergir. A percepção de que Sócrates, por nosso intermédio, ainda exibe seu caráter se torna aberta a esclarecimentos à medida que vivemos de acordo com o exemplo dele e fazemos comparações entre suas ações e as nossas. O mesmo se aplica a qualquer pessoa que tenha nos marcado de alguma maneira: podemos chegar a uma consciência mais profunda sobre a vida dessa pessoa e a uma maior familiaridade com ela muito tempo depois de sua presença deixar de estar manifesta na Terra.

A eternidade do *self* ativo em termos de uma virtude dadivosa

Logo depois do ensinamento sobre a "morte livre", Zaratustra nos apresenta uma nova declaração, sobre o que denomina de "virtude dadivosa". Essas duas declarações foram concebidas como um par, conectadas pelo tema do sacrifício. A decisão de morrer "por um objetivo e por um herdeiro" pode ser concebida como um ato de sacrifício, o presente supremo. Porém, da maneira como Nietzsche nos apresenta, o sacrifício não consiste na autoanulação em benefício de outra pessoa. Consiste antes em um modo de compartilhamento no qual o *self* e o outro são absorvidos na mesma "brincadeira de pegar" (lembre-se da bola de ouro), como quando Sócrates coloca a filosofia à disposição de seus discípulos para ser assimilada e se mostra disposto a ser executado em nome de sua busca. Em outras palavras, o indivíduo em nome de quem o sacrifício está sendo feito não pode ser separado daquele que faz o sacrifício. Por esse meio, o *self* atinge a sua realização como uma força que alcança para além de si e, portanto, não pode ser identificado com um ser que está presente neste ou naquele momento. Quando passo pela experiência de uma morte livre, simplesmente me permito ser absorvido pela atividade que sempre me definiu, livre de distrações e liberto do medo. O presente — ou o sacrifício — que está em jogo não é algo que estou perdendo ou doando; é, antes, aquilo que ofereço para ser enriquecido pelas pessoas que o recebem.

Àquilo que caracteriza uma *morte* livre, ou seja, o gesto do indivíduo — que tem ciência até mesmo da morte do corpo — de lançar livremente a sua bola dourada, de maneira que continue a ser lançada "entre amigos", Zaratustra, em sua referência à virtude dadivosa, incorpora em relação *a cada momento da vida*, e não apenas àquilo que superficialmente chamamos de "último momento". A virtude dadivosa é um modo de apresentar a percepção de que nunca estamos presentes e nunca somos idênticos a nós mesmos; estamos sempre, a cada momento, simultaneamente "com" nós próprios e "fora de" nós próprios, na maneira como nos apresentamos ou nos oferecemos, mais do que por meio da autoconsciência.

Nietzsche introduz a virtude dadivosa não por meio de uma declaração de Zaratustra, mas em um ato dadivoso que surge entre ele e os seus discípulos. No momento que ele se despede da cidade à qual seu coração está ligado, os discípulos lhe oferecem um presente: um bastão, em cujo cabo dourado havia a imagem de uma serpente enrolada ao redor do sol. Em vez de agradecer aos amigos e seguir seu caminho, Zaratustra lhes oferece uma dádiva como retribuição, que se revela mais importante do que o que recebera: ele oferece um tributo à própria virtude dadivosa. Ao receber o bastão e examinar seu esplendor dourado, Zaratustra responde com uma reflexão sobre o valor do ouro, que começamos a analisar no Capítulo 4:

> Diga-me: como adquiriu o ouro o valor mais alto? Por ser incomum, inútil, reluzente e de brilho suave; por sempre se dar. Apenas como imagem da mais alta virtude adquiriu o ouro o valor mais alto. O olhar daquele que dá reluz como o ouro. O

brilho do ouro reconcilia o sol e a lua. [...] Uma virtude dadivosa é a virtude mais alta.[13]

Ao comparar tal virtude ao ouro, Zaratustra introduz a percepção na qual o *self*, concebido como a pessoa dadivosa, supera a própria presença em um tempo e lugar determinados. Assim como o ouro, a virtude dadivosa é algo incomum. Ela é limitada por nossa busca por conquistas e reconhecimento. Em nossa obsessão por cumprir tarefas, atingir metas, progredir na carreira ou melhorar o mundo, nos tornamos mesquinhos em relação aos outros, que passamos a encarar como distrações, ou mesmo como rivais. Dizemos, de maneira informal, que ser autocentrado não permite a expressão de nossa generosidade. Com o foco em nós mesmos, negligenciamos os outros. Nós lhes oferecemos apenas o bastante para que nossa doação nos permita receber algo em troca. O egoísmo é um modo impreciso de explicar esse vício, pois o *self* dadivoso é, à própria maneira, autocentrado, enraizado em si mesmo e integrado consigo mesmo. O que está em questão não é a oposição entre servir a si e fazer caridade, mas o próprio significado do *self*. Aquele que é dadivoso se realiza, e com isso alcança o seu centramento, por meio da doação, assim como Sócrates chega à realização por meio das questões que formula a amigos e das respostas que obtém. O contrário de uma coisa dadivosa não é o foco ou o serviço prestado a si mesmo, mas a perda do eu: uma objetificação do *self* por meio da qual ele é consumido por uma finalidade particular e desviado da jornada de vida na qual as finalidades emergem. Portanto, quando não estamos à altura da virtude dadivosa, estamos sendo mesquinhos não apenas em relação aos outros, mas também a nós próprios. Exaurimo-nos ao ficarmos a serviço de um objetivo ao ser alcançado em vez de nos enriquecermos com o processo de buscá-lo. Ao fazer isso, perdemos o espírito de brincadeira que temos em nosso interior, o espírito que se deleita com as meras tentativas, ao se abrir para um horizonte de inesperadas possibilidades.

Por maior que possa ser a influência desse vício, ele nunca consome a totalidade de nosso tempo e de nossa atenção. Assim como o ouro permanece enterrado sob camadas de terra e rochas, a virtude dadivosa permanece em estado de latência, subjacente à nossa busca voltada à conquista de objetivos. Bem no fundo, sabemos que o elemento essencial e duradouro dentro de nós é nossa capacidade de oferecer dádivas, apesar de termos uma fixação em cumprir tarefas. Todas as situações em que nos revelamos mesquinhos constituem um abandono dessa virtude, que permanece latente "no interior da alma". Como diz Zaratustra em um outro trecho: "O coração da terra é de ouro."[14]

Outra maneira de reafirmar a natureza rara da virtude dadivosa tem relação com a sua inutilidade. Na maior parte do tempo, nossas vidas estão voltadas àquilo que nos é útil para determinada finalidade. O gesto de oferecer uma dádiva autêntica implica transcender a perspectiva voltada à conquista de objetivos, segundo a qual cada gesto de doação ocorre visando a alguma finalidade, e oferecer algo que tenha um valor intrínseco, como o ouro. À medida que o ouro se torna útil para alguma coisa e adquire valor de troca, ele perde radiância e não é mais o mesmo. A maior das dádivas não é aquela que revela utilidade para alcançar este ou aquele objetivo. Serve, antes, como modelo para a nossa atitude diante de tudo que tentamos alcançar.

Além disso, tais dádivas são "reluzentes e têm um brilho suave" em meio a seu esplendor. Assim como o ouro, que, onde quer que o encontremos, irradia seu brilho ao permitir que algo apareça, a dádiva de uma atitude movida pelo autocontrole ou pela amizade irradia de um modo que permite às demais pessoas que realizem a si próprias.

Sendo inútil e reluzente, e com brilho suave, a virtude dadivosa consiste na doação de *si mesmo*, não de algo extrínseco, como o dinheiro, uma posse material ou algum conhecimento técnico que, por ser algo que pode ser conquistado e trocado por uma pessoa qualquer, "pertence ao indivíduo" apenas de um modo contingente e temporário. Diferentemente da doação de algo útil e passível de ser trocado, que deixa o indivíduo com uma quantidade menor de recursos, precisando ter cautela a fim de não esgotá-los, a doação de si mesmo não tem restrições. Com ela, o indivíduo não tem a necessidade de guardar algo para si, assim como o ouro, com seu brilho, não precisa reter nada de sua radiância.

O modo característico de Zaratustra expressar a natureza radiante e extática do *self* dadivoso é compará-la à luz do sol: "O brilho do ouro reconcilia o sol e a lua." Pode parecer que os dois são opostos: um, o líder do dia, e o outro, da noite. Porém, Zaratustra nos lembra que ambos estão conectados e em paz, em suas respectivas condições de "doador" e "recebedor" de luz.

O sol doa sua luz à lua, permitindo-lhe aparecer no céu. Porém, somente quando doa ao satélite o sol é capaz de continuar a brilhar após o crepúsculo. Sendo aquela que recebe a luz do astro, a lua se transforma também em doadora: ela permite que o sol brilhe durante a noite inteira. Desse modo, o sol é ampliado, em vez de diminuído. Ele nada perde de radiância, que voltará a emergir na manhã seguinte. Nesse meio-tempo, em parceria com a lua, o sol continua sendo ele mesmo, ainda que apareça de modo indireto. O mesmo ocorre, sugere Zaratustra, com a vida que partiu da Terra: ela continua a ser ela mesma por meio das pessoas que apanham a bola de ouro que a vida lhes lançou e continuam a jogá-la entre elas.

Viva de forma que você passa a doar algo de si mesmo como um presente — "Tenha sede de se tornar, a si mesmo, sacrifícios e dádivas", ensina Zaratustra aos amigos.[15] Em cada passo que der em sua vida, seja um exemplo ao ser você mesmo. Doe de si mesmo — não apenas um pedaço de você, não apenas na forma de uma ou de outra habilidade, mas do estilo de vida que inspira a sua existência.

Às vezes, nos referimos de modo pejorativo àqueles que vivem como se fossem "o presente que Deus ofereceu à Terra". Porém, Nietzsche faz uma nítida distinção entre as pessoas dadivosas e as que o fingem ser. As últimas buscam imitações de si mesmas em toda parte, acólitos cuja companhia podem ostentar. Ou então desejam ser reconhecidas e lembradas como indivíduos excepcionais que beneficiaram a humanidade por meio de uma atitude ou outra. Nesses casos, a pessoa que doa está oferecendo uma versão estática e falsificada de si mesmo, uma *persona* presunçosa para quem a própria identidade é definida por alguma conquista, ou por alguma contribuição que ofereceu para melhorar a situação do mundo. As pessoas dadivosas de verdade, ensina Zaratustra, não alimentam o desejo de serem veneradas ou lembradas. Para elas, o seu próprio ser representa uma pergunta e também uma resposta. Quando os amigos de Zaratustra se autoproclamam seus discípulos, Zaratustra, com um peso no coração, os rejeita:

> Dizem que acreditam em Zaratustra? Mas que importa Zaratustra? Sejam os meus crentes: mas que importam todos os crentes?

> Ainda não procuraram a si mesmos: então me encontraram [...]. Agora digo a vocês para me perderem e se acharem; e somente quando todos vocês tiverem me negado, eu retornarei."[16]

O homem rejeita aqueles que tomam seus ensinamentos como dogmas, usando-os de maneira equivocada, e comentam com os outros sobre o fato de estar associado a ele, descrevendo-o como um homem maravilhoso, autor de muitas palavras sábias. O que Zaratustra busca são amigos autênticos, indivíduos que reivindicarão o projeto dele para si mesmos e à sua própria maneira, na relação com seus próprios compromissos assumidos. É somente na mão de tais pessoas que a força vital dele poderá perdurar quando ele deixar de existir na Terra. Enquanto estava vivo, Zaratustra viveu em nome do próprio futuro, se descobrindo de maneiras novas em cada caminho que percorreu. Enquanto os seus amigos o venerarem como um fundador, imitando suas palavras e ações, Zaratustra cairá no esquecimento: "Vocês me veneram, mas se um dia essa veneração tombar? Cuidem para que não sejam esmagados por uma estátua!"[17] Ele não dá a menor importância a imagens suas, esculpidas para adoração, ou a escritos que contenham seus ensinamentos. Tudo o que deseja é continuar sendo a força anônima que busca a si mesmo, e que caracterizou sua vida.

A metáfora em que Zaratustra descreve o sol e a lua sugere certa continuidade entre o dia e a noite, entre a vida e a morte. Para compreendê-la, temos que examinar se a aparência do astro tal qual refletida sobre a lua é uma condição especial, que diz respeito apenas à noite, período em que o ele se recolheu, ou se ela se refere a algo essencial sobre o sol onde quer que ele brilhe. Temos que nos perguntar, em suma, se ao meio-dia ou a qualquer momento o sol está se manifestando diretamente, ou se, em certo sentido, ele permanece recolhido.

Como uma pista de resposta, podemos considerar as linhas iniciais de *Assim falou Zaratustra*, trecho em que ele sai da caverna nas montanhas e louva o sol:

> Ó, grande astro! Que seria de sua felicidade, se não tivesse aqueles que ilumina? Há dez anos você vem até minha caverna: já

te terias saciado de tua luz e dessa jornada, sem mim, minha águia e minha serpente. Mas nós sempre te esperamos a cada manhã, tomamos de ti o teu excesso e por ele te abençoamos.[18]

O louvor que Zaratustra rende ao sol prenuncia sua exaltação à virtude dadivosa. Embora ainda não tenha falado sobre ela, enquanto contempla o crepúsculo, o jovem Zaratustra (então com 40 anos de idade) faz uma alusão indireta à virtude dadivosa. Temos aqui a imagem do astro no momento da alvorada, quando o próprio aparece no céu, e não está sendo simplesmente refletido na lua. No entanto, a "felicidade" do sol, a alegria transbordante que se manifesta em sua radiância, precisa daqueles seres sobre os quais ele brilha — Zaratustra, a águia e a serpente. O personagem afirma que mesmo no crepúsculo o astro não se manifesta de forma direta. Ele se realiza somente por meio daqueles que aceitam o seu transbordar e, como retribuição, lhe oferecem uma bênção. A de Zaratustra assume a forma não apenas de gratidão, mas de determinação. Ele descerá na direção do homem para compartilhar sua sabedoria: "Olha! Estou farto de minha sabedoria, como a abelha que juntou demasiado mel; necessito de mãos que se estendam."[19] Zaratustra recebe a oferta feita pelo sol e a aceita como uma inspiração para sua vocação como mestre. Por meio desse exercício, o resplendor dadivoso do sol inspira o mundo de formas sempre renovadas.

Mais adiante, após ter explicado a virtude dadivosa, o personagem apresenta outra imagem do sol — dessa vez, durante o crepúsculo — como um emblema dessa: "Do sol aprendi isso, quando ele se põe, o riquíssimo: derrama ouro sobre o mar, de sua inesgotável riqueza, de modo que até o mais pobre dos pescadores rema com remo de ouro."[20] Apenas quando derrama ouro em tudo que o cerca é que o astro se realiza como aquele que brilha. Porém, isso significa que até durante o dia o sol transcende aquilo que está manifesto. A bola de ouro que gradualmente desaparece no horizonte não é ele, e sim uma manifestação de radiância não menos reluzente e dourada que todo o restante que aparece diante de seu brilho. Não se pode olhar diretamente para o próprio sol, pura radiância. Sempre que ele se faz presente, aponta para algo que está além de si.

O paradoxo de uma presença luminosa que representa sempre mais do que aparenta é a chave para a compreensão do *self* enquanto ele está "presente na Terra". Somente quando o compreendemos poderemos entender sua caracterização "após a morte". Portanto, devemos estar atentos ao interpretar o paradoxo do sol. É verdade que, em certo sentido, podemos enxergar o sol com sua luminosa claridade durante o dia, mesmo que durante poucos segundos, quando olhamos para a bola de ouro que irradia no céu o seu extraordinário brilho. O paradoxo, contudo, é que quanto maior for o brilho, menos definido ele se torna, recuando de uma manifestação direta, tornando-se um "transbordamento" que cega. O brilho só pode emergir naquilo que ele torna visível, em relação, por exemplo, com a terra, o mar e o céu. Sempre que o astro aparece na forma de uma bola de ouro, tem como pano de fundo um céu que está acima da terra, parte de uma variedade conectada de coisas, de um mundo que se tornou possível por causa da luz. O sol, concebido como radiância, possibilita o seu próprio surgimento como uma coisa entre outras, sendo, portanto, mais do que qualquer coisa que possa surgir. Ou então, se tomarmos as aparências como ponto de partida, teremos que reconhecer que a beleza e a definição de tudo o que brilha apontam para uma origem que possibilita todas as definições, e são incapazes, elas mesmas, de assumir a forma de uma coisa ou de um arranjo específico. Com base naquilo que pode ser visto, temos de inferir uma área luminosa onde todas as coisas estão expostas.

Essa área luminosa, a própria radiância, não pode ser reconstruída a partir de uma inspeção sucessiva de aparências específicas — as ondas reluzentes aqui, o arco-íris no horizonte acolá. Para que todas essas coisas possam ser vistas juntas e comparadas entre si, elas precisam estar expostas à luz. Embora cada uma das aparências possa, em certo sentido, ser considerada manifestação particular de uma radiância, tal relação não pode ser compreendida no contexto de um sistema comum de espécies e gêneros. Não se trata de uma relação conceitual, em que o "um" que unifica o "muitos" é o mesmo em cada uma de suas partes. Por exemplo, na relação entre o conceito de uma "árvore" e árvores específicas, o conteúdo da unidade "deter um tronco e galhos" é idêntico em cada um dos casos. Cada uma delas está em conformidade com essa condição sendo, portanto, uma árvore. Em contraste, na relação entre a radiância e as aparências, a manifestação da radiância é, *em cada caso, a própria radiância*. O único aspecto, por assim dizer, compartilhado pelo mar e pelo céu é o fato de ambos brilharem. Ao brilhar, eles estão reunidos não como exemplos de um conceito mais generalizado e mais elevado de "radiância", mas como partes que precisam uma da outra para serem o que são, como partes de um todo articulado.

O *self* — ativo e dadivoso — se mostra em relação a várias percepções e pensamentos, assim como o sol constitui a luz que serve de pano de fundo para tudo o que pode ser visto, e não pode ser reduzido a nada que ele permite se manifestar como aparência.

Tudo o que percebo sobre mim mesmo e sobre o mundo me foi possibilitado por uma força ativa — um movimento simultâneo de abertura e de encerramento de significados expressado por meus comprometimentos — que, por sua própria natureza, com seus excessos e transformações, jamais posso enxergar diretamente ou compreender por completo de modo conceitual. O rosto que vejo no espelho, por exemplo, enquanto faço uma autoavaliação antes de uma competição ou de um grande evento, os pensamentos associados a sucessos e fracassos que me vêm à mente, os sentimentos que se alojam em minha garganta ou na base do estômago, não são, na verdade, aquilo que sou; não são meus. Ou, melhor, eles são meus porque transformei a mim mesmo em um objeto a ser observado, analisado e comparado com estados anteriores do meu *self*, ou com as pessoas com quem estou competindo. O que de fato é meu, mais do que todas as coisas que percebo ao redor, é a própria possibilidade de percepção, que depende da atitude que assumo em relação ao significado de minha vida como um todo. Por eu já ter compreendido a mim mesmo nas coisas que faço e pelo fato de as coisas que faço nunca serem "este aqui e este agora", mas o estabelecimento de uma rede de relações e de comprometimentos, posso ver "a mim mesmo" como uma pessoa preocupada com uma coisa específica e conceber essa coisa como um objeto que me conduz ao sucesso ou ao fracasso, e como uma oportunidade para avaliar minhas habilidades.

A minha vida em ação — uma extensão para além de si que é, ao mesmo tempo, uma realização — serve de pré-requisito para tudo que eu quiser perceber, incluindo as coisas que vêm e que vão "em seu devido tempo".

Quando encaro minha vida como algo que vem e que vai, estou confundindo as condições e as origens da percepção com o fenômeno que as torna possíveis.

A trajetória circular da atividade com valor intrínseco

No início do livro *Assim falou Zaratustra*, de Nietzsche, um breve, mas significativo episódio prenuncia e sintetiza seus ensinamentos sobre o tempo. É meio-dia, e o sol está a pino. De repente, Zaratustra ouve o grito agudo de uma águia e olha para o céu para contemplar uma visão estranha e milagrosa.

> E eis que uma águia fazia vastos círculos no ar, e dela pendia uma serpente, não como uma presa, mas como uma amiga: pois estava enrodilhada em seu pescoço. "Estes são meus animais!", disse Zaratustra [...]. "O mais orgulhoso animal sob o sol e o mais prudente animal sob o sol [...] Que meus animais me conduzam!"[21]

A partir de então, os animais o acompanham ao longo de toda a jornada. Nos amplos voos circulares da águia com a serpente enrodilhada no pescoço, Nietzsche apresenta a trajetória de uma vida permeada pelo domínio de si: ao longo de jornadas de longo alcance, uma vida orientada pela união do orgulho com a sabedoria retorna em círculos até seu ponto de origem, a cada vez a partir de uma posição mais elevada e privilegiada, do mesmo modo que a águia realiza seu voo em círculos, ascendendo na direção do sol ao meio-dia.

A imagem de uma ascensão circular é usada para expressar a autossuficiência da atividade com valor intrínseco: a águia e a serpente não visam a um destino qualquer que seja externo ao voo; portanto, elas voam e ascendem em círculos, desfrutando cada uma das voltas, sem esperar nada mais além do voo em si.

A águia e a serpente representam a integridade à qual Zaratustra aspira e que posteriormente manifestará em meio a suas andanças solitárias.

> Enquanto Zaratustra subia o monte, lembrou-se das muitas caminhadas solitárias que fizera desde menino, e dos numerosos

montes, cumes e vertentes. Eu sou um andarilho e um escalador de montanhas, disse para seu coração, eu não gosto das planícies e, ao que parece, não posso ficar muito tempo parado. E, seja lá o que ainda me aconteça, como destino e como vivência, sempre haverá uma caminhada e uma escalada de montanha: afinal, vivencia-se apenas a si mesmo. Passou o tempo em que me podiam suceder acasos; e o que poderia ainda me tocar que já não fosse meu? Ele apenas retorna para casa, regressa para mim — meu próprio Eu, e o que dele há muito tempo se achava no estrangeiro, disperso entre coisas e acasos. [22]

Quando examinamos a frase "apenas a si mesmo", devemos manter a distância o sentido de isolamento que ela nos parece sugerir. O indivíduo é o caminhante, a pessoa que é definida pela jornada, que nunca é, acima de tudo, um indivíduo isolado, mas sempre um ser que percorre "o estrangeiro" e está "disperso entre coisas e acasos". Compreendido dessa maneira, o indivíduo chega à realização de si por meio da compreensão desse território estrangeiro e dessas aventuras como algo conectado e que compõe um destino único. "Apenas a si mesmo" significa "nada acidental". Por meio de cada novo encontro — repentino, inesperado, terrível e acidental —, Zaratustra retorna para si mesmo, assim como a águia e a serpente retornam em círculos de volta para seu ponto de origem sob uma perspectiva nova e mais elevada.

É claro que se trata, aqui, tanto de um ideal quanto de uma realidade. Há algo de natural e também de extraordinário no voo espontâneo da águia e da serpente. Nietzsche brinca com nossa percepção de que esses animais têm características opostas: águias arremetem do alto dos céus para caçar serpentes que deslizam pela terra; as serpentes se infiltram furtivamente nos ninhos das águias e devoram seus ovos. Se estivéssemos prestes a avistar uma águia e uma serpente juntas no céu, a cena que esperaríamos é a de uma serpente se contorcendo em desespero entre as garras da águia. Quando o orgulho e a sabedoria se separam, afirma Nietzsche, eles se corrompem, transformando-se em arrogância irrefletida e em uma racionalidade debilitante, munida das afiadas garras de uma águia, ameaça perfurar nossa sabedoria, como na situação em que nos julgamos todo-poderosos em razão de alguma competência ou habilidade específica e passamos a enxergar o mundo inteiro a partir de um pequeno recanto que confundimos com a perspectiva, ou quando olhamos para o universo como mera fonte de criatividade, ignorando o significado das coisas já manifestas, à luz das quais nosso impulso criativo poderia encontrar uma direção.

Nossa racionalidade, assim como a serpente que, enrolada, se comprime, também pode asfixiar nosso orgulho, como na situação em que consciente e minuciosamente examinamos habilidades e pontos fortes comparando-os aos das demais pessoas, e definimos nosso valor em termos de uma conquista relativa. Aquilo que deveríamos apreciar pelo valor intrínseco, pela diferença que faz em nossa vida, torna-se um meio para alcançar um fim.

Enredados no sentimento de insatisfação em que a busca voltada à conquista de objetivos sempre nos mergulha, podemos nos sentir tentados a recorrer a outra forma de racionalidade, sem demonstrar orgulho: a tentativa de escapar às comparações e às competições que consiste em examinar a nós próprios de maneira científica e distanciada, como se fôssemos amebas sob um microscópio, como se nossos movimentos não fossem nada além de reações ao ambiente em que nos encontramos. Tal racionalidade é tranquilizadora no sentido de que parece nos libertar do tipo de busca em que a vitória de uma das partes depende da derrota da outra, uma busca que torna a vida mesquinha, e nos oferece, no lugar disso, uma perspectiva objetiva sobre as coisas segundo a qual nenhum orgulho faz sentido. A visão de Thomas Hobbes, segundo a qual o universo nada mais é do que matéria em movimento, um ciclo vão de combinações e de dissoluções, é um exemplo prático disso. Hobbes fomentou essas ideias com o propósito explícito de asfixiar o nosso orgulho.

Estas são as formas pelas quais o orgulho e a sabedoria se veem em caminhos congruentes, degenerando-se e opondo-se uma à outra. Em última análise, eles se encontram juntos. Suas várias formas de oposição são apenas discussões, não são conflitos irreconciliáveis. Nem mesmo a arrogância mais autoritária está imune à percepção de que a vida contém muito mais do que as conquistas, por mais grandiosas que possam ser. O próprio desejo de obter reconhecimento pelo domínio que se exerce sobre os outros sugere, como vimos anteriormente, um anseio pela amizade. Nem mesmo a análise mais racional, fria e objetificadora do mundo é capaz de eliminar a beleza e a sublimidade da natureza que irrompe em nossa vida cotidiana, despertando o nosso deslumbramento e nos inspirando a buscar o autodomínio.

Se o orgulho e a sabedoria permanecerão juntos fortalecendo um ao outro, ou se seguirão caminhos diferentes, se deteriorando, isso será determinado pela maneira como reagimos diante do sofrimento: em situações que envolvem frustração e adversidades, abrimos mão de nossa vocação e de nosso comprometimento, encarando o mundo como uma lamentável área de conflitos e de acidentes, que devemos aceitar resignados? Transformamo-nos em arrogantes aves predadoras que, ressentidas, olham para o mundo a partir de cima, tentando dominar todos os seres que se movimentam lá embaixo? Ou nos elevamos à altura do desafio de nos recriarmos, de voltarmos para nós mesmos, nos elevando a novas alturas, alcançando o autodomínio?

A passagem do tempo e o significado mais profundo da morte

A origem básica do sofrimento, nos ensina Nietzsche, está na passagem do tempo — não se trata, simplesmente, do fato de tal passagem nos conduzir, e também àqueles que amamos, ao envelhecimento e à morte, uma passagem concebida como a finitude do corpo ou a extinção da consciência. A passagem do tempo que Nietzsche prenuncia é mais profunda e difusa. Ela tem a ver com encararmos um passado — uma dimensão nossa que ainda está "aqui", mas que, no sentido paradoxal e doloroso daquilo que já existiu, não está mais. A passagem do tempo, na visão de Nietzsche, refere-se à percepção de que nossas ações, por um lado, não podem ser desfeitas e, por outro, não podem ser vividas novamente. A passagem de tempo tem a ver com os passos em falso que sempre nos ameaçam e com os momentos luminosos que desaparecem aos poucos. É só quando confrontamos essa passagem que podemos nos aproximar do significado mais profundo da morte.

Relembre um momento da vida em que você deu pulos de alegria, ou então enfrentou uma dificuldade que parecia insuperável, mas a superou. Naquela época, tudo era novo e repleto de vida, um ponto central das trajetórias e dos compromissos que definiam quem você era e quem aspirava ser.

Agora isso tudo faz parte do passado. Não caiu no esquecimento; você pode lembrar daquelas cenas e recontá-las a si mesmo e a seus amigos. Pode olhar em retrospecto com um sorriso nostálgico. Porém, não poderá trazê-las de volta — pelo menos não da maneira como ocorreram. É isso o que Nietzsche quer dizer com "passagem do tempo": a percepção segundo a qual eventos e momentos "tornam-se passado". Não é que as cenas se extinguiram ou não sejam mais o principal foco de atenção. Muito pelo contrário, elas permanecem conosco o tempo todo, mas como algo que já *aconteceu*, e nunca mais acontecerá.

A passagem do tempo caracteriza a própria estrutura de uma jornada: o modo pelo qual o próximo episódio não apenas sucede o anterior; ele intervém para remodelar seu significado. Imagine um artista pintando um mural imenso, tentando encontrar uma imagem bela e atraente, mas que se revela incapaz de refazer pinceladas. Cada toque do pincel traz consequências para a seguinte, que, por sua vez, dará novo sentido à anterior. Imagine esse processo sem um início ou um fim além do desejo de simplesmente continuar mantendo a fidelidade à imagem como um todo. Cada erro individual traz consequências que ameaçam desanimar o artista. Cada êxito individual, que o empolga e o inspira, aos poucos vai perdendo seu charme e passa para o segundo plano à medida que novas pinceladas, novos interesses e novos focos de atenção ganham destaque. A vida em si apresenta algo semelhante a esse problema fundamental: o de um eterno devir e uma eterna morte.

Quão tola parece ser a nossa obsessão contemporânea pelo prolongamento da vida quando olhamos para o problema da morte sob essa perspectiva. O problema não consiste, como ensinam os estoicos, no fato de qualquer prolongamento de vida que consigamos alcançar ser minúsculo quando comparado à infinitude do tempo. A verdadeira questão é que o próprio significado do tempo e da morte com o qual temos de nos haver acaba sendo ignorado pelos entusiastas da ideia de prolongar a vida. O que tememos na morte não é a extinção do corpo ou da consciência, que poderia de algum modo ser postergada, mas o fato de o significado das coisas estar sendo perdido e precisando ser redimido. Tal perda é algo que enfrentamos a cada momento, já que o presente está sempre se transformando no passado. Compreendida em termos de passagem do tempo, a morte está longe de ser algo que podemos erradicar da condição humana por meio de intervenções médicas e da tecnologia biológica. Quanto mais nos ocupamos com o prolongamento do intervalo mensurável de nossa existência, mais nos distanciamos da tarefa fundamental de fazermos as pazes com a passagem do tempo com que nos deparamos a cada instante.

É isso que Zaratustra estabelece como seu maior projeto:

> E este é todo o meu engenho e esforço, eu componho e transformo em um o que é pedaço, enigma e apavorante acaso. E como suportaria eu ser homem, se o homem não fosse também poeta, decifrador de enigmas e redentor do acaso? Redimir o que passou e transmutar todo "foi" em "assim eu quis" — apenas isto seria para mim redenção![23]

Não podemos nos livrar da passagem do tempo. Não podemos reviver as coisas da maneira como elas aconteceram no passado. No entanto, tal como nos demonstram a águia e a serpente no voo circular e ascendente, é possível redimir o passado e revisitá-lo sob uma perspectiva nova e mais elevada. Podemos redimir o passado porque ele pertence a nós. A nossa própria ação, nosso poder criativo e nossa orientação voltada ao futuro é que deixam os momentos vividos para trás. É somente pelo fato de nossas vidas não se moverem de maneira indiferente de um momento a outro, mas terem uma trajetória, que enfrentamos a fundamental dificuldade que é a passagem do tempo. O estranho paradoxo da vida é que, ao enfrentarmos desafios e ao nos realizarmos, também nos perdemos. Por sermos responsáveis por esta perda, podemos redimi-la.

Redimindo o passado

Lembrar, relembrar e recontar representam um primeiro passo na direção da redenção do passado, que muitas vezes negligenciamos por causa do foco permanente no futuro. Na maior parte do tempo, nos percebemos pensando qual será o próximo passo, comparando-o com a lembrança de pessoas e de acontecimentos do passado. Vale a pena você se perguntar: em meio aos pensamentos que ocuparam a minha mente hoje, nas conversas que tive, quanto desse conteúdo estava relacionado ao modo de lidar com algum acontecimento que estava prestes a ocorrer, e quanto desse conteúdo estava voltado a compreender o que aconteceu há algum tempo? Quando pensamos sobre o passado, isso costuma acontecer como uma nostalgia passageira e superficial: lembramos o passado em termos de ausência ou de perda, uma avó, um pai ou uma mãe que não está mais entre nós, e cujo abraço nunca mais poderemos receber. Mas raramente tentamos lembrar dos acontecimentos de que temos saudades, com o objetivo de recriá-los, já que eles carregam consigo a essência da vida na qual nos refletimos. A prioridade que damos a um futuro voltado à conquista de objetivos sugere a necessidade de encontrarmos tempo para as lembranças, mais do que qualquer outro esforço. Entretanto, por mais que nos empenhemos em fazer isso, no máximo conseguimos nos preparar para a tarefa derradeira: usar o passado como inspiração e como insight para o que poderá advir no futuro.

Às vezes me pego pensando como, à medida que envelheço, vou perdendo a exuberância despreocupada de minha infância e adolescência. Sou hoje mais cauteloso com os "sins" e "nãos" que digo — seja na prática da filosofia ou em meus treinos físicos, na escolha das palavras enquanto escrevo ou no modo como planejo minhas séries de exercícios. Embora essa cautela seja fruto da maturidade, ela também ameaça colocar amarras no espírito de aventura que me diz: "Tente, e deixe para se preocupar com os detalhes mais tarde". Lembro com saudade dos primeiros dias de meu curso de pós-graduação, quando eu usava palavras como *birdshot* [chumbo fino] em meu texto, sem me preocupar com que os leitores poderiam achar. Também lembro de minha postura em relação aos treinos nos tempos de faculdade, e de uma inesquecível prática com o levantamento de peso *power clean*, o que ainda considero uma de minhas maiores vitórias, mesmo que ninguém mais, além de meu colega de treinos, estivesse ali para testemunhar o que consegui. Isso aconteceu no fim de um longo dia de verão, e meu amigo, que se exercitou antes de mim, por pouco não conseguiu atingir uma marca de 102 quilos no *power clean*. Ao vê-lo frustrado com algo que já fizera inúmeras vezes antes, me aproximei, dizendo, com uma falsa autoconfiança: "Deixe-me te mostrar como se faz."

Sem a menor hesitação, agarrei o peso com as duas mãos e o ergui até a altura dos ombros. Mantive-o suspenso por um segundo para enfatizar a conquista, e então o deixei cair, cheio de autoconfiança. Aquela exibição, à qual eu mal tinha dado importância, e que poderia muito bem ter dado errado, surtiu o efeito desejado. Meu amigo se livrou do incômodo que sentia diante daquele inexplicável contratempo e, incentivando um ao outro, seguimos em um dos nossos inesquecíveis treinos daquele verão.

Mas o que aconteceu naquele dia não está acontecendo agora. Por mais que eu queira reviver aquele momento, isso não vai acontecer. Não que haja algum obstáculo natural ou material em minha tentativa de reencenar aquele levantamento. Eu poderia retornar àquela mesma academia com meu amigo e levantar o mesmo peso sem nem sequer precisar de um aquecimento. Porém, a experiência não seria a mesma. Mesmo que eu conseguisse levantar novamente aqueles 102 quilos e replicar o acontecimento de um modo mais geral e abstrato, a conquista não teria o significado que teve quando ocorreu. O sentimento de antecipação e de êxtase presentes no momento original não estariam mais lá.

Além disso, a cautela a que recorro hoje poderia interferir no processo desde o início e impor-se à experiência. Essa cautela certamente não é uma simples perda. A razão pela qual não posso voltar aos velhos tempos é que não tenho como desaprender fatos relacionados a uma perspectiva mais experiente — o fato de que, para uma boa prática de exercícios, ser aconselhável, até mesmo essencial, fazer um aquecimento.

Ao mesmo tempo, reconheço que minha maturidade atual chegou com um preço, que algumas vezes fica evidente, por exemplo quando a cautela que cerca a vida adulta (seja qual for o significado do adjetivo "adulto") impede que a disposição própria da juventude reaja ao inesperado e viole as regras às quais eu me apeguei. Aqui considero a fidelidade obsessiva a um programa de treinamento que exige certo número de repetições por exercícios e de quilômetros a percorrer, e que mesmo quando recuperei meu fôlego ou estou inspirado a fazer mais, me obriga a parar.

A explosão de inspiração sugere que posso ter um desempenho melhor. Em vez de avançar para dar um salto qualitativo, poupo as repetições extras para uma próxima vez. É isso que meu programa me manda fazer. Diferente da criança que se empolga com as coisas, e às vezes se excede, torno-me vítima do extremo oposto, de olhar excessivamente para o futuro. Corro o risco de me transformar na pessoa que verifica, ansiosa, a previsão do tempo e carrega um guarda-chuva em um dia de sol, me esquecendo que, quando criança, eu corria para fora de casa para brincar na chuva.

Enredado em análises e planejamentos excessivos, como se eu pudesse controlar o resultado dos meus treinos, ou então o significado das minhas palavras, ao organizar previamente tudo com antecedência, sinto saudade do espírito (já em declínio) de "aja primeiro e pense depois" e percebo que ele pode ser redimido — não pode ser trazido de volta da mesma maneira que antes, mas pode ser incorporado ao presente, canalizado na direção de nossos insights e projetos, servindo de contraponto a momentos de obsessão, doenças ou timidez.

Certo dia, não faz muito tempo, eu havia terminado uma série exaustiva de flexões em barra, com um sentimento de orgulho por ter cumprido o que havia planejado para aquele dia, todas as séries de exercícios. Eu estava prestes a parar quando, de repente, uma voz me soprou: "Deixe-me te mostrar como se faz." Lembrei-me daquele levantamento de peso feito anos antes não como um objeto de nostalgia, mas como uma inequívoca direção que me era mostrada para os movimentos seguintes. Dessa vez, com meus músculos ardendo de exaustão, com a sensação de que ainda tinha alguma reserva de energia disponível, mas sem saber quanto, me preparei para uma nova série: segurei firme na barra e me projetei para cima movido pela breve explosão de energia que me dominava.

Até mesmo em breves momentos como este, compreendemos que as pessoas, os eventos e as experiências não passam por nós, inevitavelmente, como o cenário externo que contemplamos da janela de um trem que corre a toda velocidade. Temos em nossas mãos um passado a ser redimido, embora ele, às vezes, pareça escorrer entre nossos dedos. Quando olhamos em retrospecto para o passado com lágrimas no rosto e com punhos cerrados, podemos nos perguntar: o que foi que eu perdi? O que está servindo de combustível para a minha nostalgia? Que tipo de lições e de insights o passado está me trazendo agora, que talvez eu tenha esquecido? De que modo podemos recorrer ao passado para compreender o hoje de uma maneira renovada? O que ganhamos desde aquele evento do passado, de modo a fazer com que não queiramos repetir o passado, mesmo se pudermos fazê-lo? Quando nos comprometemos a redimir o passado, nos damos conta de que o tempo não se move em uma direção única, do passado rumo ao futuro, mas gira em torno de si mesmo em cada único gesto de redenção, assim como a águia e a serpente voam em círculos rumo ao céu.

A origem da passagem do tempo em meio à abertura e ao encerramento de cada momento

A concepção de tempo como algo que simplesmente passa, sugere Nietzsche, tem origem nas fraquezas que mostramos diante do sofrimento. Sobrecarregados com o fardo de redimir um momento remoto de radiância que hoje está recoberto por nuvens de dificuldades — o fardo de recuperar uma paixão que definhou quando foi frustrada por circunstâncias fora de nosso controle, ou de reparar o erro cometido em relação a uma pessoa querida que, desde então, entrou em uma rota de autodestruição — e incapazes de nos colocarmos à altura dos desafios, olhamos para o passado como algo que ficou para trás e que está fora de controle. Dessa maneira, surge uma compreensão histórica segundo a qual a lacuna entre o passado e o presente se torna intransponível, na qual o passado estará sempre atrás de nós, fechado e com significados já determinados; na medida que caminhamos rumo a novos e distantes objetivos, o futuro nos possibilita o esquecimento em relação ao passado.

Também podemos nos afastar do passado e nos iludirmos quando o equiparamos ao presente. Em meio à nossa frustração, talvez encaremos a passagem do tempo como uma mentira, uma visão de mundo subjetiva que, em si, nada sabe sobre o passado ou sobre o futuro, mas que simplesmente passa por mudanças infinitas. Projetamos sobre a natureza o círculo de vida estoico, que se movimenta fora de alcance, na medida em que elementos se combinam e se dispersam em uma sequência de momentos indistintos, o "agora" seguido de um outro "agora", se movendo na direção do infinito: "Tudo o que [a natureza] criou, desfaz, e tudo o que desfez, volta a criar", escreve Sêneca.[24] Segundo essa concepção de tempo, não existe nada de novo nem de velho. Cada um dos eventos repete a si mesmo, assim como um nascimento não é nada além da recombinação dos mesmos elementos que acabarão por se dispersar e se reunir uma vez mais. Como o tempo é infinito, todas as combinações já foram feitas. Tudo o que *pode* acontecer já aconteceu — infinitas vezes, no passado.

Em nosso desespero, passamos a considerar essa visão algo racional e objetivo, não a reconhecendo como a repressão do passado que nos causa dor. No entanto, essa repressão surge de modo sutil em meio a nossas concepções supostamente racionais. Em Sêneca, por exemplo: "Voltaremos à luz um dia, que muitos repudiariam se ele não os trouxesse já esquecidos do que se passou." [25] A maior causa do sofrimento, sugere Sêneca, não está no fato de nossos corpos serem mortais, mas de lutarmos contra lembranças que nos assombram — o fato de termos diante de nós um passado. Recorremos à concepção cíclica do tempo para nos tranquilizarmos diante de sua passagem, para nos convencermos da ideia de que tudo se fragmenta e volta a se recompor, de que todos somos idênticos e formados pela mesma matéria, varridos pela eterna ordem da existência. Trata-se, aqui, da mais suprema forma de conhecimento desprovido de orgulho; o olhar frio e observador da ciência sem um espírito, a conivente serpente sem a companhia da orgulhosa amiga, a águia.

Um conhecimento como este, afirma Nietzsche, é mortal. Ele nos tranquiliza em relação à passagem do tempo enquanto priva a vida dos riscos, da aventura e da força criativa. Em uma vida assim, não há nada a temer, mas dela tampouco podemos esperar algo. Tal concepção do tempo obscurece, mas jamais é capaz de eliminar por completo a temporalidade original do movimento simultâneo da águia e da serpente — a colisão entre passado e futuro, típica de uma jornada em que cada novo episódio redime o passado, e cada giro do voo circular conduz a um ponto diferente e mais elevado. A vida ativa a que Zaratustra aspira não é simplesmente um circuito fechado de buscas que obtêm êxitos a partir de uma narrativa pré-estabelecida. Trata-se de uma força vital em constante fluxo, que sempre deseja *mais* de si mesma, que voa em um movimento espiral infinito, de volta a si mesma e, ao mesmo tempo, acima de si mesma.

Nietzsche deixa isso claro no final de seu *Zaratustra*, ao descrever o exuberante prazer ao qual o personagem aspira.

> *O que* não quer o prazer? Ele é mais sequioso, afetuoso, faminto, misterioso e terrível do que toda a dor, ele quer *a si*, ele morde *a si*, nele peleja a vontade do anel [...] ele quer amor, quer ódio, é riquíssimo, presenteia, joga fora, suplica que o recebam, é grato a quem o recebe, bem gostaria de ser odiado; tão rico é o prazer, que tem sede de dor, de inferno, de ódio, de ultraje, de aleijão, *de mundo* — pois esse mundo, oh, bem o conheceis! [...] Por malogrados anseia todo eterno prazer. Pois todo prazer quer a si mesmo, e por isso quer também pesar! [...] O prazer quer a eternidade de *todas as coisas*.²⁶

O prazer eterno, nos ensina Nietzsche, não é o prazer infinito, que se desfruta de um momento até o momento seguinte, mas a atividade que deseja a si mesma, que é intrinsecamente recompensadora e que não precisa de nada que lhe seja externo. Contudo, essa atividade, ao desejar a si própria, também deseja as dificuldades e o fracasso. Pois é a possibilidade de redimir o passado mediante o confronto com o sofrimento que inspira a vida e que a torna digna de ser vivida.

6

O que significa ser livre

No conceito de atividade com valor intrínseco, está implícita certa compreensão do que significa ser livre — uma que coloca em xeque as nossas concepções comuns. Ao examinar o problema da liberdade, temos a tendência de abordá-lo com base no velho debate entre o livre-arbítrio e o determinismo. Filósofos, teólogos e, mais recentemente, sociólogos, psicólogos e biólogos parecem ter muito a dizer sobre o fato de o indivíduo ser capaz de escolher as próprias ações — e, portanto, de ser livre — em um contexto em que influências, tais como as normas sociais, a contingência da criação recebida dos pais, a vontade de Deus ou as forças cegas da evolução, podem predeterminar a sua trajetória. Sob essa perspectiva, a liberdade é vista como a capacidade de se libertar de todas as influências externas e fazer escolhas por si mesmo, de acordo com a própria vontade. A liberdade significa a afirmação do *self* a despeito das circunstâncias de seu entorno. Como diz Frank Costello, personagem interpretado por Jack Nicholson em *Os infiltrados*, logo no início do filme: "Eu não quero ser um produto do meu ambiente. Quero que o meu ambiente seja um produto meu."

Há algo inegavelmente convincente nessa aspiração, visto que concebemos o ambiente como um contexto impessoal que ameaça nossa independência. Porém, sob a perspectiva das virtudes que examinamos anteriormente, ela está equivocada. A própria distinção entre livre-arbítrio e determinismo só faz sentido quando o indivíduo pressupõe, logo de partida, que o *self*, em essência, é um indivíduo dotado da própria capacidade independente para escolher que é confrontada por um mundo exterior de objetos ou por uma sociedade que lhe impõe uma conformidade opressiva. Somente nesse caso, o poder relativo da vontade e das influências externas pode se tornar um tema de infinitos debates. Se desde o início somos definidos pela relação que estabelecemos com as coisas, sendo ao mesmo tempo requisitados pelo mundo e responsáveis por expressá-lo, teremos de recriar o próprio significado da palavra liberdade. Quanto maior é o nosso envolvimento com as coisas — cuidando delas, ou reagindo aos estímulos que elas nos oferecem —, menos nos percebemos em uma posição de contraste em relação ao mundo. As origens de nossa deliberação e de nossa ação se transformam no próprio mundo.

Diante de maravilhas da natureza que nos impressionam com sua beleza e potência, com suas misteriosas revelações a serem descobertas, ou diante de um amigo que, de uma hora para outra, precisa de nossa ajuda, nossa percepção do *self* e da iniciativa humana não pode ser separada daquilo que está diante de nós. A coisa *em si*, por conta própria, nos captura, exigindo cuidado e capacidade de interpretação. Somente sob a perspectiva abstrata e superficial de um observador sem qualquer envolvimento com a situação podemos concluir que é possível escolher entre agir de um modo ou de outro. É claro que continuamos "livres", em um sentido formal, para nos desviarmos daquilo que pede a nossa atenção. Mas isso só acontece porque outra fonte de atenção acaba de surgir, rivalizando com a primeira. Muito mais significativo do que a liberdade de escolher uma coisa em detrimento da outra é a liberdade de reagir e responder a um mundo pelo qual somos responsáveis. Segundo essa visão, paradoxalmente temos a maior das liberdades quando estamos sujeitos a uma necessidade que flui a partir da própria vida da qual participamos, quando de alguma maneira nós a manifestamos.

O ideal do livre-arbítrio como sintoma de um cinismo enfastiado com a vida

É somente quando as coisas com que estamos envolvidos e as pessoas com quem agimos em parceria deixaram de nos comover, por nos terem decepcionado de alguma maneira, ou por terem perdido o sentido à medida que nos distanciamos das histórias que determinavam seu significado, que elas podem se tornar atributos de um mero "ambiente" ou de um "contexto social" e que podemos pensar em nos impormos sobre elas, reconstituindo-as ou simplesmente nos distanciando de sua área de influência.

Desse modo, uma atitude deliberada se torna possível, tendo como pano de fundo uma forma de existência desalentada e resignada, na qual nos fechamos para as coisas, tornando-as impessoais ou "objetificando-as", em vez de nos empenharmos para redimi-las. Para lidar com tal desalento e resignação, podemos interpretar a situação como a de um indivíduo — um campo de consciência e um *locus* de escolhas — que se encontra diante de um "mundo" externo ou de um "ambiente social" e pode ser passivamente influenciado por ele ou resistir a ele. Segundo essa visão, todo o significado pessoal tem origem na consciência subjetiva. O mundo, ou a sociedade, não é nada mais do que uma área que concentra meras coisas e convenções, à qual as pessoas, com o passar do tempo, atribuíram uma série de valores subjetivos. Nada *em si* demanda um tratamento ou um cuidado especial. Em nossa condição de indivíduos, somos livres para aceitar ou rejeitar as influências de um mundo externo ou socialmente construído, segundo nossas preferências e nossa força de vontade.

Ao interpretarmos nossa identidade e a situação com base na distinção entre sujeito e objeto, reprimimos e esquecemos nossa sintonia inicial com as coisas que nos causam frustração. Tendo surgido como uma espécie de mecanismo para lidarmos com as coisas, a interpretação do *self* na qual sujeito e objeto se diferenciam pode ser remodelada das maneiras mais inventivas, que se fazem passar por adequadamente críticas e científicas. Um exemplo que desde o século XVII ainda exerce influência é a dúvida cartesiana, segundo a qual a própria possibilidade de existência do mundo exterior é mantida em suspensão até que a razão do indivíduo, guiada por um método certeiro, possa conferir validação de que não se trata de um simples mundo onírico ou um produto da imaginação, implantado por um demônio maligno.

Embora a decisão de ficar remoendo dúvidas tão radicais possa parecer, em certo sentido, bizarra e perturbadora, na verdade ela oferece algum conforto existencial diante de nossa frustração com o mundo: ela nos permite uma espécie de escapismo teórico que nos tranquiliza com a ideia de que nada realmente "existe" até que a consciência subjetiva valide tal existência objetiva. Essas especulações também oferecem ao indivíduo o desafio encorajador de superar a artificialidade daquilo que parece ser real, permitindo-lhe assumir responsabilidade por si mesmo como um ser que independe de forças externas. A empolgação e o sentido de propósito que acompanham a superação da ilusão explicam, a meu ver, a atração generalizada de histórias contemporâneas que exploram versões da dúvida cartesiana, tais como os famosos filmes *Matrix*, *A origem* e *O show de Truman*, que retratam o heroísmo como uma válvula de escape do mundo aparente, que se revela como uma ilusão criada por forças manipulativas análogas ao demônio maligno de Descartes.

Entretanto, como a interpretação do mundo que distingue entre sujeito e objeto é, em sua essência, um modo de escapar a uma realidade de frustrações e decepções, que só pode surgir em meio a um estilo de vida comprometido que ignora toda e qualquer diferença entre o *self* e o mundo, um exame mais detalhado daquilo que nos é apresentado como "subjetivo" ou "objetivo", "aparente" ou "real", revela uma semelhança muito maior do que aparenta. Por exemplo, os universos supostamente fabricados ou oníricos retratados nos filmes que exploram o tema da dúvida cartesiana, apesar de algumas estranhas incoerências, ainda envolvem interações e comprometimentos que se assemelham à vida no mundo "real" que vem a ser revelado. Em última análise, esses filmes não deixam de apresentar certa continuidade entre os dois universos, na qual os insights apreendidos em um mundo são transferidos para o outro. Uma reflexão sobre tal continuidade nos leva a reconhecer que a própria distinção entre o *fake* e o real, entre o subjetivo e o objetivo é minada por uma vida voltada ao autoconhecimento. Isso porque os eventos de um sonho não podem ser desconsiderados como "irreais" se, ao confrontá-los, o indivíduo pode aprender algo de importante sobre como viver ao longo de sua vida desperta. É por essa razão que, quando somos fisgados por uma história de fantasia ou por uma obra de ficção convincentes, não nos perguntamos se aqueles eventos realmente aconteceram. Se a oposição entre fato e ficção não nos vem à mente, nós reconhecemos a obra como uma especulação sem sentido ou nos entregamos a ela da mesma maneira que desistimos de buscar um significado mais profundo naquilo que julgamos estar desconectado de nós, e externo a nós.

A mesma semelhança entre o *self* e o mundo, e entre sujeito e objeto, pode ser observada no caso daqueles indivíduos que não duvidam da existência do ambiente que os cerca, mas se mantêm alheios a ele e tentam submetê-lo às suas vontades. Até mesmo em um desapego tão cínico encontramos uma forma de atividade comprometida que não pode ser compreendida apenas em termos de força de vontade ou de imposição. Até o personagem de Jack Nicholson em *Os infiltrados*, o paradigmático autoritário (um personagem inspirado em Whitey Bulger, um infame gangster do sul de Boston), para exercer "domínio" em sua região, depende da fidelidade e de compromissos de certas pessoas que, no mínimo, revelam-se como um sinal de amizade e de solidariedade. Embora seja alvo da desconfiança de praticamente todos do próprio bando, ele permanece fiel a seu diligente braço-direito, um homem bruto que soluciona todos os seus problemas e que, no fim, mantém-se a seu lado. É bastante revelador que a obsessão do personagem em afugentar os ratos que circulam no ambiente de seus comparsas nasce de uma obsessão com o respeito, que revela a percepção de que, para ele, tal ambiente é algo mais do que o produto de sua vontade: uma realidade independente junto à qual ele busca ser reconhecido. Ele não é capaz de simplesmente destruir essa realidade sem privar a si mesmo da honra pela qual arrisca a própria vida. Portanto, até no estilo de vida que exige a valorização de um domínio obstinado, encontramos sinais de uma forma receptiva de atividade.

A atividade das próprias coisas

Para compreendermos a relação recíproca entre nós mesmos e as coisas às quais reagimos, podemos também considerar a atividade sob a perspectiva das próprias coisas. Embora estejamos acostumados a encarar a atividade como um *self* que faz algum tipo de trabalho sobre a coisa, como no caso em que dizemos "Eu jogo beisebol", poderíamos muito bem dizer que essa coisa se envolve conosco ("O beisebol *me* joga"). Apesar de soar estranho uma pessoa falar assim, na medida em que parece falso investir o objeto com uma vida própria, encontra-se uma manifestação familiar no modo como vários idiomas expressam a ideia de afinidade. Em espanhol, por exemplo, a sentença "eu gosto" não tem um equivalente exato: a tradução mais próxima é "me gusta", que literalmente significa "é agradável *para mim*". A inversão da posição do sujeito e do objeto nessa oração atribui um crédito à coisa desejada em uma condição que denota mais do que um simples objeto, mas uma força viva por conta própria. Em contraste com a formulação que nos é familiar, que coloca o sujeito "eu" como o *locus* da ação, a oração em espanhol remete à experiência de existir que é exigida pelo mundo.

Até mesmo quando o aspecto do mundo que está em jogo é um objeto aparentemente inerte, como um bastão de beisebol, parecendo exercer sua força apenas quando agimos *sobre* ele, a coisa pode ser vista como algo que detém uma força própria. Como bem sabe qualquer rebatedor, o próprio bastão exige respeito: ele deverá ser manejado de uma maneira muito precisa se tiver de se conectar com uma bola de beisebol e, desse modo, ser *um bastão de beisebol*, em vez de um mero objeto comprido, cilíndrico e estranhamente afunilado que apenas ocupa espaço. O bastão desafia por completo a atitude determinada de um rebatedor frustrado que o maneja com raiva, sem prestar atenção à sua estrutura. Em um sentido mais amplo, até quando está encostado em um canto, à espera do momento de ser usado, o bastão traz ressonâncias para a pessoa que o usa, ao carregar consigo todas as situações e histórias de que participou. À medida que o bastão evoca tais eventos e histórias para o jogador, incutindo nele a calma de um indivíduo que, à luz de seu passado, pode colocar em perspectiva a pressão do momento, o próprio bastão, em parceria com o jogador, pode dar início à atividade — colocar o rebatedor em movimento.

Tendo em vista a relação recíproca entre o *self* e o mundo, que na verdade é um desdobramento único da atividade, seria um erro considerarmos a atividade como uma possibilidade apenas humana. A atividade denota o modo pelo qual *as coisas se oferecem* para ser interpretadas, por mais estáticas que elas possam parecer. A atividade não é algo que nós trazemos ao mundo, mas uma força que define o mundo na medida em que este se constitui como mundo.

Nunca nos deparamos com um abstrato "Ou... ou..."

Mas o que dizer daqueles momentos em que nossa liberdade parece, de fato, envolver uma escolha, quando nos vemos diante de encruzilhadas na estrada da vida, nas quais a decisão de seguir por uma direção ou por outra parece nos colocar frente a frente com possibilidades de existência radicalmente diferentes? O que dizer dos conflitos relacionados a nosso compromisso que não parecem nos deixar alternativas além de nossa vontade, segundo a qual podemos seguir por um caminho ou pelo outro? Jean-Paul Sartre, um dos principais defensores da ideia de que temos total liberdade em nossas escolhas, que determinam quem somos, apresenta a seguinte história para embasar seu raciocínio.

Durante a Segunda Guerra Mundial, um aluno seu o procurou e lhe relatou um dilema pessoal que estava enfrentando: escolher entre juntar-se às Forças Armadas francesas na Inglaterra ou permanecer na França para cuidar da mãe doente. Motivado pela devoção ao movimento de resistência e pela oportunidade que teria de vingar o irmão, que havia morrido durante a ofensiva alemã de 1940, o rapaz estava tentado a partir rumo à Inglaterra. Ao mesmo tempo, sentia a responsabilidade de ficar ao lado da mãe, que vivia o luto pela perda do filho mais velho e estava envolvida em brigas com o marido que, para o desalento dela, mostrava apoio à colaboração com a Alemanha. O aluno acreditava que sua ausência e sua eventual morte em um combate pudessem fazê-la mergulhar no desespero.

Sartre apresenta esse dilema como um conflito entre "dois tipos de ação muito diferentes: uma era concreta, imediata, mas que dizia respeito apenas a um indivíduo; a outra dizia respeito a um grupo maior, uma coletividade nacional". Sartre enfatiza que tal dilema também se dá entre "dois tipos de ética": por um lado, "uma ética da compaixão, da devoção pessoal"; por outro lado, "uma ética mais ampla, mas de eficácia mais duvidosa".[1]

Sartre conclui que a situação de estar diante de duas exigências aparentemente irreconciliáveis é a prova da necessidade de escolhermos por conta própria. Com o que mais poderemos contar, pergunta ele, além de nossa vontade individual? Sartre considera a possibilidade de recorrer a vários critérios hipotéticos de julgamento moral que poderiam nos servir de orientação: a palavra de Deus, os ditames da natureza humana, os princípios da moralidade kantiana — critérios que ele considera, sem exceção, inconclusivos, já que podem muito bem apontar para uma direção ou para outra. Sartre avalia que só nos resta uma alternativa: fazer uma escolha que determinará a direção da nossa vida. Eis o conselho que ele dá ao aluno: comprometer-se com um dos dois caminhos, e então assumir completa responsabilidade pela escolha feita.

Há algo de convincente nesse conselho, pelo menos em sua crítica às habituais fontes "externas" de decisão e em seu apelo para que o indivíduo decida por si mesmo. Ao mesmo tempo, a concepção de liberdade proposta por ele contém algo de insatisfatório. Para Sartre, estamos todos sozinhos nas decisões, sem aconselhamentos e sem saber qual direção tomar. Ele não hesita em rotular tal liberdade como "absurda", e até "nauseante".

Poderíamos expor o problema da seguinte maneira: se todo significado tem origem na vontade autônoma, tal significado pode ser extraído dessa mesma vontade; será, portanto, arbitrário. Aquilo que aparenta ser uma concepção empoderadora de liberdade, quando comparada a formas de pressão externa, revela-se, em si, como algo que carece de propósito e que, em certo sentido, é impotente. Pois que espécie de poder haverá em uma decisão cega e infundada?

Contudo, por mais insatisfatória que possa ser a explicação de Sartre sobre a liberdade, não podemos rejeitá-la pelo fato de ela nos trazer inquietação. Constatamos que ela é incapaz de descrever de modo adequado os dilemas existenciais que enfrentamos. Embora a intenção seja apresentar uma defesa da vontade, ao descrever um dilema confuso e mundano que não pode ser solucionado por meio de critérios claros de uma moralidade abstrata, Sartre se torna vítima das mesmas abstrações que pretende contestar. De acordo com sua teoria, deve haver algum critério objetivo que se encontra fora do *self* (a palavra de Deus, a moralidade kantiana, a natureza humana) que esse seja capaz de acessar e a ele se agarrar como um meio de orientação; caso contrário, nada mais teremos além da vontade puramente subjetiva. Sartre escolhe a segunda alternativa. Ao fazê-lo, contudo, ele passa a aceitar a distinção entre sujeito e objeto. O filósofo ignora a possibilidade de que uma vida, da maneira como é vivida, comprometida com as coisas e em sintonia com as demais pessoas, nos proporciona um critério de ação próprio, que não é nem subjetivo nem objetivo.

Se analisarmos a necessidade de escolha que o aluno tem diante de si, podemos detectar em cada um dos caminhos certo parentesco com o outro, que é ignorado por Sartre e que mina o significado existencial da escolha. Até com base no que o filósofo relata sobre o dilema, o comprometimento do aluno com as Forças Armadas francesas não pode ser separado de modo estanque da devoção que ele dedica à mãe. Ficamos sabendo que a mãe do aluno tem uma grande devoção à liberdade da França e que uma parte significativa dos problemas domésticos tem a ver com o apoio do marido aos colaboracionistas. Também sabemos que a dor dela está relacionada à morte do filho mais velho, assassinado no movimento de resistência aos alemães. Considerando esse cenário, não seria implausível interpretar a decisão do aluno de juntar-se às Forças Armadas como uma demonstração de lealdade ao país que, ao mesmo tempo, é um ato de devoção à própria mãe. Ao fazer isso, ele estaria realizando uma missão com a qual ela mesma se identifica e em nome da qual seu irmão mais velho deu a vida. Mesmo que, ao partir para a Inglaterra, não estivesse próximo da mãe, ele estaria lhe dando apoio de um modo diferente: redimindo o projeto do irmão e comprometendo-se com uma missão que conecta os três.

É claro que tal decisão teria um custo. Ao lutar pela França, o aluno arriscaria a própria vida, e sua morte deixaria a mãe ainda mais desesperada. Com isso, ainda a deixaria sozinha para lidar com o marido problemático. Essas razões poderiam convencê-lo a ficar. Porém, a verdadeira pergunta que se faz necessária para avaliar as duas alternativas que ele tem diante de si — sua opção por uma ou pela outra pode ser concebida como um exercício da vontade — não é se uma das decisões será tomada a algum preço, mas se somente uma decisão pode ser tomada mediante a exclusão da outra. Assim como o aluno não abandonaria a mãe para lutar pela França, ele não romperia seus laços de lealdade se decidisse ficar ao lado dela.

Podemos imaginar que sua própria maneira de ajudar a mãe — lembrando-a da importância da causa pela qual o irmão morreu em batalha, questionando a visão política do pai — implicaria uma devoção à liberdade da França. Podemos acrescentar que, ao decidir ficar ao lado da mãe, ele ainda assim poderia fazer tudo que estivesse ao seu alcance para dar apoio ao movimento de resistência sem precisar sair do país.

Se atentarmos para essa ligação entre as diferentes possibilidades, veremos que Sartre descreve de modo equivocado a escolha a ser feita pelo aluno, entre "duas modalidades de ação muito diferentes" e "dois tipos de moralidade".[2] A diferença atribuída aos dois caminhos se revela uma descrição abstrata do dilema do aluno a partir de uma visão panorâmica, como se dois procedimentos distintos durante uma vida pudessem ser separados entre si, pudessem ser analisados lado a lado e avaliados, de antemão, como irreconciliáveis. Portanto, Sartre opta por uma decisão hipotética que o próprio rejeita: ele acredita ser possível alcançar uma perspectiva desapegada da vida, a partir da qual o indivíduo pode saber com certeza que dois comprometimentos não podem ser reconciliados. Porém, sob a perspectiva comprometida da vida enquanto jornada, o significado de cada uma das alternativas depende da relação que ambas têm entre si a tal ponto que, em certo sentido, as duas podem ser consideradas *as mesmas*. Isso não significa que elas sejam idênticas, e que o aluno não precisa escolher coisa alguma, mas que a liberdade dele nessa situação não pode ser reduzida a uma escolha. O que oferece a oportunidade para a escolha é a integração da vida do aluno, uma vez que o amor que ele sente pela mãe e a devoção que dedica ao país estão intricadamente ligados. A verdadeira liberdade do aluno consiste em viver a narrativa inconclusiva que o colocou diante de uma bifurcação de caminhos.

Poderemos descobrir em que medida esse dilema lhe foi apresentado por antecipação se considerarmos a infinidade de caminhos que se revelariam em total dissonância com a vida do aluno tal como ele a viveu até aquele momento, e que, portanto, não se apresentam de forma alguma como possibilidades — dar seu apoio aos países do Eixo, por exemplo, ou abandonar o movimento de resistência e também a mãe em favor de outra sedução frívola, ou não optar por nada disso e enterrar a cabeça na areia. O que torna a escolha do aluno significativa é a unidade entre o *self* e o mundo que a antecede. Isso significa que, ao decidir tomar um rumo específico, o aluno não está só desistindo do outro; está apenas dando início ao desafio de realizá-lo de um modo diferente.

Visto sob essa perspectiva, o significado da escolha é diminuído consideravelmente, assim como o status da vontade. Não se trata de dizer que o aluno estava diante de uma bifurcação na estrada que o transformará em uma pessoa diferente, ou decidirá recriar a si mesmo de uma maneira nova, dependendo do caminho escolhido. Ambas as direções o conduzem de volta, por assim dizer, à mesma vida.

Seja qual for a escolha do aluno, ela não é nada mais do que um passo seguinte em uma direção que há muito tempo foi preparada pela rede de relações na qual ele se encontra. De modo concreto, isso significa que, ao partir rumo à Inglaterra, ou ao permanecer ao lado da mãe, ele estará dando um passo no projeto infinito de cumprir dois compromissos que atribuem significado um ao outro.

Em última análise, a liberdade não é uma faculdade da vontade que pode ser exercida em determinados momentos, mas um estilo de vida em que estamos sempre envolvidos, visto que vivenciamos possibilidades dentro do ciclo de uma vida que já segue seu curso. O oposto da liberdade, por assim dizer, não é a determinação a partir de algo externo, mas as formas de uma escravização autoimposta, incluindo a própria visão do mundo em termos de uma distinção entre sujeito e objeto. Somos nós que, mergulhados no desespero, na frustração e na ausência de conexão com as coisas, construímos um mundo de sujeitos e objetos e então ficamos presos à nossa interpretação como se ela fosse uma descrição óbvia de como as coisas são. O oposto da liberdade, portanto, é em si uma forma de liberdade: uma ilimitada capacidade do indivíduo de interpretar de modo equivocado e de se desviar do caminho — a liberdade que se volta contra si mesma.

Muitas vezes agimos na vida como se muita coisa dependesse das escolhas que fazemos, como se a opção por seguir tal caminho em vez de outro pudesse nos levar a ter uma vida diferente. Porém, essa visão da existência, de caminhos que se bifurcam, é a abstração de uma postura voltada à conquista de objetivos, segundo a qual tudo se transforma em uma discreta vitória ou alternativa, mais do que uma possibilidade a ser desenvolvida em parceria com outras, durante a jornada. A atenção à atividade com valor intrínseco se revela como uma ação corretiva para essa perspectiva. O que importa não é o que escolhemos, e sim o modo como realizamos as escolhas que fazemos.

De modo paradoxal, as escolhas que mais importam *em sua condição de escolhas* são aquelas que já fizemos, no sentido de que já sabemos, de antemão, que um dos caminhos é o correto, mas ainda assim estamos diante da dificuldade de optar por ele em comparação com algum desvio tentador. Por exemplo, posso estar diante da habitual dificuldade de me levantar para correr, em vez de apertar o botão "Soneca" do celular, para dormir mais cinco minutos. Porém, a suposta liberdade dessa escolha é, na verdade, bastante limitada, pois eu já considero como verdade que sair para correr é a melhor opção. Embora tomar a decisão de sair da cama possa me dar a sensação de empoderamento como um exercício da vontade diante de uma tentação, a escolha em si, por ser um exercício de liberdade, só adquire significado quando *estou efetivamente correndo*, em meio a uma forma especial de empenho que nada tem a ver com a escolha ou com a vontade, mas consiste na integração entre o *self* e o mundo, na qual a gravidade, a leveza, o sol e o terreno onde piso são reunidos a cada passo que dou. A liberdade de escolha que eu demonstro ter dependerá de minha liberdade mais ampla de reagir às situações e interpretá-las.

É isso o que acontece até mesmo naqueles momentos em que nos sentimos sozinhos nas atitudes que tomamos, e sujeitos a submeter nossa determinação à simples força de vontade. O filósofo Maurice Merleau-Ponty dá um eloquente exemplo disso:

> Torturam um homem para fazê-lo falar. Se ele recusa a dar os nomes e os endereços que querem arrancar-lhe, não é por uma decisão solitária e sem apoios, ele ainda se sente com seus camaradas e, engajado ainda na luta comum, está como que incapaz de falar; ou então, há meses ou anos, ele afrontou esta provação em pensamento e apostou toda a sua vida nela; ou enfim, ultrapassando-a, ele quer provar aquilo que sempre pensou e disse da liberdade. Esses motivos não anulam a liberdade, mas pelo menos fazem com que ela não esteja sem escoras no ser. Finalmente, não é uma consciência nua que resiste à dor, mas o prisioneiro com seus camaradas ou com aqueles que ele ama e sob cujo olhar ele vive.[3]

Portanto, estamos sempre com os outros. A nossa liberdade tem origem, na mesma medida, neles e em nós próprios.

A liberdade e a receptividade diante do desconhecido

Há outra dimensão da liberdade que merece um último comentário nosso. Trata-se da relação entre a liberdade e a receptividade diante do desconhecido. Em certo sentido, a atividade com valor intrínseco — baseada no domínio de si, na amizade e na conexão com a natureza — envolve certo "conhecimento por antecipação" — a compreensão de si mesmo e do mundo como um todo que possibilita a solução de qualquer dilema ou a tomada de qualquer decisão. Assim que me percebo capaz de escolher ou tomar uma decisão, já me percebo como uma pessoa de quem se exige comprometimentos que se encontram em tensão por já estarem integrados de algum modo provisório, cada um deles dependendo do outro para se tornar significativo. A relação recíproca entre os comprometimentos é, em si, dependente de um todo mais amplo sobre o qual tenho uma vaga consciência, mas que compreendo com absoluta certeza, na medida em que sou capaz de recorrer a outros aspectos de minha vida para dar sentido à dificuldade que estou enfrentando no momento. Esse "conhecimento por antecipação" é o que refuta a concepção existencial de um indivíduo como radicalmente criador, como se o indivíduo pudesse, do nada, compor a própria identidade por meio das escolhas que faz.

Tal compreensão pode ser explícita em maior ou menor grau. Por exemplo, posso me considerar um filho fiel pelo fato de apoiar minha mãe em um momento de necessidade, sem pensar nisso como um ato de lealdade e sem nem sequer ter que descrever todas as minhas relações com amigos, colegas de trabalho, vizinhos e concidadãos, nas quais a família — na condição de esfera social com características próprias — adquire um significado especial. Porém, também posso idealizar a mim mesmo nesses termos, apresentando-me uma imagem que, ao mesmo tempo, consiste em quem eu sou e em quem aspiro ser. Seja como for, posso dizer que compreendo a mim mesmo de uma maneira que inclui todos os futuros possíveis e que constitui a segurança e a conclusão da vida. Não importa o que o futuro possa me trazer, continuarei sendo verdadeiro comigo mesmo e com as pessoas às quais meu destino está ligado. Esse conhecimento por antecipação é um elemento essencial do domínio de si. É ele que faz de alguém um indivíduo — um todo integrado —, em vez de uma mera coleção de experiências desconectadas e ininteligíveis. Até em momentos de dúvidas extremas, nunca estamos desprovidos de tal compreensão, por mais vaga e discreta que ela possa ser.

Porém, aliada a essa certeza do *self* e constituindo sua própria essência, existe uma receptividade radical àquilo que é desconhecido. Um indivíduo só é capaz de conhecer a si mesmo integralmente em situações de comparação, de analogia e de julgamento, ou situações provocadas por algum tipo de ruptura, independentemente da dimensão de tal ruptura. Essa totalidade que constitui a identidade de uma pessoa e que precede qualquer escolha que ela possa fazer é uma totalidade ativa, uma unidade que constantemente é colocada à prova e descoberta de maneiras novas.

Podemos expressar isso de outra forma: por meio dos nossos comprometimentos mais profundos, convidamos aquilo que é desconhecido na mesma medida que afirmamos ter uma certeza inabalável. Dizer com convicção "não importa o que aconteça, estarei ao seu lado" ou "mantenha-se fiel à sua vocação" significa aceitar o futuro com o seu incomensurável mistério. Sem a possibilidade de uma ruptura radical, nossos comprometimentos mais profundos careceriam de sentido e de relevância.

Portanto, em seu processo de autoconhecimento e ao salvaguardar o próprio futuro, o indivíduo mostra, ao mesmo tempo, uma incentivadora receptividade à vida, na qual as dificuldades e o sofrimento são inseparáveis da redenção e da alegria. Essa receptividade é o que distingue a atividade com valor intrínseco da busca voltada à conquista de objetivos. Sob a perspectiva dessa, a única coisa que o indivíduo desconhece é se ele obterá êxito ou se fracassará na perspectiva que sempre adotou. Quanto mais nos enredarmos na busca voltada à conquista de objetivos, mais árdua será a tentativa de eliminar as incertezas do caminho que nos leva ao objetivo final, buscando técnicas mais eficazes de produtividade. Assim, a perspectiva voltada à conquista de objetivos e uma postura orientada à tecnologia andam de mãos dadas. Elas conspiram para fazer da vida algo previsível, sob controle, sem aventuras nem riscos. Em um sentido mais amplo, a postura orientada à tecnologia e a perspectiva voltada à conquista de objetivos são a mesma coisa.

O que os gregos chamavam de *techne*, de que derivou nossa palavra "tecnologia", é basicamente algo voltado à conquista de objetivos. Ela denota o conhecimento dos meios para se produzir algo, cuja forma já temos em mente. Para os gregos, a paradigmática *techne* é a criação do conhecimento; o conhecimento do carpinteiro que ele demonstra ao antever as formas de uma mesa e a dar início à sua construção a partir da madeira. Porém, a *techne* se aplica também ao tipo de criação de si mesmo que realizamos quando compreendemos que nossa felicidade consiste na execução de um objetivo ou de um plano de vida. O objetivo da *techne* é produzir resultados confiáveis e, assim, eliminar o elemento inesperado. Embora o conhecimento tecnológico sempre faça — e tenha feito — parte da vida, ele adquiriu uma predominância tal que chega a se apropriar da experiência essencial de deslumbramento e de inspiração que se encontra na origem de todas as formas que costumam nos passar despercebidas. A reorientação de caminhos que proponho, em termos de uma vida baseada em "atividades com valor intrínseco", vem acompanhada do reconhecimento de que aquilo que parece estar indubitavelmente "ali", diante de nosso olhar, para ser analisado, nos é dado por meio de uma contínua interpretação da vida, algo que jamais compreendemos na totalidade.

Em contraste com a liberdade tecnológica de produzirmos resultados, podemos considerar a liberdade de adentrarmos o terreno do desconhecido, que nos leva de volta ao jogo de forças recíproco entre o *self* e o mundo. Compreendida dessa maneira, a liberdade deixa de estar relacionada à capacidade de desejar, de escolher, construir ou de antever; passa a conectar-se à capacidade de *iniciar algo*.

Repare como até pequenos gestos e ações podem ser realizados de maneiras que vão muito além de quaisquer motivações conscientes que possamos ter ao realizá-los. Decidimos nos arriscar em um projeto novo, aceitar um convite, nos desviar de nosso trajeto habitual para ajudar um estranho, juntar coragem e convidar uma pessoa para um encontro. Quando nos damos conta, estamos imersos em uma nova vocação ou em um relacionamento, em um caminho que jamais tínhamos imaginado. Por um lado, foi nossa capacidade de ação que colocou as coisas em movimento, dando sustentação ao desenrolar dos eventos. Não tivéssemos dado o passo inicial, atentos às consequências, as coisas não teriam acontecido daquele jeito. Porém, essa capacidade, como podemos perceber em retrospecto, vai muito além de qualquer intenção consciente que tenhamos tido naquele momento inicial — uma intenção que, se tivéssemos de expressá-la em palavras, resultaria em algo que nada tem de extraordinário, ou mesmo em um clichê.

A nossa ação sempre vai além de nossas intenções, uma vez que exerce influência no mundo, provocando uma reação que é impossível antever. É somente em meio ao jogo de forças recíproco que constitui a integração entre o *self* e o mundo que nossa ação se transforma naquilo que é. Em outras palavras, nossa ação pode ser uma força impulsionadora somente na medida em que é recebida e lançada de volta na condição de um novo convite a ser aceito. Desse modo, nos percebemos lançados, por ações próprias, em uma eterna brincadeira de "pique-pega", cujo significado só compreendemos de maneira temporária, e sempre olhando em retrospecto.

Isso tudo significa que as coisas que carregam consigo nossa marca característica, sendo um testemunho daquilo que somos, não são escolhas conscientes feitas em detrimento de outras possibilidades, ou por criar uma realidade que estava limitada à nossa imaginação; elas colocam em movimento um destino que veio ao nosso encontro, muito além de nossas expectativas ou desejos. Olhando em retrospecto, podemos compreender que a vida que estamos vivendo foi preparada por um comprometimento ou por linhas de conduta que não poderiam ter sido previstos à época em que ocorreram. Dessa forma, temos um vislumbre de como a atividade no aqui e no agora, sendo ou não deliberada e consciente, transcende a si mesma, ampliando um horizonte futuro que, como tal, é indeterminado. É nessa capacidade de dar início a algo — e não em nossos esforços conscientes — que consiste a verdadeira liberdade.

Em considerável parte do tempo, nos percebemos enredados na busca pela conquista de objetivos — tentando alcançar uma marca, causar impacto no ambiente de trabalho ou no mundo como um todo, terminar uma tarefa do cotidiano, causar uma boa impressão, cuidar do futuro enquanto nos preocupamos com nossa saúde, segurança e estabilidade. Essas coisas muitas vezes nos mantêm ocupados, nos impelem a seguir uma disciplina. Agarramo-nos a elas como antídotos às inúmeras distrações e banalidades que ameaçam nos mergulhar em uma modalidade de existência caótica e negligente. Porém, percebemos que nosso foco e nossa ambição às vezes se transformam em coisas que desviam a atenção da própria vida, em um sentido mais amplo. Diante do fracasso, ou em momentos de grande hesitação, talvez nos questionemos se a vida contém algo mais do que a realização de objetivos, por mais elevados ou nobres que esses possam ser. Embora possamos retomar nossa busca voltada à conquista de objetivos com uma confiança renovada, ou então nos voltar na direção de algo novo, jamais poderemos silenciar o pensamento de que aquilo a que dedicamos tanto esforço para alcançar não tem um grande significado quando se considera um quadro mais amplo.

Essa ideia pode nos impressionar ainda mais em momentos de sucesso, quando percebemos que aquilo que inicialmente nos motivou é hoje uma conquista realizada, e não mais uma mera fonte de motivação. A reflexão sobre a satisfação efêmera diante do sucesso pode nos levar a considerar nossa busca em termos mais amplos, da infinita extensão de tempo e do destino de todas as conquistas humanas. Enquanto mantivermos o foco na criação e construção de coisas, não teremos como deixar de pensar que até as maiores conquistas um dia envelhecem, e que os nomes mais famosos da história um dia desaparecem.

Ao buscar uma perspectiva que nos libertará da aparentemente inevitável passagem do tempo, podemos recorrer a filosofias que situam a eternidade e a suprema satisfação fora da esfera dos assuntos humanos, por exemplo nos ciclos da natureza, segundo os quais todas as coisas se fragmentam e se recompõem de novas formas, ou em uma vida que está além desta, na qual as coisas jamais envelhecem. Como já vimos, o estoicismo é uma versão famosa de tal filosofia. Ele nos ensina sobre a impermanência das coisas humanas, nos aconselhando a buscar refúgio na contemplação de uma natureza eterna. A perspectiva da atividade com valor intrínseco nos oferece uma alternativa à visão dos estoicos e de todas as filosofias que consideram o mundo em que empreendemos nossa busca apenas como um ponto de parada no trajeto rumo a algo maior. O significado mais amplo que buscamos não reside nas eternas leis de um universo pessoal, ou em uma vida que está além desta, mas na jornada do aqui e do agora, por meio da qual o *self — o próprio indivíduo* — se manifesta. Compreender a jornada significa reconhecer que cada empreendimento, por mais limitado ou voltado à conquista de objetivos que possa parecer, é significativo em sua relação com os outros, inserido em um conjunto de atividades interligadas que expressam a compreensão do que ele significa, que tem ressonância com uma pessoa, um indivíduo, e não é uma simples coleção de papéis sociais e empreendimentos que poderiam ser documentados em um currículo e replicados por um outro alguém. Como o *self* é definido pela jornada do indivíduo, que inclui amigos e inimigos, sinais de orientação e desvios, rupturas e pontes, o desenvolvimento do *self* é, ao mesmo tempo, o desenvolvimento de um mundo particular. Pelo fato de a jornada ser, a cada momento, uma realização pessoal que já está seguindo um curso, ela não está à espera do futuro para ser completada ou validada. Nesse sentido, ela é eterna: isso não quer dizer que durará para sempre, mas que não pode ser medida segundo os critérios habituais de duração ou de resistência ao tempo. Concebida dessa maneira, a vida é, em si, a medida do tempo que passa — o que possibilita a experiência de uma sequência de momentos e, portanto, de um tempo que pode ser exibido em um relógio, sendo quantificado e calculado.

A partir do interior da jornada, que em última análise é o único ponto de vista de que dispomos, a própria concepção de um futuro ainda a ser concretizado não faz sentido algum. Pois, seja o que for, o que o futuro pode nos trazer não pode fazer mais do que reafirmar a vida com a qual o indivíduo está comprometido. Isso significa que cada momento da vida de uma pessoa, com encerramentos e possibilidades, é único e singular, e que, ao viver no momento presente, ela compreende o que significa viver em todos os momentos e épocas.

O eterno agora é uma maneira de compreender a abertura e o encerramento de cada momento, sem os quais a vida seria impossível. É uma forma de dizer que o passado e o futuro não consistem em pontos em uma linha do tempo, mas dimensões essenciais do tempo, reunidas em um presente possível. Sem essa abertura e esse encerramento, não teríamos como dar sentido à passagem do tempo, tampouco viver a experiência de tal passagem. Se nossa vida não estivesse radicalmente aberta para o desconhecido, pedindo para ser desafiada, testada e reafirmada, mas com seus significados predeterminados, nunca estaríamos diante de um momento que ficou para trás e que jamais retornará. Tudo o que podemos identificar como algo que nos aconteceu seria nada mais do que um evento inteligível à luz daquilo que consideramos ser hoje, enquanto indivíduos. Nesse sentido, aquilo que passou estaria presente, não seria o passado, de modo algum. Não teríamos o desejo de deixar esses momentos para trás, tampouco desejaríamos tê-los de volta, porque eles já estariam conosco, integrados por meio de um senso de identidade inabalável e estático. Sob a perspectiva de um encerramento total, o mesmo poderia ser dito de um momento que está por vir. Se nossa vida já estivesse, em essência, predeterminada, não alimentaríamos expectativas ou ansiedades em relação a nada do futuro. O amanhã seria uma mera repetição do hoje.

No entanto, se nossa vida não tivesse um significado fechado e predeterminado, e fosse radicalmente aberta, tampouco teríamos a experiência da passagem do tempo. Cada único momento, por assim dizer, representaria uma mudança radical, trazendo-nos uma nova existência, não nos deixando espaço para olhar para o que passou ou para antecipações. É só pelo fato de ela ser, ao mesmo tempo, predeterminada e maleável ao desconhecido, a cada momento permeada pelo passado e pelo futuro, que podemos olhar para trás com um sentimento de melancólica nostalgia ou de frustração, ou então olhar para o futuro de uma maneira ansiosa ou temerosa. Quando olhamos em retrospecto, desejando redimir um determinado momento, ou então trazer de volta à vida alguém que não está mais entre nós, e fazemos isso porque fomos direcionados rumo ao desconhecido de tal forma que precisamos de inspiração, orientação ou consolo. Assim que alcançamos tal percepção, compreendemos que a passagem do tempo não é um fato externo a que estamos submetidos, mas algo que nós encenamos. Ela é inseparável da existência comprometida que constitui a vida que estamos vivendo.

Por outro lado, sob a perspectiva voltada à conquista de objetivos, mantemo-nos fechados para a integração entre passado e futuro, entre abertura e encerramento, que constituem o tempo em seu sentido mais essencial. Tudo já está completo, ou então prestes a ser completado. Em seu sentido estrito, nada está em pleno processo de ser realizado. Aquilo que consiste em um sentimento de ansiosa antecipação — e que, portanto, parece estar associado ao futuro — na verdade já se fechou para a receptividade radical que constitui o autêntico futuro. Sob a perspectiva da conquista voltada à conquista de objetivos, a vida nada mais é do que uma coisa seguida da outra, uma infinita repetição do mesmo. O aplainamento do tempo, característico da busca voltada à conquista de objetivos, é o que em última análise nos integra com a visão estoica, que aparentemente nos oferece uma alternativa. Em última instância, ambas as perspectivas concebem a vida em termos de uma simples sucessão. Nenhuma delas leva em consideração o autêntico passado e o autêntico futuro que definem a perspectiva comprometida de uma jornada, e que possibilitam qualquer sucessão de eventos.

Em certo sentido, estamos sempre presos ao eterno "agora", por mais que o futuro voltado à conquista de objetivos nos desvie do caminho. Vivemos a experiência desse deslumbramento nas situações em que qualquer pensamento direcionado ao momento presente é impelido por uma necessidade urgente de nos conectarmos com a amizade, o autodomínio ou a natureza. Sem um mínimo sentido de sacrifício, prestamos auxílio a um amigo, ou então cumprimos as exigências que nos impelem à ação, sem levar em consideração nossos objetivos mais caros ou mesmo a continuação da vida. Ao fazer isso, estamos cientes de que tudo o que conquistarmos amanhã terá uma importância secundária em relação ao imediatismo de uma necessidade que envolve a totalidade de quem somos e do que jamais seremos.

Na maior parte do tempo, nos encontramos em uma situação intermediária, entre o eterno agora de uma demanda essencial e o efêmero momento vindouro de uma conquista ou de um estado de existência que nos parecem atraentes. Reconhecemos o significado intrínseco de comparecer à cerimônia de casamento de um amigo, mas nos percebemos excessivamente envolvidos com nosso trabalho para tomar a decisão de ir a esse evento. Ou então percebemos a verdadeira necessidade de defender nossos pontos de vista, ao mesmo tempo que sentimos que fazer isso poderá colocar nosso status social em risco. É nesses momentos que a reflexão sobre a vida adquire uma importância especial, pois já que ela, com seu imediatismo, é incapaz de nos levar à ação, temos que recorrer a uma interpretação da vida capaz de nos lembrar sobre o que realmente importa. Com a ajuda da filosofia, podemos intensificar as necessidades daquilo que sabemos ser verdadeiro, mas que muitas vezes evitamos, ou abordamos levianamente diante de concepções de felicidade voltadas à conquista de objetivos. Dessa maneira, a filosofia e a vida cotidiana caminham de mãos dadas. Longe de ser uma mera disciplina acadêmica que elabora teorias com base em um lugar elevado e que substitui o real pelo abstrato, a filosofia é um guia indispensável para nos restituir o que há de mais concreto na vida.

Agradecimentos

É uma alegria olhar em retrospecto para o caminho que percorri na escrita deste livro e relembrar as inúmeras conversas e situações em que contei com o apoio e a amizade das pessoas que possibilitaram a publicação desta obra.

Algumas de minhas primeiras ideias ganharam forma a partir dos conselhos que recebi de Will Hauser, amigo de longa data e parceiro de treinos, que me encorajou a conciliar minhas duas (aparentemente distintas) paixões: os exercícios para manter a forma física e a filosofia. Desde os primeiros dias em que começamos juntos, na faculdade, a prática de levantamento de pesos, Will e eu tivemos muitas conversas interessantes sobre as sutis lições de vida que podemos aprender com os treinos. Uma delas, que ganhou destaque neste livro, é que a amizade e a competição podem se fortalecer mutuamente. Estou ainda mais convencido disso quando lembro das amizades que fiz ao longo do processo das competições esportivas, algumas das quais se tornaram uma grande fonte de inspiração para esta obra. Um arquirrival dos velhos tempos, de uma competição entre academias da região, Jay Fiset, acabou se tornando um amigo muito próximo, que serve de modelo para as virtudes que descrevo aqui. Scott Robertson, que me conheceu quando eu começava a me interessar por filosofia, também me serviu de inspiração para o espírito de saudável competitividade que considero ser uma dimensão vital das relações de modo geral.

Recebi o imenso apoio de Ron Cooper, que já bateu inúmeros recordes no *Guinness*, livro que registra os recordes mundiais. Ele me inspirou a tentar bater meus próprios recordes e acabou se tornando um ótimo amigo e parceiro de treinos. Sou grato a ele não apenas por nossas inesquecíveis proezas no universo dos exercícios, mas também por ter dedicado seu tempo à leitura de meus manuscritos e a fazer comentários sobre o texto na reta final antes do envio dos originais.

Matt Crawford, com seu maravilhoso livro *Shop Class as Soulcraft*, me inspirou uma confiança ainda maior neste projeto ao combinar, em sua obra, filosofia, a vida cotidiana e a narrativa pessoal. Desde que o encontrei pela primeira vez, em 2014, ocasião em que ele me convidou a dar uma palestra sobre meu primeiro livro na Universidade da Virgínia, tenho me beneficiado das nossas conversas sobre a sabedoria prática, os limites da tecnologia e o significado do exercício das capacidades humanas.

Enquanto refletia sobre a improvável conexão entre a prática de exercícios e a filosofia, eu também compilava uma série de anotações e de reflexões sobre o significado do tempo, um tema que tem me instigado desde que comecei meus estudos com Krzysztof Michalski, cujas ideias sobre a relação entre tempo e eternidade tiveram em mim um impacto duradouro.

Devo um agradecimento especial a várias pessoas que atuaram como orientadoras, por terem lido meus manuscritos em várias etapas do processo e por seus generosos comentários. Sou grato a Moshe Halbertal por me ajudar a examinar o significado da atividade com valor intrínseco e por ter me incentivado a conectar a interpretação de textos da Antiguidade a uma explanação sobre como viver nos tempos contemporâneos. Sou também grato a Sean Kelly, que me ajudou a dar maior perspicácia à crítica que apresento à filosofia estoica, a esclarecer o conceito de natureza e a distinguir os diferentes significados atribuídos à atividade. O seu apoio e entusiasmo pelo projeto durante os primeiros meses da pandemia renovaram minha própria crença nesta empreitada.

Desde minhas primeiras incursões no universo da filosofia política, ainda como aluno de graduação, Russ Muirhead tem sido uma vigorosa fonte de aconselhamento, apoio e amizade. O senso de humor com que ele lida com as ideias e a receptividade que mostra para o questionamento da sabedoria convencional me inspiraram muitíssimo. Também agradeço a Bryan Garsten, cuja perspicaz análise sobre a filosofia e a retórica antigas tem servido de modelo para meu trabalho.

Agradecimentos

Quero agradecer muitíssimo a meus amigos Sergio Imparato, Julius Krein, Lowry Pressly, Peter Ganong, Julian Sempill e Sungho Kimlee, que dedicaram tempo à leitura dos manuscritos e que os enriqueceram com comentários. As muitas interações que tive ficarão na minha memória. A Sergio, que há muitos anos tem desempenhado um papel fundamental em minhas pesquisas sobre filosofia e exercícios físicos, devo um agradecimento especial. Ele é, ao mesmo tempo, meu colaborador nas tentativas de estabelecer recordes, um modelo de solidez mental e uma alma gêmea filosófica.

Durante boa parte do período em que estive envolvido com a escrita deste livro, também me dediquei aos estudos para a obtenção do título de *Juris Doctor* na Harvard Law School. Agradeço a Ruth Calderon, Dick Fallon, Mary Ann Glendon, Randy Kennedy, Tony Kronman e Martha Minow, pelo inestimável apoio em meu duplo projeto de escrever um livro e terminar meu doutorado em Direito. Sou grato também a Jack Corrigan, pela sabedoria prática e mentoria de longa data, e a Abdallah Salam, pela amizade e pelas inspiradoras conversas sobre filosofia que tivemos ao longo dos anos.

Quero também agradecer a Ian Malcolm, da Harvard University Press, pela fé inabalável neste projeto nada convencional, pela leitura atenta dos manuscritos e pelo incentivo para que eu mantivesse em meu texto a combinação entre filosofia e narrativa pessoal. Enquanto eu aprimorava a estrutura do livro, Sharmila Sen contribuiu com insights e apoio, me encorajando a aperfeiçoar a crítica que faço à busca voltada à conquista de objetivos. Sou grato também a Brian Ostrander, da Westchester Publishing Services, por sua mestria no processo de edição do livro.

Por fim, quero expressar minha profunda gratidão aos meus pais, Michael Sandel e Kiku Adatto, a meu irmão Aaron Sandel, e à minha noiva Helena Ferreira — meus principais apoiadores, além de exemplos de pessoas associadas às virtudes do autodomínio, da amizade e da conexão com a natureza. Por acaso, eles também são meus principais conselheiros em tudo que diz respeito à escrita. O amor, o incentivo e os conselhos dessas pessoas inspiraram e aperfeiçoaram este livro, transformando o que poderia consistir em uma atividade bastante solitária em um assunto de família. As inúmeras conversas que tivemos sobre os temas apresentados aqui, bem como sobre nossos próprios projetos de escrita — incluindo sessões nas quais trocamos comentários críticos sobre os manuscritos que apresentamos uns aos outros —, têm sido um ótimo exemplo da felicidade em ação que tentei demonstrar neste livro.

Agradeço também a meu tio, Matthew Sandel, pelo apoio e pela sagacidade editorial, e a meus primos Sam Adatto, Roberta Giubilini, Berto Ishida e Lili Ishida, que me ajudaram a refletir sobre inúmeras repetições do meu texto e me deram conselhos inestimáveis sobre como conectar a filosofia à experiência pessoal.

A Helena, cujo amor, apoio e sabedoria acompanhou o processo de elaboração deste livro e seu autor por uma série de altos e baixos, devo um agradecimento especial. O entusiasmo dela fez com que o projeto valesse a pena. Sempre que tive dúvidas, ela me dizia que o texto já estava bom e logo na sequência me ajudava a aperfeiçoá-lo, por meio de perguntas incisivas e de um olhar literário e filosófico. Dedico este livro a ela, com meu amor.

Notas

Introdução

1. Tradução nossa. O poema original está em *The Collected Poems*, traduzido por Evangelos Sachperoglou (Oxford: Oxford University Press, 2007).
2. Platão. *Phaedrus*, editado por Jeffrey Henderson (Cambridge, MA: Harvard University Press, 1914), 229b–230a.
3. Steven Pinker, "Enough with the Quackery, Pinker Says". Entrevista ao Harvard Gazette, 13 de outubro de 2021. Disponível em: <https://news.harvard.edu/gazette/story/2021/10/from-steven-pinker-a-paean-to-the-rational-mind>. Acesso em 6 de janeiro de 2025.
4. Veja o título *Meditations*, traduzido por Gregory Hays (Nova York: Modern Library, 2003), 38.
5. Massimo Pigliucci, *How to Be a Stoic* (Nova York: Basic Books, 2017), 194.

1. Domínio de si mesmo I: Transitando pela vida moderna com a ajuda de Aristóteles

1. Friedrich Nietzsche, *Além do bem e do mal* (São Paulo: Companhia de Bolso, 2005).
2. Ver *Phaedo*, editado por Jeffrey Henderson (Cambridge, MA: Harvard University Press, 1914), 115c.
3. Daniel Kahneman, *Rápido e devagar: Duas formas de pensar* (São Paulo: Objetiva, 2012).
4. Thomas Hobbes, Leviathan, editado por Richard Tuck (Cambridge: Cambridge University Press, 1996), 70.

5. Ibid, 43.
6. Thomas Hobbes, *On the Citizen*, editado por Richard Tuck (Cambridge: Cambridge University Press, 1998), 27.
7. Friedrich Nietzsche. *Assim falou Zaratustra* (São Paulo: Companhia de Bolso, 2018).
8. Aristóteles, *Nicomachian Ethics*, editado por. Jeffrey Henderson (Cambridge, MA: Harvard University Press, 1926), 1123b1–2.
9. Ibid., 1124a19.
10. Ibid., 1124a10-12.
11. Ibid., 1124b23-25.
12. Ibid., 1124a6-9.
13. Ibid., 1125a2-4.
14. Ibid., 1124b26-28.
15. Ibid., 1124b29.
16. Ibid., 1125a1217.
17. Ibid., 1124b19-21, 1124b30-31.
18. Ibid., 1124b19-20.
19. Platão, *Apology*, editado por Jeffrey Henderson (Cambridge, MA: Harvard University Press, 1914), 22d.
20. Platão, *Symposium*, traduzido por Seth Benardete (Chicago: University of Chicago Press, 1993), 176c–d.
21. Ibid., 186a.
22. Ibid., 176d.
23. *Segura a onda*, "Os terapeutas", temporada 6, episódio 9.
24. Aristóteles, *Ethics*, 1140a26–28.
25. Ibid., 1124a13-16.
26. Peter Abraham. "Red Sox Enjoy the All Star Game as the AL Outslugs the NL", Boston Globe, 18 de julho de 2018. Disponível em: <https://www.bostonglobe.com/sports/redsox/2018/07/17/american-league-hangs-win-all-star-game/48F-tBRC567DM69SOKID3wI/story.html> Acesso em 6 de janeiro de 2025.
27. Aristóteles, *Ethics*, 1094a1-15.
28. Ibid., 1094a19-25.
29. Friedrich Nietzsche, *Schopenhauer as Educator*, *in* Unfashionable Observations, traduzido por Richard T. Gray (Stanford, CA: Stanford University Press, 1995), 174.
30. Aristóteles. *Ethics*, 1123b31-33.
31. Ibid., 1124a1-4.
32. *Segura a onda*, episódio 3, temporada 6, intitulado no original "The Ida Funkhouser Roadside Memorial".

2. Domínio de si mesmo II: A vida e a morte de Sócrates

1. Platão, *Gorgias*, editado por Jeffrey Henderson (Cambridge, MA: Harvard University Press, 1925), 458a.
2. Platão, *Republic*, traduzido por Allan Bloom (Nova York: Basic Books, 1991), 336d–e.
3. Ibid., 337d.
4. Ibid., 338b-339e.
5. Ver, por ex., ibid., 505d-e.
6. Platão, *Gorgias*, 485b-d.
7. Ibid.
8. Ibid., 486ac.
9. Ibid., 486e–488a.
10. Ibid., 497e.
11. Platão, *Republic*, 349a-350d.
12. Aristóteles, *Ethics*, 1125a8-10.
13. Platão, *Apology*, editado por Jeffrey Henderson (Cambridge, MA: Harvard University Press, 1914), 21b.
14. Platão, *Meno*, 90e10-92c7.
15. Platão, *Apology*, 38a.
16. Aristóteles, *Ethics*, 11124b8-10.
17. Platão, *Phaedo*, editado por Jeffrey Henderson (Cambridge, MA: Harvard University Press, 1914), 58e.
18. Ibid., 88e-89a.
19. Ibid., 115b.
20. Ibid., 115c.
21. Ibid., 118a.
22. Ibid., 109a-110b.
23. Ibid., 110c-d.
24. Aristóteles, *Ethics*, 1125a11-13.
25. Blaise Pascal, *Pensées*, editado e traduzido por Roger Ariew (Indianapolis: Hackett, 2005), 58.

3. Amizade

1. Aristóteles, *Ética a Nicômaco*, traduzido por Leonel Valandro e Gerd Burnheim (São Paulo: Nova Cultural, 1991)., 1156a10–25.
2. Ibid., 1155a27-28.

3. Ibid., 1155a.
4. Ibid., 1172a12-13.
5. Ibid., 1125aa1.
6. Ibid., 1166a34-35.
7. Ibid., 1168b-10.
8. Ibid., 1166a1-19.
9. Ibid., 1169b30-1170b12.
10. Friedrich Nietzsche, *Assim falou Zaratustra*.
11. Aristóteles, *Ethics*, 1166aa20-24.
12. Ibid., 1106b35-1107a2.
13. Ibid., 1156b26-30.
14. Ibid., 1168a5-8.
15. Massimo Pigliucci, *How to Be a Stoic* (Nova York: Basic Books, 2017), 194–195.
16. Adam Smith, *The Theory of Moral Sentiments*, editado por Ryan Patrick Hanley (Nova York: Penguin, [1759] 2009), 265.
17. Ibid., 277.
18. Montesquieu, *Mes Pensées*, in Oeuvres completes, editado por Roger Chaillois (Paris: Gallimard, 1949), nº. 604, 1129–1130.
19. Adam Smith, *The Theory of Moral Sentiments*, 277.
20. Hans-Georg Gadamer, *Truth and Method*, traduzido por Joel Weinsheimer e Donald G. Marshall, rev. ed. (Nova York: Continuum, [1960] 1989), 480–484.
21. Friedrich Nietzsche, *Assim falou Zaratustra*.
22. Ibid.
23. Muhammad Ali e Richard Durham, *The Greatest: My Own Story*, editado por Toni Morrison (Los Angeles: Graymalkin Media, [1975] 2015), 130–131.
24. Friedrich Nietzsche, *Assim falou Zaratustra*.
25. Platão, *Lysis*, editado por Jeffrey Henderson (Cambridge, MA: Harvard University Press, 1925), 214a–d.
26. Aristóteles, *Ethics*, 1155b4-7.

4. Conexão com a natureza

1. John Locke, *Second Treatise of Government*, editado por C. B. McPherson (Indianapolis: Hackett, [1690] 1980), sect. 40–43.
2. Homero, *Odisseia*, traduzido por Carlos Alberto Nunes (Rio de Janeiro: Nova Fronteira, 2015).
3. Ibid.

4. Platão, *Republic*, traduzido por Allan Bloom (Nova York: Basic Books, 1991), 508a–509d.
5. Ver Martin Heidegger, "Modern Science, Metaphysics, and Mathematics", *in*: Martin Heidegger, *Basic Writings*, editado por David Farrell Krell (Nova York: Harper and Row, 1977), 257–271.
6. Ibid., 262-263.
7. Friedrich Nietzsche, *Assim falou Zaratustra*.
8. Ibid.
9. Sêneca, *Edificar-se para a morte – Das cartas morais a Lucílio*, Carta 36.7–12, traduzido por Renata Cazarini de Freitas (Petrópolis: Vozes, 2016).
10. Sêneca, *Consolação a Márcia*, traduzido por Monica Seicman, *Revista Medicina da alma*, ano X, n.1, março, 2007.
11. Marco Aurélio, *Meditations*, traduzido por Gregory Hays (Nova York: Modern Library, 2003), 56.
12. Ibid., 43.
13. Ibid., 8.
14. Ibid., 38.
15. Sêneca, *To Marcia* 26.1, *in How to Die*, 35.
16. Ibid.
17. Friedrich Nietzsche, Op. cit.
18. Friedrich Nietzsche, *Schopenhauer as Educator, in: Unfashionable Observations*, traduzido por Richard T. Gray (Stanford, CA: Stanford University Press, 1995), 213–214.
19. Friedrich Nietzsche, Op. cit.
20. Friedrich Nietzsche, Op. cit.
21. Friedrich Nietzsche, Op. cit.

5. Lutando contra o tempo

1. Todd May, *Death* (Nova York: Routledge, 2014), 5-6.
2. Friedrich Nietzsche, *The Birth of Tragedy, in Basic Writings of Nietzsche*, traduzido por Walter Kaufmann (Nova York: Modern Library, 2000), 52.
3. Platão, *Gorgias*, editado por Jeffrey Henderson (Cambridge, MA: Harvard University Press, 1925), 512e.
4. Friedrich Nietzsche, Op. cit.
5. Ibid.

6. Ibid.
7. Ibid.
8. Ibid.
9. Platão, *Crito*, editado por Jeffrey Henderson (Cambridge, MA: Harvard University Press, 1914), 44a–b.
10. Friedrich Nietzsche, *Além do bem e do mal*, traduzido por Márcio Pugliesi (Curitiba: Hemus, 2001).
11. Platão, *Phaedo*, editado por Jeffrey Henderson (Cambridge, MA: Harvard University Press, 1914), 96e–97b.
12. Ibid., 275c-276a.
13. Friedrich Nietzsche, *Assim falou Zaratustra*.
14. Friedrich Nietzsche, Op cit.
15. Friedrich Nietzsche, Op. cit.
16. Friedrich Nietzsche, Op. cit.
17. Friedrich Nietzsche, Op. cit.
18. Friedrich Nietzsche, Op. cit.
19. Friedrich Nietzsche, Op. cit.
20. Friedrich Nietzsche, Op. cit.
21. Friedrich Nietzsche, Op. cit.
22. Friedrich Nietzsche, Op. cit.
23. Friedrich Nietzsche, Op. cit.
24. Sêneca, *Edificar-se para a morte – Das cartas morais a Lucílio*, Epístola 30, traduzido por Renata Cazarini de Freitas (Petrópolis: Vozes, 2016).
25. Sêneca, Op cit., Epístola 36.7-12.
26. Friedrich Nietzsche, Op. cit.

6. O que significa ser livre

1. Jean-Paul Sartre, *Essays in Existentialism*, editado por Wade Baskin (Nova York: Citadel Press, 1993), 42–43.
2. Ibid.
3. Maurice Merleau-Ponty, *Fenomenologia da percepção*, (São Paulo: Martins Fontes, 1994).

Este livro foi composto na tipografia Dante MT Std,
em corpo 12/16, e impresso em
papel off-white no Sistema Cameron da
Divisão Gráfica da Distribuidora Record.